透水性铺装与海绵城市建设实用技术

石云兴　张燕刚　倪　坤　张　力　季龙泉　等编著

中国建筑工业出版社

图书在版编目（CIP）数据

透水性铺装与海绵城市建设实用技术 / 石云兴等编著. — 北京：中国建筑工业出版社，2023.10
ISBN 978-7-112-29103-8

Ⅰ.①透… Ⅱ.①石… Ⅲ.①城市建设－透水路面－路面铺装－研究 Ⅳ.①U416.25

中国国家版本馆CIP数据核字(2023)第170532号

本书是关于多孔混凝土铺装和海绵城市建设的综合性技术著作，较为详细地表述了海绵城市建设的主要功能板块和规划设计技术要点以及绿碳、蓝碳的相关内容，较为系统地讨论了透水混凝土、植生混凝土、透水沥青混凝土、再生骨料透水混凝土的制备与基本性能、铺装结构以及施工方法等内容，介绍了国内外海绵城市与LID若干工程案例。

本书可供从事多孔混凝土的科研与生产、铺装施工、海绵城市建设的设计与施工以及管理人员使用，也可作为高等学校相关专业师生的参考书。

责任编辑：辛海丽　刘瑞霞
责任校对：党　蕾
校对整理：董　楠

透水性铺装与海绵城市建设实用技术

石云兴　张燕刚　倪　坤　张　力　季龙泉　等编著

*

中国建筑工业出版社出版、发行（北京海淀三里河路9号）
各地新华书店、建筑书店经销
北京红光制版公司制版
天津画中画印刷有限公司印刷

*

开本：787毫米×1092毫米　1/16　印张：17　字数：424千字
2023年11月第一版　　2023年11月第一次印刷
定价：68.00元
ISBN 978-7-112-29103-8
（41722）

版权所有　翻印必究
如有内容及印装质量问题，请联系本社读者服务中心退换
电话：(010) 58337283　QQ：2885381756
（地址：北京海淀三里河路9号中国建筑工业出版社604室　邮政编码：100037）

序

海绵城市建设是我国在借鉴国际上 LID 等理念和经验的基础上，结合我国国情提出的城市水问题综合治理的路径，体现了城市水问题治理的中国智慧。我国城市水问题的本质是城市水循环的失衡，集中表现为城市内涝、城市水污染和城市缺水等方面的症结，海绵城市建设的目标就是要通过以绿色途径为主的综合治理解决上述存在已久的问题，实现城市良性水循环。

石云兴博士领衔编著的《透水性铺装与海绵城市建设实用技术》秉承海绵城市建设的核心理念，凝聚了作者团队 20 多年来从事相关领域深厚的研究基础和丰富的工程实践所积累的经验，汲取国内外最新技术成果精心写作而成，是透水混凝土与海绵城市建设领域一部很有价值的技术著作。该著作不仅密切结合工程实践，实用性强，而且对理论问题也进行了比较深入的探讨，特别是从水、土、气关联和绿碳、蓝碳的角度解读海绵城市理念，是一个新的视角，值得进一步关注和研究。

当前，我国的海绵城市建设领域技术不断发展，正处于与时俱进的进程中，该著作的出版恰逢其时，相信能够为我国的透水混凝土技术与海绵城市建设发展作出应有的贡献。

在此祝贺作者团队和该著作的出版，并乐为之序。

中国工程院院士

2023 年 6 月 27 日　于北京

前　言

　　自然界的水、土、气是一个紧密关联的整体，海绵城市的理念是基于雨洪管理提出的，而实际上其根基深植于自然界水、土、气的整体系统之中，没有净的土就不会有净的水，没有清洁的大气环境就不会有净的土和水。海绵城市建设就是要秉承"道法自然"的理念，标本兼治，以雨洪管理为主线，从源头上维护和优化水、土、气生态系统，使我们赖以生存的自然环境永葆生机。

　　本书作为透水混凝土铺装和海绵城市建设的综合性技术著作，以14章的篇幅分别介绍了海绵城市建设的理念和目标、主要技术板块、实施路径、技术措施和工程案例以及与之相关的绿碳与蓝碳内容等。著作凝聚了作者团队多年来从事本领域科研、设计、施工与管理所积累的成果和经验，也引用了诸多国内外新技术成果，对海绵城市建设工程有较强的针对性和实用性价值。

　　本书由石云兴、张燕刚、倪坤、张力、季龙泉等编著，编写人员名单如下：

　　石云兴、张燕刚、倪坤、张力、季龙泉、石乃鑫、马姗姗、油新华、张发盛、王庆轩、董洁璇、付佳明、李强、李张苗、罗叶、刘伟、李艳稳、赵江山、张少彪、霍亮、戢文占、张清林、李国友、冯建会、王珂、罗兰

　　书中引用了诸多国内外新成果和文献资料，除了部分来自互联网的资料尚未辨明详细的出处外，各引用资料均在参考文献中注明了出处，在此向各位作者深表谢意。

　　在著作的编辑和出版过程中，中国建筑工业出版社辛海丽责任编辑给予悉心指导和协助，全体作者在此深表谢意。

　　由于本书作者的水平所限，书中可能存在缺点和欠妥之处，请各位读者不吝指正（联系 E-mail：yunxing_shi@sina.com）。

目　　录

第1章　绪论·· 1
1.1　多孔混凝土铺装的基本构造与功能··· 1
1.2　多孔混凝土铺装发展历程的简要回顾··· 2
1.3　海绵城市建设的基本要素与路径··· 4
1.4　我国海绵城市建设的必要性·· 10
1.5　本章小结·· 13
参考文献·· 13

第2章　海绵城市系统的生态属性及其环境效益·· 15
2.1　海绵城市建设与水、土、气的关联··· 15
2.2　海绵城市建设对环境温、湿度以及交通条件的改善····························· 17
2.3　与生物多样性微观生态的关联·· 22
2.4　海绵城市以生态绿色途径对水质的净化··· 24
2.5　多孔混凝土作为载体用于水体生态改善的实例···································· 26
2.6　本章小结·· 28
参考文献·· 29

第3章　多孔混凝土制备与拌合物的基本性能·· 30
3.1　多孔混凝土拌合物的性状与结构特点··· 30
3.2　多孔混凝土的原材料··· 30
3.3　多孔混凝土的配合比设计··· 34
3.4　多孔混凝土的制备··· 36
3.5　拌合物的性能与表征··· 38
3.6　与拌合物性能密切相关的技术条件·· 40
3.7　本章小结·· 47
参考文献·· 48

第4章　透水混凝土物理力学性能与耐久性··· 49
4.1　透水混凝土结构特征··· 49
4.2　透水混凝土基本力学性能及其主要影响因素······································· 50
4.3　透水混凝土与水的移动有关的物理性能··· 60
4.4　透水混凝土抗冻融性能·· 62
4.5　本章小结·· 66
参考文献·· 67

第5章 再生骨料多孔混凝土的基本性能试验研究 … 68
5.1 再生骨料的特点 … 68
5.2 再生混凝土骨料透水混凝土拌合物的制备 … 71
5.3 再生砖瓦骨料透水混凝土 … 80
5.4 预拌再生透水混凝土的制备与铺装施工 … 83
5.5 钢渣透水混凝土 … 86
5.6 本章小结 … 88
参考文献 … 88

第6章 植生性铺装及其工程应用 … 90
6.1 植生性铺装的分类与特点 … 90
6.2 普通植生混凝土的制备 … 92
6.3 普通植生混凝土基本性能试验研究 … 93
6.4 轻骨料植生混凝土试验研究 … 97
6.5 植生混凝土的铺装施工 … 99
6.6 植物生长基质的充填作业与植物维护 … 101
6.7 陶粒多孔混凝土在植生屋面的应用 … 102
6.8 喷射植生混凝土 … 105
6.9 本章小结 … 107
参考文献 … 107

第7章 透水沥青混凝土及其铺装施工 … 109
7.1 多孔沥青混凝土与透水沥青混凝土 … 109
7.2 透水沥青混凝土的材料配合 … 109
7.3 透水沥青混凝土原材料的技术要求 … 110
7.4 PAC混合料的基本性能 … 112
7.5 透水沥青混凝土路面的结构 … 113
7.6 PAC混合料制备与路面摊铺的技术要点 … 115
7.7 彩色冷拌透水沥青混凝土 … 116
7.8 PAC路面的优点与不足之处 … 117
7.9 本章小结 … 118
参考文献 … 119

第8章 多孔混凝土的试验方法与相关研究 … 120
8.1 拌合物性能试验方法 … 120
8.2 试件成型方法的试验研究 … 123
8.3 透水性测试方法 … 124
8.4 现场取芯的试验方法 … 126
8.5 孔隙率的测定 … 130
8.6 耐磨性的试验 … 132
8.7 吸声性能试验 … 133
8.8 缓解热效应的测试 … 134

8.9　本章小结 136
　　参考文献 136
第9章　透水性铺装的基本类型与节点构造 138
　　9.1　透水混凝土路面的类型 138
　　9.2　透水基层设计的要点 139
　　9.3　透水混凝土面层和结构层的设计 141
　　9.4　分隔缝的设置 144
　　9.5　其他类型的透水性铺装 146
　　9.6　透水性铺装与海绵城市工程关联的若干节点做法 149
　　9.7　透水、容水设计的若干要点 156
　　9.8　本章小结 158
　　参考文献 159
第10章　海绵城市建设规划设计的基本内容 160
　　10.1　海绵城市建设体系的各板块功能 160
　　10.2　海绵城市建设的基本理念 168
　　10.3　海绵城市规划概述 169
　　10.4　海绵城市工程设计 172
　　10.5　水文地质与气候条件对海绵城市建设的影响 174
　　10.6　不同地域海绵城市建设的施策分析 175
　　10.7　本章小结 184
　　参考文献 184
第11章　透水混凝土铺装及相关板块的施工技术 186
　　11.1　透水基层的施工 186
　　11.2　不透水基层的施工 189
　　11.3　透水混凝土的生产和运输 190
　　11.4　模板支设方法与应用实例 192
　　11.5　结构层与面层摊铺作业技术要点 195
　　11.6　各整平方法的特点与适用场景 199
　　11.7　特殊施工工艺 202
　　11.8　缩、胀缝和施工缝的设置方法 206
　　11.9　季节性特殊天气的铺装施工 208
　　11.10　其他类型的透水性铺装施工 210
　　11.11　透水混凝土铺装质量检测的主要内容 212
　　11.12　本章小结 212
　　参考文献 213
第12章　绿碳、蓝碳的机制及其维护 214
　　12.1　绿碳与蓝碳的基本内涵 214
　　12.2　湿地系统的绿碳与蓝碳过程 215
　　12.3　绿碳和蓝碳生态系统面临的挑战 220

12.4　绿碳、蓝碳生态系统的修复 ……………………………………………… 223
　　12.5　本章小结 …………………………………………………………………… 227
　　参考文献 …………………………………………………………………………… 228
第 13 章　国内外 LID 的实践与工程实例 ……………………………………………… 229
　　13.1　雨水综合利用的 LID 实例 ………………………………………………… 229
　　13.2　活用 LID 理念优化水土环境的实例 ……………………………………… 231
　　13.3　湿地、河流修复与建设的案例 …………………………………………… 235
　　13.4　保水性路面铺装实例 ……………………………………………………… 238
　　13.5　日本烧结黏土瓦再生骨料透水混凝土铺装工程 ………………………… 239
　　13.6　若干透水混凝土铺装实例 ………………………………………………… 242
　　13.7　本章小结 …………………………………………………………………… 247
　　参考文献 …………………………………………………………………………… 247
第 14 章　透水性铺装易出现的质量问题及其运维 …………………………………… 248
　　14.1　透水性铺装的若干常见质量问题 ………………………………………… 248
　　14.2　透水混凝土铺装的运维 …………………………………………………… 259
　　14.3　本章小结 …………………………………………………………………… 261
　　参考文献 …………………………………………………………………………… 261
附录 …………………………………………………………………………………………… 263
回顾与致谢 ………………………………………………………………………………… 264

第1章 绪 论

海绵城市建设的宗旨是遵循环境的自然属性，以绿色方式为主，灰绿结合的途径，通过源头削减径流、净化水质、雨水资源化利用的过程，从根本上解决城市内涝、水污染和缺水的三大问题，同时助力地下水资源补给，缓解热岛效应和提升低碳等环境效益，实现可持续发展。海绵城市建设的绿色途径所涉及的主要技术板块有透水性铺装系统、雨水汇集和利用的生态系统、绿碳系统和蓝碳系统等，本书以讨论绿色系统为主线。

1.1 多孔混凝土铺装的基本构造与功能

多孔混凝土铺装是各种透水性铺装中具有代表性的重要技术板块，它使路面承载能力与环境功能这看似矛盾的两方面达到刚柔相济的结合，而其自身内部结构的多种选择以及与不同结构层面的组合，更扩大了其应用场景。

1.1.1 多孔混凝土的结构特点

多孔混凝土（porous concrete）是指结构具有足够的连通孔隙（亦称贯通孔隙或连续孔隙），具有透水、透气功能的混凝土。而连续孔隙率以及孔径必须达到一定的程度，其透水、透气才有实际意义。多孔混凝土的总孔隙率一般在10%~35%，其中连通孔隙占总孔隙体积的85%左右[1-2]。在本书讨论的范畴，多孔混凝土主要包括透水混凝土、滞水混凝土、植生混凝土以及应用于绿碳和蓝碳系统的多孔混凝土，前两者的孔隙率趋向于低限，而后两者趋向于高限。

多孔混凝土分为含或不含细骨料，其多孔结构主要是通过胶结材浆体（或砂浆）对粗骨料堆积骨架形成的间隙进行不完全填充来实现，即基材浆体的体积与粗骨料堆积状态的空隙总体积有一定的量差；多孔结构的孔隙率和孔径依用途不同可以在一定范围内变化，从材料配合比的角度看，主要通过选择骨料级配、粒径和胶结材用量来实现[2-4]。

无论是在多孔混凝土铺装的表面还是内部，均应在保留一定连通孔隙率的前提下，使颗粒在接触部位依靠浆桥得以牢固地嵌固，形成整体均匀的多孔结构。这需要做好原材料质量、拌合物制备和铺装施工的每一个环节。图1-1所示是多孔混凝土内部结构形貌，可见，依靠浆桥得以牢固嵌固的颗粒之间形成保证其透水性的连通孔隙网络。

图1-1 多孔混凝土内部结构形貌

1.1.2 多孔混凝土铺装的基本类型与功能

作为路用的多孔混凝土铺装结构分为全透水结构、半透水结构（亦称排水结构、导流型）、保水型结构、砌块＋透水基层以及植生混凝土等，面层可分为多孔混凝土铺装、砌块铺装等，如图1-2所示[3,16,17]，各构造的细节见第9章。

多孔混凝土透水性铺装主要应用于轻交通城市道路、公园道路、景观广场、小区道路以及停车场等，而植生混凝土主要用于河岸与堤坡的防护、人工湿地以及地表水净化等[10]。在满足承载的前提下，一般希望多孔混凝土铺装的透水系数大一些，以便使流经的水得以迅速通过。但在某些环境条件下会有所不同，希望水在孔隙内有个滞留的过程，以有利于维持环境的湿度，这种情况下一般选择较细的骨料。

此外，多孔混凝土其他类型的铺装还有采用有机胶结材料的，如透水沥青混凝土和透水树脂混凝土铺装。其他类型的透水性铺装将在后面的有关章节中介绍。

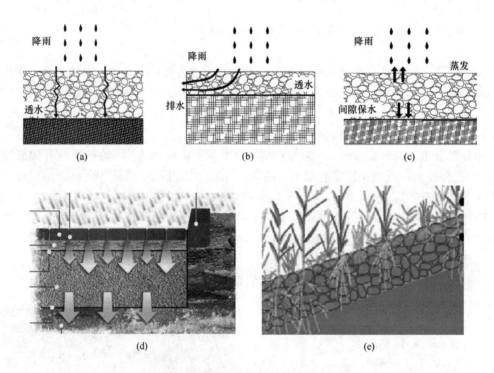

图1-2 常用透水性铺装构造示意图
(a) 多孔混凝土全透水；(b) 多孔混凝土半透水；(c) 多孔混凝土保水型；
(d) 砌块＋透水基层；(e) 植生混凝土

1.2 多孔混凝土铺装发展历程的简要回顾

1.2.1 多孔混凝土在国外的发展

1. 作为墙体材料的阶段

据资料记载，多孔混凝土作为建筑材料于1946年和1960年分别在澳大利亚和加拿大就有所使用了，不过当时是作为墙体材料而不是路面材料使用，那时被称为"无砂混凝土"和"间断级配混凝土"。而大规模地应用于建筑是在"二战"以后的欧洲,当时城市大规模重建面临人力缺乏且成本高涨的现实,无砂混凝土因其自重较小而受到关注;战争遗留下巨大体量的混凝土和砖瓦废墟,成为再生骨料的来源,"无砂混凝土"在预制墙板、蒸养砌块或现场浇筑墙体方面均开始规模化的应用,而且预制墙板的建筑最高达到了10层;同一时期,在西非、中东以及苏联等地也都有应用。

2. 作为地面铺装材料的阶段

作为透水地面铺装材料的规模化应用应该始于20世纪70年代后期,英国的工程师和学者开始进行透水混凝土试验,并在苏格兰中心广场的皇家银行等地进行了透水混凝土铺装,取得良好效果。

从20世纪80年代开始,美国出现了专门供应预拌透水混凝土的搅拌站,自20世纪90年代开始应用于停车场和市中心的人行道和广场,此后应用范围不断扩展,以至应用于车行道。ASTM和ACI的相关标准也走在国际上本行业的前列,已被广泛采用。

法国自20世纪90年代初已广泛应用透水混凝土铺装,而且还将多孔混凝土用于护坡绿化方面,研究者通过试验证实透水混凝土能够截留污染性微粒,其过滤作用能使悬浮污染粒子浓度下降64%,铅的浓度下降79%[12,14-15]。

20世纪70年代后期,日本为解决因抽取地下水而引起地基下沉等问题,提出了"雨水还原地下的政策",将开发的透水混凝土铺装应用于停车场、公园、人行道、住宅小区、高速公路的中央分隔带及路肩等处。进入20世纪90年代以来,日本对透水混凝土、植生混凝土和海洋生态多孔混凝土的研究和应用更为广泛。日本的降雨多且汽车保有量较高,雨水在道路表面形成的水膜会降低刹车效果而易引发交通事故;车辆在路面上行驶产生的噪声也是城市噪声污染的主要来源之一。为了优化车行环境,1993年6月,日本近畿地方建设局在和歌山BP地区率先实施了透水沥青混凝土排水性路面的铺装施工,路面经数年使用证明其性能良好,达到了预期的效果。

1997年后,日本在全国各地进行了透水混凝土承载路面的试验性铺装。例如从北部的新潟县到中部的爱知县,再到南部的宫崎县、福冈县都修筑了试验性的透水混凝土重交通路面,最大的单块路段面积达到数万平方米,使用三年后对路面的质量情况进行检查,表明路面各项指标正常。

在多孔混凝土相关技术标准的建设方面,日本也是走在国际上的前列,基于其研究基础和工程实践,日本自20世纪90年代以来陆续发布多项有关多孔混凝土设计、施工和试验的JISA、JCI标准等,土木学会等机构又陆续发布施工工法、试验方法等学会标准,其中有许多内容被我国业内所借鉴和参考。

1.2.2 多孔混凝土在我国的发展

在20世纪的60~70年代,作为墙体材料的多孔混凝土在我国一些山区就有应用了,这与19世纪欧洲的情况类似,主要是利用其堆积密度相对较小和内部多孔,用于墙体并将表面封闭后具有一定的保温隔热和隔声效果,那时被称为"无砂大孔混凝土"[11],在此基础上,后来衍生出了轻骨料无砂大孔混凝土砌块以及多孔声屏障材料等。当时的"无砂大孔混凝土"与现在的透水混凝土有着本质的区别,最大的不同就是前者作为填充材料,技术性能要求比较低,而后者作为结构材料,要满足车辆荷载和透水以及耐久性多方面的要求,从选材、制备到施工两者不可等同而论。

20世纪90年代中期以后,我国更加关注快速的城市化对环境的影响,多孔混凝土作为路面材料的研究和应用逐渐多起来,2008年北京奥运会工程、2010年西安大明宫遗址公园和上海世界博览会等的透水性路面铺装工程是那一个时期的代表作。随着我国社会和经济发展进入新时期,在2014年国家提出了海绵城市建设的理念,2015年10月国务院办公厅印发了《关于推进海绵城市建设的指导意见》,这主要是基于我国生态环境的现状和建设美丽中国的需求。此后,海绵城市建设在全国大规模展开,作为其中重要技术板块之一的多孔混凝土铺装工程的实施也随之进入发展的快车道,相关标准的建设也迎来了快速发展期;而且在混凝土制备方面,由于施工体量的增大和绿色施工的要求,越来越多的工程采用了预拌透水混凝土。

从国内整体情况来看,迄今,多孔混凝土铺装的体量可居世界之冠,施工技术也日益完善。近些年,遇到的新问题之一是优质天然砂石资源日益趋紧,而旧建筑物的拆除又产生了大量的旧混凝土和砖瓦,再生骨料透水混凝土技术的发展应运而生,而且从规模和质量都在不断提升,为我国不可再生砂石资源的节省和环境保护作出越来越大的贡献。

1.3 海绵城市建设的基本要素与路径

1.3.1 自然界水的移动和碳循环

1. 水的移动

自然界水循环分为不同的层次,从整个地球的尺度来看,自然界的水是处于整个大气圈范围内不停地移动中,处于高海拔区域的水(包括冰山融化)向低海拔区域移动最终汇入海洋,到达海洋的水不断地被蒸发进入大气圈,并随大气驱动而移动至包括高海拔区域的广阔的空间,并以降水的形式又落到地球表面,如此周而复始地循环着。

而具体到某一个城市的海绵工程建设关注的基本是该城市所涉及的河、湖流域和城市水系所循环的范围。降落到流域上的雨、雪水,经过滞留、填洼和下渗,剩余部分形成地表径流汇入河、湖和湿地等,而进入河、湖和湿地的水再次发生蒸腾,同时这一过程中在到达河流湖泊之前的滞留的水分也发生着蒸腾。下渗到土壤中的水分,超过土壤持水量的部分将形成壤中径流或地下径流汇集到流域出口;一个流域的水循环的空间尺度一般在1万 km^2 以内,它是开放的循环系统,自身循环的同时也是更大范围循环的一部分。

从更小的尺度来讲,由土壤、植被和水分构成相互作用的微循环体系,降水进入这个系统发生截留、填洼、下渗、蒸发、散发与径流等现象,并且维持植被和地表微小生物的生命过程,它是一个开放的微循环系统。

海绵城市关联范围的自然水循环示意图如图1-3所示,可见海绵城市建设就是整个链条中的一个环节。

2. 碳循环

碳分别以元素碳、碳盐、有机碳和气体(CO_2)的形式存在于地球的岩石圈与地球深部、水圈、陆地生物圈和大气圈,并且几种形态不断地循环着,如图1-4所示。当CO_2以及其他温室气体在大气层中的含有量增加到一定程度就会导致明显的温室效应,是可能导致如强降雨之类的极端天气等一系列环境恶化的主要原因。因此通过发展"绿碳"和"蓝

图 1-3　海绵城市关联范围的自然水循环示意图

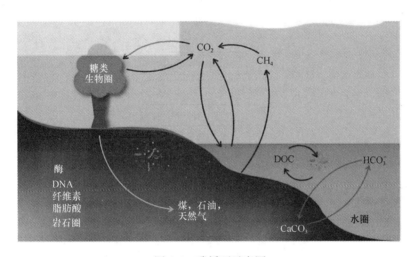

图 1-4　碳循环示意图

碳"是海绵城市建设治本的途径之一。

1.3.2　海绵城市建设的基本要素与路径

1. 国外的雨洪管理理念

我国海绵城市建设借鉴了国外某些先进的雨洪管理理念，主要有美国的"雨水最佳管理实践"（BMPs：Best Management Practices）和"低影响开发"（LID：Low-impact Development），澳大利亚的"水敏性城市设计"（WSUD：Water Sensitive Urban Design）以及英国的"可持续性城市排水系统"（SUDS：Sustainable Urban Drainage System）等。

BMPs 和 LID 的理念都是注重自然机制的作用，充分拓展"雨水调蓄"的自然空间和容量，同时规范人类的建设活动，以减少对生态环境的负面影响。

WSUD 将雨水管理与城市设计相结合，以水循环为核心，将城市水循环看作一个整体，统筹考虑雨水、供水、污水（中水）等各个环节，并鼓励利用储蓄和收集处理装置，减少径流量和洪峰流量,削减径流污染,提高水的生态价值服务社会。

SUDS 主要通过三个层次来"消化"雨水。一是雨水源头蓄存,将从屋顶、停车场等流下来的雨水就地储存起来再利用,方法有过滤式沉淀槽和洼沟、雨水筒、地下蓄水池、水洼和池塘等。二是雨水运输控制,即尽量采用地表的可渗透性排水环节,如植草洼地、过滤沟渠、绿岛等,顺应地表的自然排水路线,使更多的雨水下渗。三是雨水汇集与处理,将汇集的雨水引入水池或盆地进行不同等级的地表水处理和利用。

2. 我国海绵城市建设的内涵与要素

我国海绵城市建设是在借鉴上述国外的雨洪管理理念,并结合我国国情提出的城市水问题治理的中国化表达,其核心内容被概括为"渗、滞、蓄、净、用、排"的六字诀,通过上述过程实现就地消纳和利用降雨不低于70%的目标。图1-5是海绵城市建设的要素图示。

中国工程院王浩院士把目前我国城市水问题的本质归结为城市水循环的失衡,主要表现为城市内涝、城市水污染和城市缺水三大问题,海绵城市建设就是要通过绿色为主的一系列措施实现城市良性水循环[5]。我国幅员辽阔,地域性水文和气候条件差别大,对于可能出现仅靠绿色系统不足以应对重现期重大雨洪的区域,有必要以灰绿结合的方式进行蓄排安全设防。

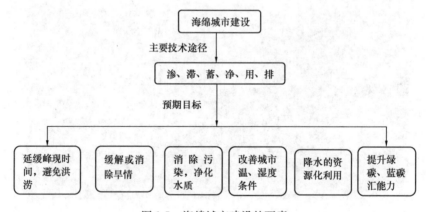

图 1-5 海绵城市建设的要素

3. 海绵城市建设的主要技术途径

海绵城市建设对水的管理与治理分为四个主要过程,概括起来就是源头消减径流、中间过程蓄滞与控制、末端净化与回归自然、绿碳与蓝碳。

(1) 源头消减径流

地面径流产生的源头是屋顶和硬化地面,采用绿色屋顶、屋顶雨水汇集蓄存系统可显著减少屋顶雨水向地面径流排放的水量,图 1-6 是屋顶雨水的源头消减过程示意图,屋顶植物对雨水有吸附和滞留作用,屋面流出的雨水经雨水管汇集到地面的蓄水罐,水量大时再进入地下雨水模块蓄存,之后可通过终端给水系统供应用户。

而透水性铺装将地面降水一部分分流到下沉式绿地、生物滞留设施以及雨水模块等,一部分渗至地下补充地下水资源。图1-7是透水性铺装对地面径流的消减作用示意图,地面降水一部分被分流到附近的雨水花园、绿地等,或成为地下径流流入河流、湖泊或湿地等，一部分直渗入地下。一般情况下，两系统使屋顶和地面的源头径流得以大幅消减，起到延缓峰现时间的作用。其节点构造详见第9章和第10章。

两大系统通过"渗、滞、蓄"的功能减少了源头径流，也包含一部分"用"的功能，同时上述过程伴随着截留悬浮物（SS）、吸收营养盐和固定重金属等，对降水有一定"净"的作用。

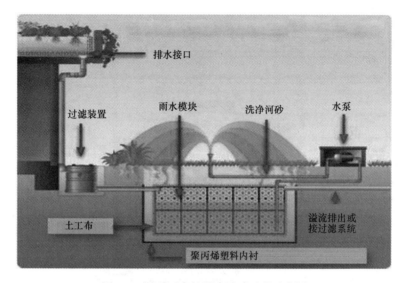

图1-6 屋顶雨水的源头消减过程示意图

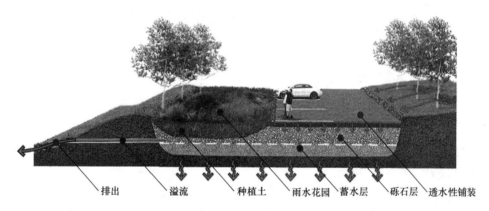

图1-7 透水性铺装对地面径流的消减作用示意图

（2）中间过程蓄滞与控制

中间过程指源头径流消减阶段之后降水的输运过程，源头被消减下来的水量经过导流或未被消减的径流经过地面直接进入植草沟、下沉式绿地、植被缓冲带和生物滞留池或雨水花园等设施，即进入了中间蓄滞过程。在中间阶段继续发生的主要过程是"渗、滞、净"。

流经植草沟、下沉式绿地、植被缓冲带和生物滞留池等的设施，将使更多的降水得以渗透到地下补充地下水资源，而滞留于浅层的水分滋养植被，一部分会因蒸腾返回大气中，增加了环境湿度。

图 1-8 是生物滞留池结构示意图，自上而下由面层植被、滤料层、蓄水层和辅助性排水的多孔导流管构成。生物滞留池不仅有"蓄"的功能，而且是重要的雨水净化板块，通过植被和底部的滤料对雨水进行过滤，截留悬浮物，对某些重金属的固定作用，植物根系对氮、磷、钾无机盐等营养成分的吸收及其生化净化作用，对油脂类的降解等过程使流经的水得到进一步的净化（植草沟、下沉式绿地和植被缓冲带也有类似的作用，结构详见第10章）。

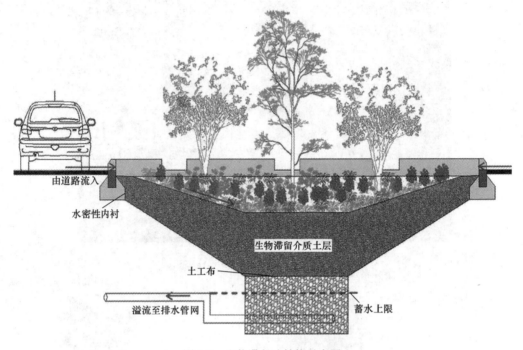

图 1-8　生物滞留池结构示意图

海绵城市的"渗、滞、蓄"不同于传统工程方法（也称灰色系统）对降水的滞留和蓄存方式，传统工程的理念是将降水集中蓄存和排放，而海绵城市工程则是发挥各个环节的"毛细"作用，将降水分散滞留于每一个"细小的路径"，让水在每个细节发挥生态作用。

（3）终端净化与回归自然

经过中间蓄滞过程的雨水已被大量消减，其余部分将进入人工湿地、天然湿地或湖泊河流等，人工湿地和天然湿地都能大量蓄存降水而且对水质有自然净化作用，人工湿地的净化作用更强。无论人工湿地还是天然湿地，净化过程所经历时间都比较长，但人工湿地可以选择适当的类型和强化手段，缩短净化时间。经过湿地净化的降水已经成为自然水体的一部分，发挥涵养水源，改善环境温、湿度，维持生态多样性的生态环境效益，而且内陆湿地还是绿碳的一部分，因此湿地在"蓄、净、用"方面发挥着很强的功能。图 1-9 是人工湿地和天然湿地实景。

（4）绿碳与蓝碳

绿碳是指以绿色植物通过光合作用对 CO_2 的吸收、转化和固定的功能，而蓝碳是以红树林、盐沼、海草床代表的滨海生态系统以及海洋对 CO_2 的转化和固定功能。蓝碳的碳汇功能较绿碳系统更为强大。首先，沿海红树林、盐沼、海草床、海底沉积物以及依赖其生

图 1-9 人工湿地和天然湿地实景
(a) 人工湿地；(b) 天然湿地

存的生物系统一起对 CO_2 的吸收和固定能力远远超过绿碳系统；此外，而海水自身也是一个巨大的碳库，通过生物泵和物理泵发挥碳汇功能，地球上的 CO_2 有 93% 是通过蓝碳系统吸收和固定的，蓝碳系统的主要构成如图 1-10 所示（详见第 12 章）。绿碳和蓝碳与温室气体在大气层中的含量密切关联，温室气体在大气层中的积聚而形成的温室效应就是发生极端天气的主因之一，因此，绿碳与蓝碳系统是海绵城市建设工程不可忽视的板块。

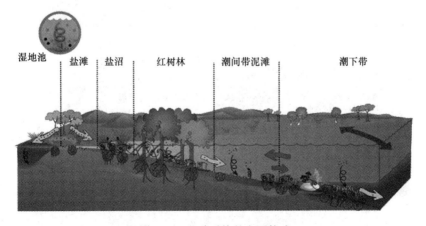

图 1-10 蓝碳系统的主要构成

1.4 我国海绵城市建设的必要性

海绵城市建设以城市水问题为主线,但不仅仅限于雨洪管理,而是一个涉及水、土、气的生态环境优化的问题。除了雨洪管理,还要面对水资源匮乏和水质问题,环境温、湿度以及温室气体排放等现实,实际上是一个环境可持续发展的系统工程。

1.4.1 我国水资源的概况

1. 我国的整体水资源现状

我国虽然幅员辽阔,但水资源并不算丰富,按人均存量计算,人均水资源仅相当于世界人均占有量的1/4,美国的1/6,日本的1/8,是被联合国列入13个水资源贫乏的国家之一。特别是我国近几十年来经济快速发展致使许多城市的地下水过采,同时城镇化步伐使硬化地面面积迅速扩大,使大量的降水不能回渗到地下补充水资源,影响了水的自然循环,加剧了地质水文生态的恶化。

地下水位的严重下降产生的直接后果就是水文地质生态灾害的频发,其主要表现有:

(1) 土地的干旱以及河流与湖泊的干涸,伴随产生的环境湿度下降对农林、牧、渔业会产生一系列的负面影响;

(2) 干旱导致的地表植被退化伴随着土地的荒漠化;

(3) 在某些地理环境,水位下降还可导致土壤的盐渍化等;

(4) 当地下水位下降特别严重时可导致地表的塌陷,甚至路面、地下管线设施以至建筑物的不均匀沉降而破坏。图1-11列举了水文地质生态恶化的实例。

图1-11 水文地质生态恶化的实例
(a) 河流与湖泊的干涸;(b) 土地的荒漠化;(c) 土壤的盐渍化;(d) 地表的沉降开裂

2. 我国一些区域的典型水文生态数据举例

(1) 京津冀水资源的情况

2010 年,北京市人均水资源年均为 120.8m³,而到 2019 年下降为 114.0m³;由于对地下水的超采和自然降水回渗的减少,从 1998 年末到 2017 年末,地下水位下降了 13.09m,与 1980 年末相比,下降了 17.73m。而整个京津冀地区的情况是地下水的总开采量大,长期处于超采状态,地下水位持续下降,已形成的多个地下水漏斗,面积总和超过 50000km²,导致出现河流断流,湿地萎缩,近岸海域生态系统退化以及坝上地区缺水、植被退化等一系列自然生态灾害[6-9]。

(2) 青海湖的情况

地处我国西北的青海湖水位每年平均以 12.1cm 的速度下降,水位下降最快的 2000 年,1 年内下降了 21cm,以这样的速度,青海湖年平均减少湖水 4.36 亿 m³,正在从单一的高原大湖泊分裂为"一大数小"的湖泊群。造成青海湖不断缩减主要有气候变暖、人类活动加剧以及降雨量减少等原因,特别是在青海湖周边盲目开荒,破坏了注水河流的水源,目前青海湖 50% 的注水河流已经干涸。据统计,由于水源补给河流大量减少,与 20 年前相比,入湖水量也因此减少了 60%。

(3) 南水北调工程对相关地区缺水状况的缓解

国家的南水北调一期工程自 2014 年 12 月正式通水以来,沿线北方城市的水源获得了有力的补充,河南省受水地区包括邓州、南阳、漯河、平顶山、许昌、郑州、焦作、濮阳、鹤壁和新乡 10 个地市;河北省受水地区包括邯郸、邢台、石家庄和保定 4 个地市;在京津受水地区,中线工程向北京城区日供水量约 220 万 m³,占城区用水量的 70%;向天津城区日供水量约 130 万 m³,占城区用水量的 80% 以上[9]。

由于南水的补充,沿线的北方多个地区已经在水资源方面获得很大缓解,仅以北京为例,对地下水的采量明显减少,平原地区地下水位下降趋势 10 多年来首次得到缓解,有些区域地下水位已有回升迹象。这对于北京这样的人口密集和水资源相对匮乏的超大规模都市有很重要的现实意义,但是北方广大地区的缺水状况仍未从根本上解决。

(4) 地表水的水质状况

地表水是江、河、湖泊水流的重要源头之一,我国近几十年来工农业和农副产品加工业的快速发展产生了大量废弃物,在某些地区,污染性废弃物排放的管理不善严重影响了地表水的质量。例如,有资料显示近年来畜禽养殖业的废水排放量逐年增加,某些大城市的猪场废水 COD 超过排放标准的数十倍;我国很多地区的化肥和农药的使用量大大超过国际平均水平,其中未经降解的农药、化肥进入土壤,并随着降雨大部分进入河流、湖泊,是绿藻、水臭等现象发生的主要原因。

1.4.2　极端天气频发的现象

近年来全球范围内极端天气愈演愈烈,暴雨洪涝、高温热浪、干旱以及寒潮等极端天气频繁出现,在我国多地也发生了类似情况,刷新了气候的历史纪录。

1. 暴雨灾害

近年来,暴雨天气在我国多地创了历史之"最",如 2021 年 7 月郑州的特大暴雨被称为"千年一遇",其雨量大,持续时间长,分布范围广,仅在当月的 19～22 日,流域累计总雨量为 9.98 亿 m³,面平均雨量达 495.24mm,部分区域累计最大雨量达 805.6mm。暴雨导致严重城市内涝、山洪滑坡等多灾并发,造成重大人员伤亡和财产损失。

2. 高温天气

近几年全球多地的夏季高温不断刷新历史纪录，特别是2022年8月地处我国西南的成都、重庆的某些局部区域气温高达44℃，甚至有两天连续达到45℃，石家庄某县的气温高达44.2℃，西安某地的气温达到42.9℃，有两地的地表温度分别达到60℃和74.1℃；也是在8月，全国至少有60多个城市出现了41℃的高温天气；而在青藏高原，积雪融化进一步加速，高原积雪量已达历史新低。

2022年7、8月，在中亚、南亚、西亚、西欧、北欧和南欧诸国以及美国和格陵兰岛等也都出现了破纪录的极端高温，而且强度都非常大。世界气象组织专家预言，这种热浪天气今后将会越来越频繁地出现。

3. 干旱

受持续高温的影响，近些年的旱情也愈发严重，如2022年国内最大淡水湖鄱阳湖水体面积出现大幅度缩减。据实际监测，2022年8月21日水体面积约为1010km²，与近10年同期平均值相比减小约67%，为10年来最低，与1个多月之前相比水体面积就减少了约69%。而在欧洲，受持续高温导致的旱情影响，欧洲的莱茵河、泰晤士河以及卢瓦尔河等大河流在2022年8月的水位降到了自2007年以来的最低值，有些地方几近断流，意大利最长的河流（全长650多公里的波河）水位也降至70年来的最低水平，可见高温天气的影响范围之广，强度之大。

4. 形成极端天气的原因

迄今，国内外已有大量的科学研究数据证实极端天气频发的主要原因是全球气候变暖，而正是人类生活和生产活动排放的大量温室气体导致了全球气候变暖。此外，偶发的火山喷发、山火等排放的温室气体、热带雨林的退化和地表植被的减少等都对增加大气中的温室气体有"贡献"。

温室气体对来自太阳辐射的可见光波具有高度穿透性，而对地球发射出来的长波辐射具有高度吸收性，造成热量的积蓄而导致地球表层温度上升，即温室效应。实际上，自人类进入工业化时代的100多年来，全球的气温一直处在逐渐上升中，但近些年来上升明显加快，如图1-12所示。全球气候变暖程度的加剧，更容易形成大气的异常环流，从而增加高温热浪、强降水、寒潮等极端天气发生的概率和强度。此外，有研究表明，气候变暖

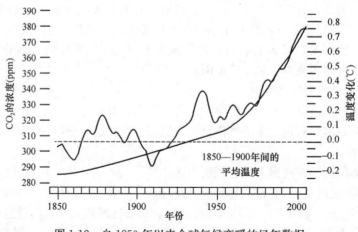

图1-12 自1850年以来全球气候变暖的经年数据

也会使湖泊中水的溶解氧含量下降，进而可能导致鱼类死亡、藻类繁殖和甲烷排放量增加。可见温室气体是极端天气的主要根源之一，而绿碳、蓝碳是吸收和转化温室气体的有效途径。

可见，我国大力发展海绵城市建设，不仅是一个雨洪管理的问题，而是从水、土、气对整个环境进行优化治理的重大举措，对缓解气候变暖、减少极端天气的发生[13,18]、城市宜居环境可持续发展都具有现实和长远意义。

1.5 本章小结

本章主要讨论了多孔混凝土铺装的基本类型与功能，海绵城市建设的基本要素与路径以及我国进行海绵城市建设的必要性与紧迫性。

多孔混凝土铺装是海绵城市建设中的一个重要功能板块，与屋顶雨水收集利用系统、雨水模块、生物滞留池、渗井、植被缓冲带、湿地等板块关联，可实现"渗、滞、蓄、净、用、排"的全部功能。

海绵城市建设的核心目标是解决城市内涝、城市水污染和城市缺水三大问题，管理过程是源头径流消减、中间蓄滞与控制、末端净化与回归自然。

全球气候变暖是导致极端天气频发的主要原因，其根源是温室气体大量排放产生的温室效应、维护和提升"绿碳"与"蓝碳"生态系统的碳汇功能是缓解温室效应、实现生态环境可持续发展的有效绿色途径。

参考文献

[1] 大和東悦. 透水性コンクリート舗装[J]. コンクリート工学，1985，23.

[2] 玉井元治. 绿化コンクリート（コンクリート材料）[J]. コンクリート工学，1997，32(11)：64-69.

[3] 石云兴，宋中南，蒋立红. 多孔混凝土与透水性铺装[M]. 北京：中国建筑工业出版社，2016.

[4] 北京市地方标准. 多孔混凝土铺装技术规程：DB11/T 775-2021[S]. 中国建筑股份有限公司，2021.

[5] 王浩. 海绵城市建设系统模式和关键技术[OL]. 给水排水（电子版），2017.

[6] 李鹏，王新娟，孙颖，等. 气候变化对北京地下水资源的影响分析[J]. 节水灌溉，2017(5).

[7] 秦欢欢，郑春苗，孙占学，等. 沉降中心减采对北京平原地下水利用的影响分析[J]. 灌溉排水学报，2019(3)：108-113.

[8] 胡玉萍，石天姣. 北京水资源人口承载力分析[J]. 中国国情国力，2021(3).

[9] 迟妍妍，许开鹏，王晶晶，等. 京津冀地区水生态风险及对策建议[J]. 环境影响评价，2019，41(2)：32-35.

[10] 石云兴，张燕刚，刘伟，等. 植生混凝土的性能与应用研究[J]. 施工技术，2015，44(24)：18-21.

[11] 徐广福. 无砂大孔混凝土的应用与发展[J]. 建筑技术，1983，11.

[12] Ranchet J. Impacts of porous pavements on the hydraulic behavious and the cleaning of water[J]. Techiques Sciences & Methodes，1995.

[13] Takashi Asaeda, Vu Thanh Ca. Characteristics of permeable pavement during hot summer weather and impact on the thermal environment[J]. Building and Environment，2002，35：363-375.

[14] Stephen J. Coupe, Humphrey G Smith, Alan P. Newman et al. Biodgradation and microbial diversity within permeable pavements[J]. Protistology, 2003.
[15] Benjamin O. Brattebo, Derek B. Booth. Long-term stormwater quantity and quality performance of permeable pavement systems [J]. Water Research, 2003, 37(1).
[16] 黒岩義仁, 中村政則ほか. 排水インターロッキングブロック舗装工法[J]. セメント・コンクリート, 2001.
[17] 石云兴, 宋中南, 吴月华, 等, 雨水收集透水混凝土路面系统[P]. 发明专利, ZL200710200117.4.
[18] 君島健之, 大石英夫, 西岡真稔ほか. コンクリートのヒートアイランド効果[J]. Cement Science and concrete Technology. No. 60, 2006.

第 2 章　海绵城市系统的生态属性及其环境效益

自然界的水、土、气之间不停地进行着物质和能量的交换，万物得以生生不息，而大气和太阳能驱动着水分在大气圈、水圈移动和循环，水的移动不仅发生在土体之外也发生在土体的内部，可见海绵城市建设实际上是深植于自然界水、土、气的生态环境工程。

2.1　海绵城市建设与水、土、气的关联

2.1.1　水在自然界循环及其生态

水在地球大气圈的自然循环，按我们观察的尺度可以划分为宏观层次、流域层次和细观层次。

宏观层次是全球范围内的，处于高海拔地域的水（包括冰山融化、湖、河水流）向低海拔区域移动直至汇入海洋，海洋的水不断地被蒸发进入大气圈，蒸汽在大气运动的驱动下移动、扩散到包括高山在内的陆地，水汽凝结后又以降水的形式落到地球表面，如此周而复始地循环着。

流域层次是一个城市及与其密切相关的河流、湖泊流域的水循环范围，降落到该流域上的雨、雪水，经过滞留、填洼和下渗，剩余部分形成地表径流汇入河湖。下渗到土壤中的水分，超过了土壤持水量的部分将形成壤中径流或地下径流汇集到流域出口；蒸腾的水分再发生凝结和降落，如此循环不止。这一层次的空间尺度一般在 1 万 km^2 以内。它是一个开放的循环系统，其边界不是绝对的。

细观层次是由土壤、植被和水分构成的微循环，同样发生着降水的截留、填洼、下渗、蒸发、散发与径流等现象，并维持植被和地表微小生物的生命过程。三个层次循环过程示意图如图 2-1 所示[1,2]。

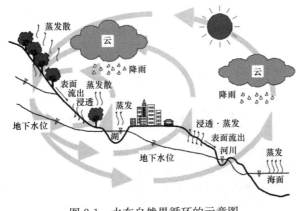

图 2-1　水在自然界循环的示意图

可见海绵城市建设工程就是在遵循环境的水、土、气的自然属性的前提下，针对当地的气候、水文地理特征，进行必要的优化和干预，使其在自然界大循环中对环境生态发挥正面的作用。

2.1.2 我国气候区与降雨分布的特点及其相关土壤状况

1. 我国的气候特点与降雨分布

我国广袤的国土地跨热带、亚热带和温带季风气候带、温带大陆性以及高山高原气候带，地域性气温和降水状况差异很大，降水从东南向西北递减。海南省、广东省雷州半岛、云南省南部和台湾省南部属热带季风气候，全年高温，降雨量大；长江流域和江南地区属亚热带季风气候，夏季高温多雨，冬季低温少雨；华北平原、东北地区属温带季风气候，夏季高温多雨，冬季寒冷干燥；西北内陆地区属温带大陆性气候，全年温差大，降水稀少；青藏高原以及新疆天山地区属于高原高寒气候。

我国不同气候区的年平均降水量状况如表 2-1 所示，年降水量超过 1600mm，甚至达到 3000mm 的区域大多在东南沿海地区，属于十分湿润地区；年降水量 800~1600mm 的属于湿润地区；800mm 的等降水线通过秦岭、淮河附近至青藏高原东南边缘，年降水量 400mm 等降水线大致通过大兴安岭、张家口市、兰州市、拉萨市至喜马拉雅山脉东边缘，两条等降水线之间的属于半湿润地区；年降水量 200~400mm 的属于干旱地区，主要包括内蒙古高原东部、黄土高原西部和青藏高原中部，呈东北西南条带状分布；年降水量在 200mm 以下的地区大多在西北内陆地区。我国降水随季节的分布特点是夏秋多，冬春少；降水年际变化南方较小，北方较大，西北内陆干旱地区变化最大（详见我国降水分布图资料）[3-4]。70年来，400mm 等降水量线有一些移动，但整体上相对稳定，变化的是降水年际差异大，降水时间、空间分布波动大[3-4]。

我国不同气候区的年平均降水量　　　　表 2-1

年平均降水量（mm）	气候区	涵盖的区域
1600 以上	十分湿润	海南大部、浙江大部、福建、台湾、广东和广西东南部；中部地区的江西、湖南山地以及西南地区的云南西南、西藏东南隅等
800~1600	湿润	沂沭河下游；淮河、秦岭以南广大的长江中下游地区；西南和南部地区的云南、贵州、广西、四川大部分地区
400~800	半湿润	华北平原、东北平原、山西、陕西的大部；西北地区的甘肃、青海东南部、新疆北部和西部山地；西南地区的四川西北部、西藏东部地区
200~400	干旱	东北西部；内蒙古东部；西北地区的宁夏、甘肃大部、青海、新疆西北部；西南地区的西藏部分区域
200 以下	十分干旱	内蒙古大部；西北地区的宁夏、甘肃北部地区、青海柴达木盆地、新疆塔里木盆地和准噶尔盆地；西南地区广阔的藏北羌塘区域

海绵城市建设应结合当地的气候特点，充分考虑当地的降水量和重现期、土壤的性质等水、土、气自然条件，参照国家住房和城乡建设部发布的《海绵城市建设技术指南——低影响开发雨水系统构建》规定的不同区域的年径流总量控制率要求，精准施策。在干旱地区和半干旱地区，应以蓄、滞、净、用为主，在湿润地区防内涝，以渗、排为主，半湿

润地区则应蓄、渗、排并举（详见第10章）。

2. 我国土壤的类型与现状

土壤根据其颗粒的大小分为黏土（<0.002mm）、粉土（<0.05mm）或砂土（<2.0mm），更大的则为砾石。在前三种土颗粒中，黏土最小，砂土最大，粉土介于两者之间。由25%砂土、40%粉土、35%黏土组成的土壤称为黏壤土；由40%砂土、50%粉土和10%黏土组成的土壤称为粉壤土；如土壤接近于黏土，能够保留更多的水分，渗水性差，植物的根系也难以穿过它生长；如果接近于砂土，水分容易通过，蓄水能力差，但植物容易穿过其中而生根。

通常，一个适合植物生长的健康的土壤由45%矿物质颗粒、5%有机质、25%水分和25%空气组成，正是通过土壤颗粒间的空隙供给了植物根系水分、空气和营养，空隙率的大小直接关系到降水下渗的速度。

我国各地域的土壤由于本身含有的矿物质成分不同，加上所处地理经纬度的差别较大而长期受到不同气候条件以及人为活动的作用，其中铁、钙、铝等被氧化或它们的氧化物被还原等作用，形成了不同颜色的土壤，如红壤土、黄壤土、黑土、青土、褐土和灰化土等。它们不仅粒度差异大，而且矿物质成分、有机质、pH值以及物理力学性能都有差别。

事实上，土壤状况与全球气候变化密切相关，土壤碳氮循环等生物地球化学过程产生或消耗温室气体以及其他气体，直接或者间接地影响气候变化。而目前不可忽视的问题是土壤的污染，全国的土壤环境状况总体不容乐观，部分地区污染比较严重，主要污染物为镉、镍、汞、铅和砷等重金属以及农药成分等，污染物也间接进入人们的食物链。海绵城市建设中水"净"，离不开土的"净"，而土壤的"净"就关联到被称为绿色途径的湿地和植被的净化作用。

2.2 海绵城市建设对环境温、湿度以及交通条件的改善

2.2.1 "热岛效应"及其对环境的负面影响

城市"热岛效应"指中心城区环境气温较高，而随着至中心城区的距离增加，环境气温逐渐降低的现象。在晴天和气候平静的条件下，"热岛效应"表现最显著的时间是在下午4时左右，中心城区比郊区高出的温度幅度各地有别，一般在2~6℃之间[1]。产生这一现象的原因除了中心城区的人口密度大，使用电气设备产生的热量比较集中外，还有一个重要的原因是大面积的硬化地面代替了自然地表，将大量的太阳辐射热反射到空气中，升高了环境温度，图2-2表现了某一城镇热岛效应的昼夜温度分布[1-2]。

"热岛效应"有很多负面作用，如增加夏季制冷能耗，增加了温室气体的排放，降低了水质，使与热相关的疾病加重。城市表面温度的升高，使经过城市表面排出的雨水的温度随之升高，因而河流内水温也升高，会使水中可溶解氧含量降低，对水中生物带来很不利的影响。

"热岛效应"在冬天可以减少取暖电耗的8%，但是在夏天要增加制冷电耗的12%，电耗的增加，也就直接增加了对大气的污染和CO_2的排放量。而CO_2等温湿气体在大气层中的增加反过来又促使气候变暖。

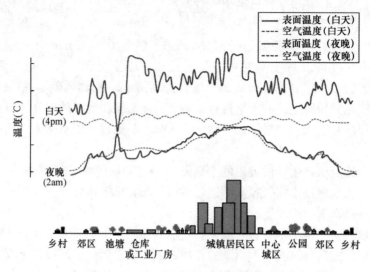

图 2-2　城区热岛效应示意图

2.2.2　透水性铺装对"热岛效应"的消减作用

海绵城市建设的重要板块就是增加多孔混凝土铺装和绿化植被,这种透气、透水的多孔状态的地表能大量吸收太阳热和环境其他热源放出的热量,消减了热峰,在环境温度降低时(如夜晚)又将热量放出,避免了环境温度剧烈变化,提升环境的宜居性。

图 2-3 是日本京都某一段密实和透水路面在秋季 2 个多月时间里表面温度对比的测定结果。数据显示,在环境气温为 30℃左右时,本色透水路面的表面温度比普通密实路面要低 8℃左右,而白色透水路面比后者要低 10℃左右,可见透水混凝土对缓解"热岛效应"有显著的效果[1-2]。

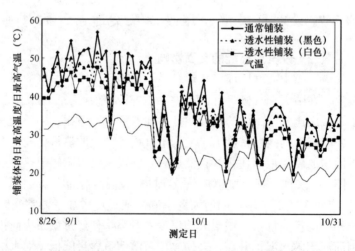

图 2-3　密实路面与透水路面温度的比较

图 2-4 是密实沥青路面、透水沥青路面、透水砌块铺装路面和保水性砌块铺装路面在 24h 内的实时温升情况。由图 2-4(a) 可见,雨天的透水与非透水路面的表面温度是一样的,基本上同于环境气温;在晴天的凌晨至黎明时段,透水和不透水沥青路面的温度开

始缓慢上升，但差别不大，都高于环境气温，可以理解为路面所蓄热量释放的缘故，如图 2-4(b) 所示。进入白天，几种路面的温升出现明显的差别，各路面温度都高于环境气温，透水与不透水沥青路面上升温度最高，保水型透水砌块路面相对于沥青路面降温效果幅度最大，透水性砌块铺装也有明显的降温效果，但低于保水型的。从以上数据可见，对于沥青路面来说，透水性和非透水性的路面铺装的表面温度无明显差别，表面温度都高于气温和自然地表，而保水型路面相对于密实路面降温效果明显。密实和透水路面温度相对较高的原因，可能是：

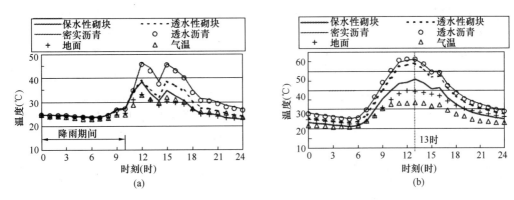

图 2-4 不同类型沥青路面不同时段的温升（例 1）
(a) 雨中和雨后的路面温升；(b) 晴天的路面温升

（1）路面颜色有较强吸热能力；
（2）沥青透水路面为排水型结构，只有表面数厘米的厚度是多孔结构，下面为密实结构，不能将热量继续吸入深层。

图 2-5 是密实沥青路面、透水沥青路面和热反射沥青透水路面（表面喷涂热反射涂料，文中称"遮热性"）路面温度实测数据[5]。在凌晨时段，密实路面和保水型路面的温

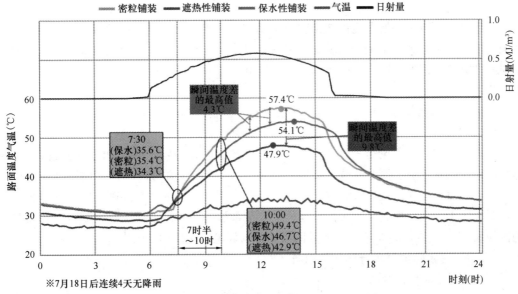

图 2-5 不同类型沥青路面不同时段的温升（例 2）

度基本相同，高于环境气温4℃左右，而热反射型路面高于环境2℃左右；到了白天中午时段，密实路面的温度最高，分别高于热反射路面和保水型路面9.8℃和4.3℃左右[1-2]。由此可见，沥青透水和水泥透水路面在表面温升有明显的不同，相对于同类的密实路面，它们都有明显的降温效果，但沥青路面降温效果相对弱于水泥透水混凝土路面。

2.2.3 海绵城市建设对空气湿度的改善作用

1. 透水性铺装与环境湿度

环境的空气湿度是宜居性的一项重要指标，海绵城市建设的基本理念是通过透水性铺装、下沉式绿地、生物滞留池、植被缓冲带以及湿地等保持降水的自然循环属性，因而有利于环境湿度的自然平衡。

当要满足交通和环境湿度的两方面需求时，只能选择多孔混凝土铺装，降水流经透水混凝土的开放孔隙时总会有一部分水分滞留其中，而当环境湿度下降时水分又蒸发出来，缓解环境湿度的下降。另一种对环境湿度改善更有效果的多孔混凝土铺装是保水型路面，目前有应用的是沥青多孔混凝土保水路面和多孔混凝土砌块保水型铺装，其构造分别如图2-6所示。多孔混凝土保水型路面的构造最上面一层为透水混凝土层，底层部位设有连接水源的多孔管，可根据环境对湿度的需求，将水分送到透水层，由于其下面为不透水层，大部分水分通过蒸发的途径进入大气环境中。多孔混凝土砌块保水型铺装的构造与此类似，只不过面层为透水混凝土砌

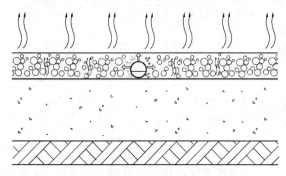

图2-6 保水型多孔沥青铺装的断面构造

块，起到滞留和蒸发水分的功能，此铺装结构多用于非机动车道。保水蒸发型铺装对降低"热岛效应"效果也非常明显，在改善了环境湿度同时，路表面的温度降低达10℃以上[1-2]。

保水性路面改善环境湿度的效果主要与基层的渗透性有关，其次还与透水面层的连通孔隙的多少有关。为了增加降水的滞留时间，日本业内有采用在连通孔隙里充填吸水性粉末材料的方法，以增加降水在孔隙内的滞留时间。保水性路面适合于公园、广场和一些旅游的景观环境。

2. 湿地与环境湿度

城市周边的湿地是海绵城市建设中的重要板块，与城市的气候息息相关，图2-7是城市周边湿地的实景。无论是天然还是人工湿地，都有巨大的环境调节功能，各类湿地在涵养水源、提供水资源、调节气候、降解污染物、减少风沙和降低$PM_{2.5}$方面发挥着重要作用。湿地通过蒸腾作用产生大量水蒸气，可以提高周围环境的空气湿度，减少土壤水分散失，缓冲气温变化，提高了城市的宜居性。实测数据表明，湿地周围空气湿度比远离湿地的区域高15%左右，湿地还有很强的固碳功能（详见第12章）。

2.2.4 透水路面对车行环境的改善

1. 车轮与路面的附着力

不透水的硬化路面容易产生表面径流和道路积水，当遇到较大的降雨，轮胎和路面之

图 2-7　城市周边湿地的实景

间被水膜隔开而失去了摩擦力，如果车辆行驶速度过快，刹车或转弯时就容易发生打滑漂移（hydroplaning）而发生事故，图 2-8 是这一现象的示意图。而透水路面能及时将降雨排走，不出现表面径流，而且路的表面粗糙，与轮胎的附着力强，从而避免了打滑和漂移现象。此外，其表面多孔结构吸收环境噪声，改善了出行环境。

2. 对行车噪声的消减作用

1）噪声对人体健康的负面影响

在繁忙的城市交通中，行车和鸣笛被视为噪声污染，交通噪声一般是指 60～80dB 的中等强度噪声，人耳能分辨的声音强度为 0～10dB。当声音强度达到 50dB 以上时，开始影响人的脑力劳动。若长期处于 90dB 噪声级环境中，耳聋发病率为 21%，在 80dB 的条件下，耳聋发病率为 10%；一般情况下，40dB 的连续噪声可使 10% 的人受到影响，突然性噪声可使 10% 的人惊醒；70dB 的连续噪声可使 50% 的人受到影响；60dB 的突然噪声可使 70% 的人惊醒。

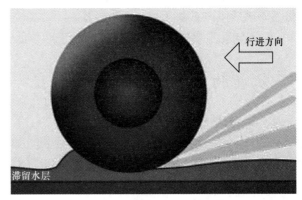

图 2-8　汽车轮发生水漂现象的原理

2）透水性铺装的降噪机理

普通混凝土硬化地面只能将传到其表面的声波反射出去，起不到吸声降噪的作用。而透水混凝土铺装由于其多孔状态，当声波到达铺装表面时，会引起内部小孔或间隙的空气运动，使紧靠孔壁表面的空气运动速度较慢，由于摩擦和空气运动的黏滞阻力，一部分声能转变为热能，减小了声波强度。同时，小孔中空气和孔壁的热交换引起的热损失也能使声波衰减，透水混凝土铺装对应于不同频率声音的吸声系数如图 2-9 所示。城市里频繁有来自高架道路车辆的噪声投射路面上，多孔路面会起到明显的降噪作用。此外，行驶在透水混凝土路面上的车辆自身产生的噪声也低。

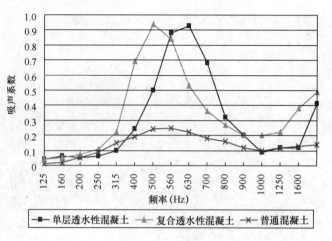

图 2-9　不同混凝土路面的吸声系数

试验研究表明，多孔混凝土试样的吸声系数有以下特点：

（1）吸声系数与多孔透水性混凝土的孔隙率及声音频率相关，孔隙率是影响材料吸声性能的首要因素；随着孔隙率的增大，多孔透水性混凝土吸声系数的峰值增大，峰值对应的吸声频率向高频扩展。

（2）吸声系数的峰值通常出现在 500～800Hz 范围内，1250Hz 附近吸声系数曲线出现低谷，随后吸声系数又有上升的趋势。

（3）不同孔隙率多孔混凝土试样的吸声系数低频差别不大，差异主要体现在高频段。

2.3　与生物多样性微观生态的关联

2.3.1　与地表微小生物的关系

从微观来看，湿润的地表层内充满了生机，如图 2-10 所示的是围绕树根部位土壤植物和生物群落示意图，湿润的地表层是植物和微小生物赖以生存繁殖的沃土，其中承载着多种微小植物和多种昆虫的生存与繁殖。而植物和微小生物群落具有降解有机物和吸附所经过水流中悬浮物的作用，有些植物的根系还有固碳的作用，如果是硬化地面和干旱的地

图 2-10　植物根部的生物多样性示意图

表，植物和微小生物将不复存在，对环境的有益作用也随之消失。由以上分析可知，从宏观到地表的微生态都与海绵城市建设息息相关。

除上述几种外，在自然地表栖息着大量的小生物，如蚂蚁、蚯蚓等其他土壤昆虫类；此外，还生活着肉眼不可见的天文数量级的菌类微生物。小生物和微生物种群也是地球生物圈的一部分，它们绝大部分是对人类有益的，对地球的生态平衡发挥着重要的作用。小生物活跃于土层提高了土壤的活性，而微生物是有机质分解的主要推动者，动物的粪便、动植物残体主要是在微生物的参与下达到无机化和腐殖化，有些有害物质经过微生物的降解而降低或失去了毒性。

当硬化不透水地面代替天然地表，这些小生物和微生物就失去了赖以生存的条件，上述有益作用也就不存在了。所以，海绵城市建设工程中以透水性铺装或植被地表代替硬化不透水路面，能在很大程度上延续自然地表的生态属性，维护地表小生物和微生物的完整生态链。

2.3.2 与地面植被的关联

树木和地表的植物通过光合作用能净化空气，还可降低城市噪声，并且为鸟类和昆虫提供栖息地，是城市生态环境多样性的一部分。近几十年来，随着城市化进程加快，原有的天然植被和自然地表不断被建筑物及密实的硬化地面所取代，改变了自然植被及地表的天然可渗透属性，使降水不能回渗到地下，影响了地下水资源的生态平衡，也使树木和植被赖以生存的生态环境恶化，其绿碳功能也被削弱。

树木根系的生长也需要一个与环境不断进行空气、水分和养分交换的土壤范围，树根通常要扩展到距地表下 60～100cm 的深度。树根将向着氧气和水分最丰富的方向生长。而在密实硬化路面环境下的树坑，一般尺寸（边长或直径）不足 1m，周围被硬化不透水的路面封闭，很大程度上隔绝了根系环境与外界空气、水分的交换，使树木的生长受到很大阻碍，这种条件下的树木一般都明显比正常应达到的尺寸小，还有很多树木在几年缓慢的生长后逐渐枯萎死亡。

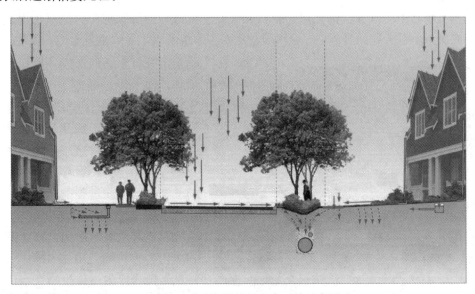

图 2-11　降水与植被的生态系统示意图

而透水性铺装恰好是解决地表通透性与路用功能这一矛盾的良好途径，如图2-11所示的是利用降水（包括地面和屋顶的降水）的植被生态系统，屋顶和地面的降水通过雨水收集装置和透水性铺装渗到生长着树木和植被的溪流，树木和植被得以滋养，富余的水分渗入地下深层补充地下水源，同时地表的水又被蒸腾，进入大气中，如此维持了与原自然地表基本相同的循环。图2-12是生长于透水混凝土路面环境里的橡树群，尽管大面积地表被透水性铺装覆盖，但保持了树木根系与自然界空气、水分和营养的交换，树木得以健康生长。

图2-12　生长于透水路面环境里的橡树群

2.4　海绵城市以生态绿色途径对水质的净化

2.4.1　地表水的常见污染物

地表水被污染和富含氮、磷和钾的富营养化导致江、河、湖泊的藻类大量繁殖，快速生长的藻类将水中的营养盐消耗尽后就很快死亡，由最初的鲜绿色变为深绿色再变黄绿色，而在腐败、被分解的过程中，会大量消耗水中的溶解氧，导致鱼类死亡。藻类的腐败物会上升至水面而形成一层绿色的黏质物，使水体变得恶臭，加剧水体生态环境的恶化[6-7]，如图2-13所示。江河湖泊水质的治理体量大，所需时间长，应该采用自然净化的方法从源头着手，在地表径流水汇集到江、河、湖泊之前或过程中就得到一定程度的净化。

湿地对水质的净化途径主要是植物净化、矿物净化和微生物净化等，特别是植物作为主体生物在水质净化过程中起到了重要作用，可分为直接

图2-13　绿藻的形成

净化作用和间接净化作用。直接净化作用是指植物自身能够对水体中的氮、磷和重金属等污染物直接进行吸收和富集；间接净化作用是指植物通过提高根区氧气含量、维持通气状况和加强水力传导等途径为微生物介导的污染物降解及其他污染物消减过程提供有利条件，从而间接促进污染物的降解[6-8]。

2.4.2 植物对水体的净化作用与机理

1. 吸收富集作用

生长于湿地的丰富的水生植物与植生混凝土的植物能吸收和富集一些有毒有害物质，可溶性有机物通过植物根系生物膜的吸附、吸收和生物代谢降解过程被去除，有物理作用和生物化学作用等。

2. 物理的截留作用

湿地水生植物在水中形成的茂密植被和丰富的根系具有减缓水流的功能，可促进水中悬浮物的下降和附着，以及减少底泥中颗粒物的再悬浮，提高水体透明度，促进水质的改善。

3. 生物化学作用

在植物生长过程中，根系会向生长介质中分泌出大量的有机物，这类分泌物中包含有大量的有机酸、氨基酸和活性酶等；根系表皮细胞死亡后在微生物的作用下分解为腐殖质。这些分泌物和腐殖质中有一系列功能团，如羟基、羧基、酚羟基、烯醇羟基以及芳环结构等，它们对含各种基团的化合物均具有极强的吸附能力，吸附后再通过生物化学作用将水中的污染物降解，促进有机物的无机化，降低水的 BOD 值[8-9]。

4. 对氮、磷、钾的吸收和去除

水的富营养化是其氮、磷、钾的含量高，导致绿藻大量繁殖，使水质劣化。生长于湿地的多种植物对氮、磷、钾有吸收、沉淀、吸附作用和微生物固定，能有效改善水质，避免绿藻的大量繁殖，表 2-2 是部分水生植物对氮、磷吸收去除速度的数据。

部分水生植物对氮、磷吸收去除速度 表 2-2

植物种类	氮的去除速度 [mg/(m²·d)]	磷的去除速度 [mg/(m²·d)]
牡丹浮草（Pistia stratiotes）	985	218
布袋葵（Eichhornia crassipes），俗称水葫芦	1278	243
山椒藻（Salvinia natans）	406	105
钱草，又称野香菜，药学名天胡荽（Hydrocotyle sibthorpioides）	365	86
满江红，亦称紫藻、红浮萍等（Azolla imbricata）	108	33
浮萍（Spirodela polyrhiza）	151	34
小浮萍（Lemna minor）	292	87
无根浮萍、芜萍（Wolffia globosa）	126	38

5. 对重金属的去除

有许多种湿地植物对污染废水中的重金属具有极强的富集能力，这些植物体内的重金属浓度可高达其生长废水中重金属浓度的数百甚至数千倍[9]。

2.4.3 土壤矿物对水体的净化作用

土壤是海绵城市生态系统的重要组成部分，土壤对接触的水体有净化作用，这源于其中多种矿物质与水体之间的物理、化学以及生物的作用，主要有四个方面：

（1）过滤作用，土壤直接阻留流经水体中的难溶性固体污染物，属于物理作用，与土壤的组成和粒径分布密切相关；

（2）吸附作用，土壤中的黏土矿物以及腐殖质对水中的污浊物有吸附作用，属于化学作用，与土质的矿物成分和粒径关联度高；

（3）土壤孔隙内活动的微生物对有机质的分解作用，属于化学和生物的作用，与土壤的孔隙状态和含水状态关联度高；

（4）土壤中一些矿物的离子交换作用可以去除水中的一些有害成分，属于物理化学作用。土壤中所含的如蒙脱石、沸石、硅藻土、高岭土等矿物成分可通过离子交换作用固定镉、铅、汞等重金属离子和硫酸根离子等，同时在去除 COD 方面都有较好的效果。

因此，可以认为土壤的净化作用是由对浮游物质的过滤，对截留的污浊物中有机物的分解、氮化合物的分解、磷的固定以及重金属离子的固定等构成的综合作用。但是，土壤矿物的净化作用也有限度，当短时间内土壤吸入的污染物达到极限，会使其净化作用减弱甚至完全丧失，需有一定时间的恢复期。

2.5 多孔混凝土作为载体用于水体生态改善的实例

1. 用于水体净化和生物繁殖的球形多孔混凝土

多孔混凝土连通孔隙可以生长植物，对流经水的悬浮物、氮、磷等有截留、吸附和吸收作用，因而对水质有一定的净化作用[10]。在混凝土内部加入一些具有吸附性和离子交换功能的材料，可提高其净化效果。如作为动植物物种的生长载体投放于海洋中，还可以在其中加入一些利于海洋植物和生物生长繁殖的营养成分。

日本研究者将多孔混凝土制作成球形（Spherical Porous Concrete，以下简称 SPC），以增加与水体的接触面积，并在混凝土内部放入沸石颗粒等来提高净化效果，图 2-14 所示的分别为投放于水体和堤岸的 SPC，水中的 SPC 主要起净化水质的作用，也是植物生长的载体；堤岸的 SPC 主要是护岸功能，也作为植物生长载体，对径流也有过滤净化的效果[11]。SPC 作为水净化的载体可以定期更换，以保持净化效果。

(a)   (b)

图 2-14 应用于工程的球形混凝土
(a) 投放于水体；(b) 投放于堤岸

日本研究者将沸石颗粒放置于球形多孔混凝土内部，在一定量的水体内除去磷、氮的效果如图 2-15 所示。在放置水中龄期 7d 内，介质中的全磷和全氮（包括有机磷、氮和无机磷、氮）浓度下降较快，之后趋于平稳，可见含沸石的球形混凝土有较好的除磷、除氮效果，特别是除磷的效果更佳，28d 水体中全磷的浓度降到 0.02mg/L，虽然 7d 内水体氮的浓度有明显下降，但不及除磷的效果[11]。

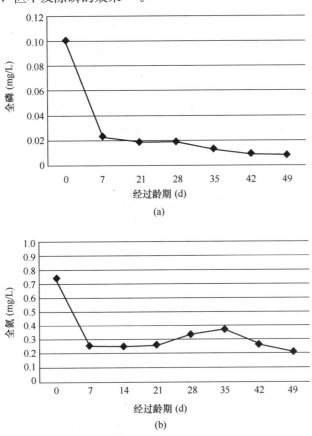

图 2-15　磷、氮的去除效果
(a) 全磷的去除；(b) 全氮的去除

为了方便将球形混凝土投放于海洋和稳定其位置，日本的研究者还将其与混凝土台座装在一起，如图 2-16(a) 所示，投放海洋 1 年后，海藻依托其为载体，得以繁殖生长，如图 2-16(b) 所示。

图 2-16　制品原貌及其在海洋中的状况
(a) 球形混凝土及其台座；(b) 海藻类依赖其孔隙生长

2. 用于改善海洋生态的贝壳多孔混凝土

针对近些年来海洋生物退化的状况,日本研究者开发了以贝壳作为骨料的多孔混凝土作为海洋生物繁殖生长的载体,应用于海洋取得良好的效果[12]。图 2-17(a)为贝壳多孔混凝土的外观,为了便于投放和固定于海洋的预定位置而特制了台座,图 2-17(b)是与台座装配的贝壳多孔混凝土外观。

图 2-17 贝壳多孔混凝土外观
(a) 贝壳多孔混凝土;(b) 与台座装配的贝壳多孔混凝土

贝壳作为用于海洋的多孔混凝土骨料有其独特的优势,首先它来自于海洋环境,与海洋生物不排斥,其次质轻和不规则外形可以做成高连通孔隙率的轻质多孔混凝土,而且混凝土可以做成各种外形。投放海洋 1 年后,依附其生长的藻类、海草类得以茂盛繁殖,在其孔隙内也繁殖了各种小生物(图 2-18)[12],这些小生物也是鱼类的饵食,利于鱼类的生长繁殖,对维护海洋生物多样性大有益处。

 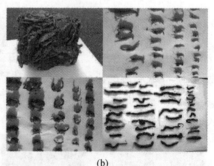

图 2-18 倚贝壳多孔混凝土生长的生物
(a) 海洋水生植物;(b) 孔隙内生长的小生物

2.6 本章小结

本章主要讨论了海绵城市系统的自然生态属性以及与自然水、土、气的内在关联,分析了其在环境方面的主要功能。

多孔混凝土铺装在满足路用功能的同时,保持了自然地表的生态属性,在缓解热岛效应，降低交通噪声，改善环境温、湿度等方面具有良好效果，是我国城市化进程中改善城市宜居性的绿色路径。

近些年来，自然水源日渐紧缺且地表水受污染严重，净化所需周期长，海绵城市系统的自然渗蓄和湿地功能板块等是实现水体自然净化的基本绿色途径。多孔植生混凝土（包括球状多孔混凝土和贝壳多孔混凝土）可以在水体净化和恢复河流、海洋生物多样性方面发挥良好的作用。

参考文献

［1］西山哲，大西有三，矢野隆夫. 透水性舗装による都市の熱環境改善効果の研究［R］. 日本ヒートアイランド学会論文集，2007.

［2］君島健之，大石英夫，西岡真稔 ほか. コンクリートのヒートアイランド効果［J］. Cement Science and concrete Technology，2006，60.

［3］张慧，等. 世界气象日特别策划：一条神奇的线见证中国降水70年变化［J］. 中国天气网，2023.

［4］宾洪祥. 降水［OL］. 术语中国网，2022.

［5］国土交通省道路局. 路面温度上昇抑制機能を有する 舗装技術の効果確認［C］. 2016.

［6］荆红卫，张志刚，郭婧. 北京北运河水系水质污染特征及污染来源分析［J］. 中国环境科学，2013，33(2).

［7］王婧，荆红卫，王浩正，等. 北京市城区降雨径流污染特征监测与分析［J］. 给水排水，2011，37（增刊）.

［8］席北斗，霍守亮，陈奇，等. 美国水质标准体系及其对我国水环境保护的启示［J］. 环境科学与技术，2011，5.

［9］森一博. 環境保全浄化のための植物バイオテクノロジー［J］. 生物工学，2012，90.

［10］C. J. Pratt, A. P. Newan, P. C. Bond. Mineral oil bio-degradation within permeable pavement: long team observations. Water Science Technology［J］. 1999, 39(2).

［11］谷貝有紀，内田慎哉，中新弥，岡本享久. 球形ポーラスコンクリートとゼオライトを併用した水質浄化材のリン窒素の低減効果に関する基礎研究［R］. コンクリート工学年次論文集，2014，36(1).

［12］天羽和夫. 海洋生物対応型エココンクリートの実施例［J］. コンクリート工学，1998，36(3).

第3章 多孔混凝土制备与拌合物的基本性能

多孔混凝土拌合物的性能是保证透水性铺装工程质量的前提条件，而要制备出性能优良的拌合物必须做好原材料质量控制、配合比设计和生产工艺的每一个环节。透水混凝土拌合物属于半干硬性混凝土，在聚积形态、组成结构、基本性能以及铺装施工等方面与普通混凝土有显著的差别。

3.1 多孔混凝土拌合物的性状与结构特点

多孔混凝土拌合物是由基材浆体包覆的粗骨料颗粒以点接触形式形成的堆聚状态，对于给定的骨料，混凝土的孔隙率决定于包覆层的厚度，成型后的混凝土连通孔隙率一般不低于10%。根据工程需求和原材料的情况，包覆骨料的浆体可以采用净浆或砂浆。在采用砂浆的情况下，砂率宜为10%左右。图3-1是普通混凝土与多孔混凝土拌合物形态示意图，可见，普通混凝土的状态是粗骨料悬浮在砂浆中，粗骨料之间以砂浆层过渡形成密实状态，而多孔混凝土拌合物则是由薄层胶结材浆体（或砂浆）包覆的粗骨料颗粒以点接触方式形成的堆积状态，经摊铺整平和随龄期硬化成为含连通孔和封闭孔的多孔结构，其总孔隙率（连通和封闭孔隙率之和）一般不低于15%，而连通孔隙率一般在总孔隙率中占85%~90%[1-3]。

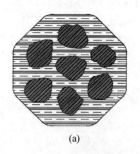
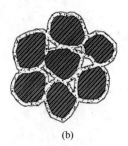

图3-1 普通混凝土与多孔混凝土拌合物形态示意图
(a) 普通混凝土；(b) 多孔混凝土

多孔混凝土孔隙率和孔径取决于粗骨料堆积孔隙率和基材的填充率即基材（浆体或砂浆）体积/粗骨料孔隙体积的比值，填充率越高则包覆层越厚，孔隙率越小，反之则孔隙率越大。

3.2 多孔混凝土的原材料

多孔混凝土的原材料主要有粗骨料、细骨料、水泥、矿物掺合料以及添加剂，对原材料的要求较普通混凝土更为严格。对于一种多孔状态的混凝土要同时满足透水率、力学性能和耐久性的要求，因其配合比可调整的范围小而增加了制备的难度。

3.2.1 对骨料的基本要求

粗骨料对多孔混凝土性能的影响远比普通混凝土重要，因为在多孔混凝土中骨料颗粒之间基本上是点接触的状态，与普通混凝土相比，粗骨料的压碎指标、粒径、粒形、表面状况以及杂质含量等与混凝土性能的关联度更高。

1. 粗骨料粒径选择

按照骨料相关标准，公称粒径为5mm以上的骨料称为粗骨料，多孔混凝土中利用粗骨料起骨架作用，其最大粒径不超过40mm，依路面层的功能选择骨料的最大粒径。用于透水基层的大孔混凝土，骨料粒径一般为20~40mm；用于透水结构层的，多选用的粒径为10~20mm；用于透水面层的，多选用的粒径为5~10mm。

由于多孔混凝土的破坏多发生于骨料的直接破坏，针片状颗粒宜小于5%；用于制备强度较高的多孔混凝土的粗骨料，其压碎指标宜小于15%。

2. 粗骨料类型选择

常用的粗骨料有碎石、河卵石、建筑废弃物再生骨料和工、矿废渣骨料等，在公称粒径相同时，碎石较卵石的空隙率大，且表面粗糙，容易挂浆，宜优先选用；河卵石在堆积状态下空隙率较小，为保证混凝土的透水性，胶结材用量可适当减少；关于骨料的母材，制备强度较高的透水混凝土宜选用玄武岩、辉绿岩等材质的骨料，一般情况下选用石灰岩材质的骨料即可；对工、矿废渣骨料要区分种类，如火山渣、碎旧砖瓦骨料硬度小，而钢渣硬度较大，应分别选择所适合的应用场景，同时对于前者制备混凝土时要考虑其吸水性；对于矿山尾矿的骨料，要避免风化石、石粉含量等对混凝土的负面影响。

3. 骨料级配

粗骨料分为连续级配、间断级配（开级配）和单粒级，它们的堆积状态如图3-2所示[6]。图3-2(a)为原始级配，其堆积密度较小，当用于透水混凝土时，应筛除最细的颗粒，如图3-2(b)所示；当用于植生混凝土时，还应筛除次细的颗粒，以留下更多空隙，近于单粒级，如图3-2(c)所示。间断级配和单粒级骨料，其堆积空隙率一般在40%~46%，所制备的透水混凝土透水率较高，而连续级配骨料的透水混凝土的综合性能优于前者，在实际应用中应根据具体情况选择。用于路面结构层的应该用5mm左右孔径的筛子过筛，去除细颗粒和石粉；而面层宜采用粒径6~8mm的单粒级骨料。

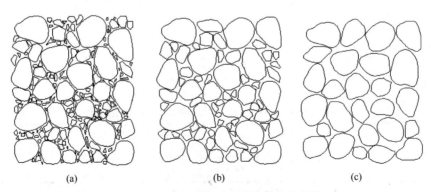

图3-2 不同级配粗骨料堆积状态示意图
(a) 原始级配；(b) 用于透水混凝土；(c) 用于植生混凝土

4. 粗骨料粒形

粗骨料的粒形系数为骨料长向尺寸与截面最小厚度之比值，其值大于1，越接近于1，其粒形越接近于圆形[6]。当级配一定，粒形系数越小的骨料其堆积孔隙率越小，而且颗粒之间相对移动的阻力越小，拌合物的施工性能就越好，在保持目标孔隙率不变的前提下，基材用量可以适当减少。面层透水混凝土中的针片状骨料在车辆荷载的作用下容易发生脱落或折断，越是接近圆形的或立方形的颗粒粘结得越牢固，不易出现折断或脱落情况。图3-3为两种不同粒形的骨料，（a）的粒形较好，而（b）的针片状较多，（a）的粒形系数较（b）更接近于1，适合用作透水混凝土的骨料。达到同样的目标孔隙率，用针片状骨料制备透水混凝土所需胶结材量较高。

图3-3 不同粒形的粗骨料
（a）粒形较好；（b）针片状较多

5. 粗、细骨料中的杂质含量

骨料中的粉尘、黏土、泥块和石粉影响骨料颗粒与胶结材的粘结，并且降低混凝土强度，应使其含量尽可能减少。用作结构层的，其含量都应小于0.5%；用作面层的，其含量应小于0.2%；在施工现场，如遇含上述杂质过多的粗骨料应进行过筛，对于细骨料应进行水洗。特别是当使用了含泥土的细骨料时，有可能严重影响粗骨料与胶结材的粘结力并可能导致收缩增大。

3.2.2 我国规定的骨料的指标与国外相关标准的对应

1. ASTM标准规定的骨料级配与标识

ASTM的骨料标准采用英制单位（inch，简写为in），与透水混凝土相关的几种常用级配如表3-1和图3-4所示。图中的No.6和No.7表示分别由两个边界所围成区域的开级配范围，No.7是比No.6更细的级配范围，而No.67则是介于No.6和No.7之间，颗粒通过率高于No.6的下限，低于No.7的上限的级配。

ASTM骨料级配（in-英寸）与国际制（mm）的对应　　表3-1

筛号	筛孔尺寸(in)	相当于筛孔尺寸(mm)	通过筛孔累计（%）					
			ASTM No.4	ASTM No.5	ASTM No.57	ASTM No.6	ASTM No.67	ASTM No.7
2in	2.0	51	100					
1.5in	1.5	38	90～100	100	100			

续表

筛号	筛孔尺寸(in)	相当于筛孔尺寸(mm)	通过筛孔累计（%） ASTM No.4	ASTM No.5	ASTM No.57	ASTM No.6	ASTM No.67	ASTM No.7
1in	1.0	25	20~55	90~100	95~100	100	100	
3/4in	0.75	19	0~15	20~55		90~100	90~100	100
1/2in	0.5	13		0~10	25~60	20~55		90~100
3/8in	0.375	95	0~5	0~5		0~15	20~55	40~70
No.4筛	0.0187	5			0~10	0~5	0~10	0~15
No.8筛	0.037	1			0~5		0~5	0~5

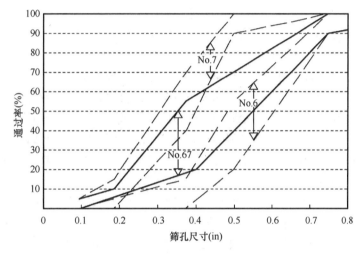

图 3-4 ASTM标准的骨料级配

2. 日本标准规定的骨料等级

日本道路用碎石按单粒级编号，其中常用于多孔混凝土的骨料为 3 号、4 号、5 号、6 号和 7 号，它们所对应粒径如表 3-2 所示。

日本标准对碎石骨料的分级　　表 3-2

粗骨料类别号	3号	4号	5号	6号	7号
粒径（mm）	30~40	20~30	13~20	5~13	2.5~5
符号	S-40	S-30	S-20	S-13	S-5

3.2.3　胶结材料、外加剂与增强材料

1. 水泥

用于路面面层铺装的透水混凝土的胶结材用量一般在 330kg 左右（以单方用量计），某些情况下达到 400kg 以上，其中水泥占 80% 左右；植生混凝土的胶结材用量较少，一般在 250kg 左右。面层透水混凝土因与空气接触面积大，容易被中性化，应选用碱性较高的水泥，一般为强度等级不低于 42.5 的通用硅酸盐水泥，其性能应符合《通用硅酸盐

水泥》GB 175—2007 的规定的指标；植生混凝土孔隙的碱性会影响到植物根系的生长，因此一般选用低碱性的水泥，也可采用掺用矿物掺合料的方法调整。

2. 矿物掺合料

多孔混凝土常用的矿物掺合料主要有硅灰、矿渣微粉和粉煤灰等，这些矿物掺合料都能增强多孔混凝土的后期强度。此外，硅灰还能增加基材黏性，改善其对骨料的包覆效果；矿渣微粉和粉煤灰也有改善和拌合物工作性的作用。但硅灰的掺量一般不超过 10%；矿渣微粉的掺量一般不超过 20%，而且其比表面积应在 4000cm²/g 以上；粉煤灰应使用Ⅰ级粉煤灰，掺量一般不超过 15%。

3. 无机和有机聚合物增稠添加剂

对于确定的多孔混凝土配合比，形成其多孔结构的前提是粗骨料被基材浆体紧密地包覆，而只有当基材浆体具备一定的黏性才能达到这一效果。在混凝土的生产中，提高基材黏性的技术手段通常是采用无机和有机的添加剂，例如硅灰、胶粉、苯丙共聚物树脂乳液和纤维素等，但添加剂的掺用量不宜过高，否则会引起混凝土后期强度的倒缩。

4. 减水剂

减水剂能改善基材浆体对骨料的包覆效果，可采用聚羧酸系或萘系减水剂，以聚羧酸系高性能减水剂效果更佳，在实际生产中应通过试验选择合适的品种和最佳掺用量，以使在颗粒联结点有丰满的浆桥而得以牢固地胶结，但过高的掺量可能会使浆体流动性过大，易发生浆体和粗骨料的分离。对于预拌多孔混凝土，宜使用缓凝型高性能减水剂；对有抗冻融要求的工程，宜采用引气型高性能减水剂，也要注意与防冻剂、早强剂等外加剂的相容性。

5. 纤维增强材料

为改善透水混凝土拌合物的黏聚性和包覆效果，提高力学性能和耐久性，有时需掺用少量的合成纤维材料，目前以 PP 纤维为多。但纤维掺量不宜过高，一般不超过 0.6% vol，而且要选择合适的长径比，一般长径比为 40～60；掺用木纤维也可改善黏聚性和包覆效果。近些年，碳纤维作为增强材料在透水混凝土中已有应用，但对于大范围的应用，成本仍是一个制约因素。

3.3 多孔混凝土的配合比设计

3.3.1 配合比计算的方法

多孔混凝土是由骨料、胶结材、水、添加剂和孔隙组成的多组分体系，其配合比设计是将各原材料的体积与孔隙体积之和作为混凝土的体积来计算（一般以 1m³ 体积的混凝土计），计算原理如下式所示：

$$\frac{m_g}{\rho_g}+\frac{m_c}{\rho_c}+\frac{m_f}{\rho_f}+\frac{m_w}{\rho_w}+\frac{m_s}{\rho_s}+\frac{m_a}{\rho_a}+V_d=1 \tag{3-1}$$

式中，m_g、m_c、m_f、m_w、m_s、m_a 分别为单位体积混凝土中粗骨料、水泥、矿物掺合料、水、细骨料、外加剂的用量（kg/m³）；ρ_g、ρ_c、ρ_f、ρ_w、ρ_s、ρ_a 分别为粗集料、水泥、矿物掺合料、水、细骨料、外加剂的表观密度（kg/m³）；V_d 为设计孔隙率（%）。

采用水溶性外加剂时，由于其体积很小，式中的第六项即 $\frac{m_a}{\rho_a}$ 可以忽略不计；采用无砂透水混凝土时，第五项即 $\dfrac{m_s}{\rho_s}$ 为零；当采用有砂透水混凝土时，砂率一般在 8%～15% 范围内选定。

3.3.2 经验性的方法

由于透水混凝土的强度与水胶比之间没有明确对应的关系，不能像普通混凝土那样首先通过配制强度计算所需要的水胶比，然后逐步计算出其他材料用量。

在透水混凝土的实际生产和施工中，粗骨料性能指标在批次之间难免有所波动，如果每次都通过繁琐的精确计算来确定配合比有所不便。因此，很需要简便易行的方法。中国建筑技术中心相关研发团队的石云兴、张燕刚和倪坤等人在总结试验、生产和施工经验的基础上提出如下实用性方法，经多年实际应用证明，不仅简便易行，而且精确度满足生产和施工要求，适合施工现场采用。

1. 该方法的要点

(1) 粗骨料的体积

根据经验，一般情况下制备 $1m^3$ 透水混凝土需要的粗骨粒紧密堆积体积接近 $1m^3$，对于无砂透水混凝土时，粗骨料的紧密堆积体积 V_g 在 0.95～0.97m^3 内选定；对于有砂透水混凝土，粗骨料的紧密堆积体积在 0.94～0.96m^3 内选定，砂率一般为 8%～12%（占胶结材总量的 40% 左右）。

(2) 粗骨料/胶材比、水/胶材比

用于路面铺装的透水混凝土，粗骨料/胶结材比为 3.5～4.5，用于面层的趋于低限，用于透水结构层或透水基层的趋于高限；水/胶材比在 0.26～0.32 内选定，无砂的趋于低限，有砂的趋于高限。

(3) 基材浆体的密度

采用无砂透水混凝土时，净浆的密度 ρ_c 取 2000～2100kg/m^3，采用有砂透水混凝土时，砂浆的密度 ρ_m 取 2150～2230kg/m^3。

(4) 附加空隙体积

附加孔隙体积 V_a 的定义是 $1-V_g$，即不足 $1m^3$ 堆积体积的骨料成为 $1m^3$ 的混凝土的骨架，所带来的孔隙体积增加量。

确定配合比时，首先根据经验确定 $1m^3$ 透水混凝土所用的紧密堆积状态粗骨料的体积，然后通过下述试验方法求出骨料的堆积状态的孔隙体积，再加上附加孔隙体积，两者之和减去目标孔隙体积，即为基材浆体的体积，再根据工程对拌合物工作性的要求选定水/胶材比[3-5]，在此基础上逐步确定各材料用量。

2. 通过装填试验取得相关参数的方法

(1) 测得粗骨料堆积状态的空隙体积

采用符合《普通混凝土用砂、石质量及检验方法标准》JGJ 52 规定的粗骨料试验用 10L 容量筒，同时选择计量水的 5000mL 容量筒。

(2) 从用于制备透水混凝土的碎石/砾石批量粗骨料里，按上述标准规定的缩分方法取料，最终获得试样料不少于 10L，用水洗后放置至饱和面干状态时将骨料装入容量筒与上口齐平，装料方法按上述标准规定的紧密堆积密度试验的方法进行，同时用容量筒取 5000mL 的水备用，如图 3-5 和图 3-6 所示。

(3) 将容量筒的水缓缓注入骨料容量筒至与上口齐平时停止,从水容量筒读出所用的水量(也可在电子秤上读出所用的水量),即为试样粗骨料紧密堆积状态的空隙总体积,据此求出其空隙率 V_p。

(4) 确定单方混凝土粗骨料体积 V_g (m^3/m^3),附加孔隙体积 V_a,目标孔隙率 V_d (%)按工程设计要求取。

(5) 单方混凝土的基材浆体体积 $V_c = V_g V_p + V_a - V_d$。

(6) 根据基材浆体密度、水胶比算出各材料的单方用量。

图 3-5 粗骨料装填的容量筒

图 3-6 容量筒和备用水

3. 计算例

(1) 工程要求与材料条件:工程要求无砂透水混凝土路面面层目标孔隙率为 20%;骨料为粒径 5~10mm 碎石,压碎指标和其他性能指标均符合工程设计要求。

(2) 配合比通过计算和试验确定

按上述装填方法测得 10L 容量筒粗骨料填充水量为 4200L,即紧密堆积状态的空隙率为 42%;根据经验选取 $1m^3$ 透水混凝土的粗骨料用量 V_g 为 $0.96m^3$,于是附加孔隙体积 V_a 为 $0.04m^3$,基材浆体体积为 $V_c = 0.96 \times 0.42 + 0.04 - 0.2 \approx 0.24m^3$。

根据经验视骨料和水泥情况,基材浆体密度取 $2050kg/m^3$,于是单方混凝土所用基材浆体质量为 $2050 \times 0.24 = 492kg$,取水胶比为 0.29,于是水泥(或胶结材)用量为 $492/1.29 \approx 381.4kg$,水用量为 110.6kg。

3.4 多孔混凝土的制备

3.4.1 拌合物的基本要求

用于路面铺装的透水混凝土拌合物是以骨料为核心,表面包覆一定厚度(一般约 2mm)的基材浆体所形成的颗粒的堆积状态,包覆层的厚度决定于粗骨料/胶结材比。透水混凝土拌合物具有良好工作性的要素是:(1) 达到整平状态耗用的振动能小;(2) 骨料的包覆层在运输和整平施工过程中不发生流坠;(3) 骨料的包覆层具可塑性而且保持的时间能满足运输和施工要求。以上性能可使拌合物经摊铺振动整平后，骨料表面的基材浆体在振动能的作用下，接触点受到一定的压缩而形成浆桥，将颗粒粘结成具有一定连通孔隙网络的多孔整体结构（拌合物的实际性状和形成的浆桥状态如图 3-7 所示）。从外观上看，状态良好的拌合物应表面呈金属光泽，颗粒之间的基材浆体能拉出丝状。

在原材料符合要求的前提下，符合规范的制备过程是保证拌合物性能良好的关键环节，又是获得性能良好的硬化透水混凝土的基础。

图 3-7　透水混凝土拌合物与整平后的浆桥性状
（a）拌合物的性状；（b）整平后形成的浆桥

3.4.2　制备工艺流程

在确定配合比之后，制备工艺是保证透水混凝土拌合物达到上述性能的重要环节，主要工艺过程如图 3-8 所示。

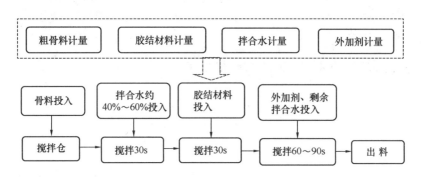

图 3-8　透水混凝土拌合物制备工艺

上述工艺的特点，主要是先将骨料与部分拌合水共同搅拌将其表面湿润，然后投入胶结材料进行裹浆，再投入其余的材料进行搅拌，使骨料得到较好的包覆；第一次加的水量约为总用水量的 40%～60%，无砂时按下限，有砂时按上限。

按上述工艺制备拌合物，其工作性容易得到保证，特别是当使用河卵石作为骨料时显得更为重要。当采用碎石骨料时，因为其表面粗糙，容易挂浆，可以将骨料和胶结材一同投料，随着搅拌渐次加水，30s 内加至 50% 的水后加入外加剂等，再搅拌 30s 后，视混合料的和易性情况加入其余的拌合水再搅拌约 1min 即可出料。

在使用表面相对光滑的骨料（如河卵石、表面经过处理的装饰性骨料等）时，骨料表面不易挂浆，应掺用聚合物增黏剂的方法来改善浆体对骨料的包覆性。

粗骨料的质量控制主要是骨料的黏土、泥块含量，石粉含量，特别是石粉含量超过限值，会严重影响混合料的工作性和骨料与胶结材浆体的粘结力。原则上，如果碎石的石粉超过3%应过筛，必要时要经过水洗。

3.5 拌合物的性能与表征

3.5.1 湿密度

透水混凝土拌合物内部孔隙率一般在10%以上，多数在15%～20%之间，拌合物的孔隙与硬化混凝土中形成的孔隙状况有较大的差别，拌合物孔隙测试中的一个重要物理指标是湿密度，经常会因所采用测试方法的差异而得出不同的结果，这是因为不同的测试方法对拌合物所施加的振动能不同所致，因此规定拌合物的基准湿密度的测试方法有重要的实际意义。ASTM C1688规定了透水混凝土拌合物湿密度和孔隙率的测试方法，规定采用混凝土含气量测试的容量近为7L（0.25ft³）的筒体，分两层装料，用特定捣棒每层捣20次，刮平表面后测密度值即为基准湿密度，如图3-9所示（详见第7章）。

(a)　　　　　　　　　　　　　(b)

图3-9　拌合物的基准湿密度测试
(a) 捣棒和容量筒；(b) 称量

3.5.2 振动稠度

透水混凝土拌合物的工作性是指基材浆体所包覆骨料颗粒之间既有一定黏聚性，又易于施工摊铺整平形成均匀多孔结构的性能，而对其量化评价一直是一个比较棘手的问题。迄今，既标准化又便捷的方法仍显不足。中国建筑技术中心的相关研究者在大量试验研究的基础上，提出了振动稠度时间的方法，在实际应用中取得较好的效果。该方法参考混凝土维勃稠度的测试方法，将下振改为上振，通过记录振平拌合物所用时间秒数来表征。试验仪器如图3-10(a)所示。这一方法能够比较简便地评价透水混凝土拌合物的工作性，而且与现场施工工艺关联度高（详见第7章）。

通过大量的试验证明，坍落度在50±10mm，振动稠度为15s左右的透水混凝土拌合物适合于整平施工。测拌合物振动稠度形成的圆形试块，硬化后用其测定混凝土的孔隙率，如图3-10(b)所示。

图 3-10 透水混凝土拌合物工作性的测试
（a）测试装置；（b）测试过程

3.5.3 坍落度和扩展度

坍落度和扩展度也可以作为表征透水混凝土拌合物的工作性的指标，但是透水混凝土拌合物多呈半干硬状态，这两个指标对准确反映拌合物的性能而言都不是太敏感。由于有简便易行的特点，也常为试验室和工程现场采用。一般透水混凝土拌合物的坍落度不超过 100mm，以 50mm 左右为宜，属于半干硬性拌合物，一般不采用扩展度指标，如图 3-11

图 3-11 透水混凝土拌合物坍落度状态

(a)所示；而适合抹光机整平方法的拌合物，较前者塑性有所提高，一般测试其工作性时，坍落度值和扩展度指标两者兼用，坍落度可以达到120～150mm，而扩展度可以达到250～300mm，如图3-11(b)所示。对拌合物的塑性起主导作用是胶结材与骨料之比以及有机添加剂。

3.5.4 基材附着量

拌合物的粗骨料颗粒被基材浆体（胶结材浆体或砂浆）所包覆，基材浆体的稀稠状态、黏附性和包覆层的厚度很大程度上决定拌合物的施工性能与能否在接触点形成充分的浆桥。日本的学者采用基材附着量指标来表征（详见第7章），它是拌合物在被施加一定的振动能的条件下，从上、下表面分别收集的基材浆体的量（g），前者反映了振动情况下浆体在水平位置及向上运动的性能，该指标高有利于形成浆桥；后者反映了拌合物浆体与骨料发生分离的情况，如指标高可能会发生铺装底层被淤堵的情况而影响透水性。图3-12是设计孔隙率分别为21%、25%的砂透水混凝土的用水量变化对砂浆附着量的影响，说明用水量稍有增加（1%），底面的附着量明显增加，说明底面的附着量对单位用水量是很敏感的性质，而面层的附着量无明显变化。

砂浆附着量与强度的关系如图3-13所示，配合比、孔隙率同图3-12，在该试验条件下，附着量在6～7g是一个转折点，在这之前随着附着量的增加强度提高，之后附着量增加但强度不再增加，或者说，低于这个转折点强度会随附着量减少而降低。

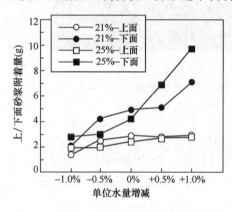

图3-12 用水量变化对砂浆附着量的影响

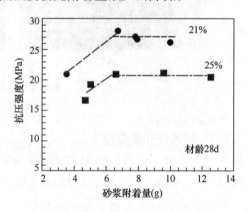

图3-13 砂浆附着量与强度的关系

3.6 与拌合物性能密切相关的技术条件

根据透水混凝土的特点和施工需求，拌合物的性能主要有黏聚性、可塑性、黏附性和可塑延时保持性等，而原材料、配比和制备工艺是其密切相关的技术条件。

3.6.1 外加剂与拌合物性状

适当使用化学外加剂是制备良好性能拌合物的重要环节，这里外加剂是指有机外加剂，包括减水剂、缓凝剂、增稠剂以及引气剂等。

1. 减水剂与拌合物性状的关联

选择恰当的减水剂品种与适宜掺量可使通常水胶比在0.23～0.3范围内的透水混凝土拌合物具有一定的流动性和可塑性，且基材浆体能紧密而充分地包覆骨料，达到在接触点形成浆桥的效果。减水剂掺量小,拌合物较为干硬,难以形成饱满的浆桥;当水胶比较大而减水剂掺量又高时,容易发生"沉浆"现象,即基材浆体向下沉降导致底部孔隙被封堵而失去透水性。

图 3-14 是日本学者研究减水剂掺量对透水混凝土拌合物塑性影响的试验,各组图片为聚羧酸减水剂分别为 0、0.2%、0.3% 和 0.4% 时拌合物的性状,可以直观地看到,不使用减水剂的拌合物最初就呈干硬状态,而 0.2% 减水剂的较前者塑性有所改善,但随着经过时间到 90min 表面变得干涩(图中○(2)的状态),在现场施工难以整平成结点充分粘结的均匀多孔结构;0.3% 的一组较 0.2% 的塑性状态又有改善;0.4% 减水剂的一组在浆体的可塑性和饱满度方面明显优于前两者,呈现金属光泽,拉开颗粒会有丝状出现,90min 后塑性尚可(图中○(3)的状态)。可见,足量的减水剂掺量能有效地保持拌合物的可塑性。

图中的标示:△(4)—浆体塑性好,呈拉丝状;○(3)—浆体偏干硬,有少许的拉丝状;○(2)—浆体干硬,黏性大无拉丝状。

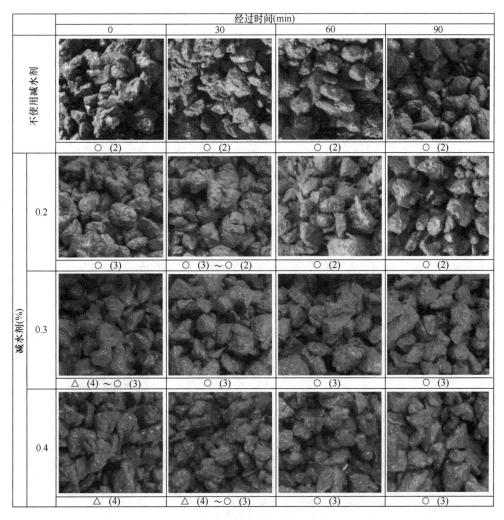

图 3-14 不同减水剂掺量的透水混凝土拌合物的性状

2. 减水剂与水胶比以及环境温度对工作性的影响

日本学者研究了水胶比、减水剂掺量以及环境温度对透水混凝土基材砂浆流变性能的影响，图 3-15 为试验结果，图中数据表现了不同水胶比和减水剂掺量条件下基材砂浆塑性黏度和屈服值在 10～30℃ 温度区间的变化，每一曲线上的由左至右的各点依次为 10℃、15℃、20℃、25℃ 和 30℃ 的温度节点的屈服值和塑性黏度值。可见，基材砂浆随着温度的升高塑性黏度和屈服值呈线性增加的趋势；较小水胶比的基材砂浆应该是具有

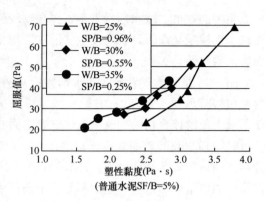

图 3-15 温度和减水剂对基材砂浆流变学性能的影响

较大屈服值和塑性黏度值，但数据显示随着减水剂掺量的增加，两参数值仍随之下降，有利于保持拌合物良好的工作性。

3. 缓凝剂和增稠剂的影响

由于透水混凝土的拌合水较少，而且暴露于空气中的面积大，水分损失快，如果是在干燥的季节或较高温度环境施工，常使用缓凝剂来减少工作性的损失。对于需要运送至较远距离的预拌透水混凝土，一般还要使用增稠剂来保持水分，但用量过大时会降低强度，也可能在硬化过程中产生较大的收缩而增加开裂风险。

3.6.2 粗骨料粒径与拌合物性能的关联

不同公称粒径的骨料堆积空隙率不同，对混凝土拌合物的性能有不同的影响，如图 3-16 所示。利用粒径 5～10mm 和 10～16mm 的辉绿岩作为骨料，实测其堆积空隙率分别为 44.3% 和 45.2%，采用相同的骨胶比（G/C=4），水胶比和外加剂用量适量，制备的透水混凝土拌合物的孔隙率分别为 21.1% 和 18.7%，骨料体积和成型混凝土的体积比分别是 0.946 和 0.957，图中混凝土的体积是 100kg 骨料所成型的混凝土的体积。可见，制备相同体积的混凝土拌合料，需要的 5～10mm 骨料量较 10～16mm 的少。

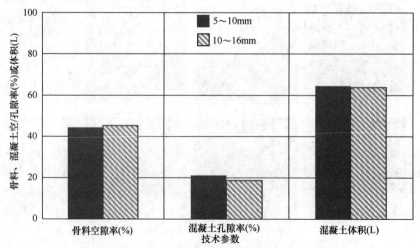

图 3-16 辉绿岩骨料粒径与拌合物性能的相关性

利用粒径5~10mm、10~16mm 和 20~25mm 的石灰岩碎石作为骨料，实测其堆积空隙率分别为 44.1% 和 44% 和 45.9%，采用与上面相同的骨胶比，水胶比和外加剂用量制备的透水混凝土拌合物的孔隙率分别为 21.6% 和 20.2% 和 33.3%，骨料体积和成型混凝土的体积比分别是 0.98、0.938 和 0.962，试验结果如图 3-17 所示。可见，制备同样体积的混凝土拌合物（以同样的方法成型的体积），需要的骨料 20~25mm 的量最少，10~16mm 的居中，5~10mm 的最多。

辉绿岩骨料和石灰岩骨料的粒形有所差别，由于材质的不同在加工时前者形成的粒形更接近于圆形，而后者形成的棱角和片状较多，与圆形有较大偏离。

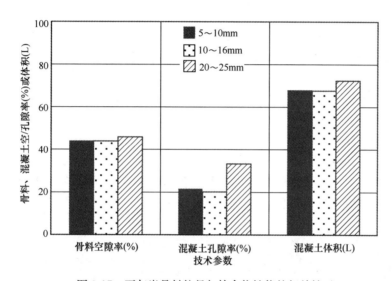

图 3-17　石灰岩骨料粒径与拌合物性能的相关性

从本试验所用骨料看，骨料的堆积体积和透水混凝土成型体积之比为 0.938~0.98，在骨料空隙率较大的情况下，制备 $1m^3$ 透水混凝土成品（成型后的体积）基本上需要 $1m^3$ 骨料，采用同样重量的骨料和配比，究竟哪一种粒径制备出的混凝土体积较多一些，要考虑粒径和孔隙率两个因素。

有研究者的试验研究结果也证明，随着骨料粒径的增大，透水混凝土的全孔隙率和连续孔隙率均表现出随之增加的趋势[12]，如图 3-18 所示。

以上实例虽不一定能代表所有的情况，但可以看到一个基本事实，用不同公称粒径的骨料分别制备透水混凝土，受骨料的空隙率、总表面积和粒形的影响，制备出的拌合物的体积不同，也就是说，同样制备 $1m^3$ 透水混凝土（以成型后的体积计）所需的不同公称粒径的骨料的量是不同的；如用不同母材加工的碎石粗骨料分别制备透水混凝土，即便是公称粒径相同，配制出的混凝土拌合物的体积也会不同，因为材质不同影响到骨料的粒形和表面性状[11,12]。

3.6.3　胶结材用量与稠度的影响

1. 胶结材用量的影响

铺装施工时，透水混凝土拌合物经摊铺整平，颗粒接触点处的基材浆体形成浆桥将颗粒黏聚在一起，在非接触点处保持一定孔隙，随着水化、硬化成为整体多孔结构，其中有

90%左右的孔隙属于连通孔隙。

胶结材用量的多少直接影响拌合物的工作性和孔隙率，胶结材用量通常以 1m³ 混凝土中的骨料与胶结材的比值 G/C（通常用质量比）来表示，G/C 值通常在 3.6~4.4 之间。

当制备孔隙率较小的混凝土时，G/C 值取接近下限，搅拌出的拌合物性状如图 3-19(a) 所示，混凝土的孔隙率为 10%~15%，在施工时如施加的振动能较大，容易发生连浆现象而影响透水性。这种拌合物的特点是容易整平，但不能施以强力振动，施工时主要施以抹光机从表面抹光整平的方式。

当混凝土目标孔隙率在 15%~20% 时，G/C 值在中间部分取值，制备出的拌合物性状如图 3-19(b)

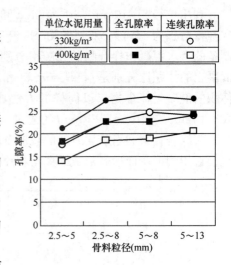

图 3-18 骨料粒径与孔隙率

所示。施工时用平板振动器或抹光机振动整平，再从表面抹光修整。

当混凝土目标孔隙率在 20%~30% 时，G/C 值取上限部分，属少胶结材用量的透水混凝土，搅拌出的混凝土和整平成型后的状况如图 3-19(c) 所示，多用于透水基层，施工时可以施以轻载碾压或平板振动器振动整平。

图 3-19 胶结材用量与拌合物性状
(a) 多胶结材用量；(b) 中等程度胶结材用量；(c) 少胶结材用量

G/C 值也要受骨料的粒形、粒径和级配情况的影响，接近圆形、粒径越大以及级配密实的骨料，取值应接近上限。

2. 胶结材浆体稠度的影响

外加剂的掺量和拌合水量直接影响浆体的稠度，如果浆体过于干硬，即使是胶结材量足够大，也只能将骨料颗粒包覆，而不能形成浆桥将其充分粘结，硬化后的强度也较低，性状如图 3-20(a) 所示；而浆体流动性过大，将会发生其与骨料的分离而沉底，导致下部的孔隙被堵塞而失去透水性，如图 3-20(b) 所示。在实际生产中，透水混凝土的水胶比可调的范围较小，可以通过使用外加剂（包括减水剂、增稠剂等）和调整用水量相结合的方法来达到合适的稠度，达到颗粒之间既充分胶结，又不发生浆体的"沉浆"。

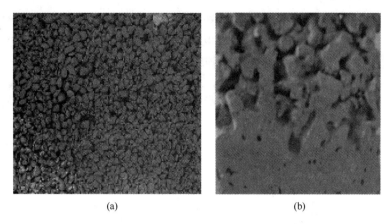

图 3-20　工作性不良的拌合物

(a) 偏干硬颗粒不能牢固粘结；(b) 基材流动性过大导致沉浆

3.6.4　搅拌工艺对拌合物工作性的影响

1. 搅拌力的影响

制备透水混凝土拌合物的搅拌工艺对其性能有直接的影响，如图 3-8 所示的工艺流程，先将部分拌合水和骨料搅拌约 30s，然后投入胶结材接着搅拌约 20～30s，再投入外加剂和其余的拌合水搅拌约 30s，这一搅拌工艺的包覆效果优于原材料一起投入共同搅拌的方法。此外，采用不同类型的搅拌机械搅拌的拌合物，其工作性也有较大差别，如日本学者的研究表明，用普通竖轴搅拌机和二轴强制式搅拌机分别搅拌出的拌合物的工作性有明显的差异[4,5,7]，后者浆体的流动性和包覆效果明显好于前者，如图 3-21 所示。

图 3-21　不同搅拌方法制备的拌合物成型后的性状

(a) 用普通竖轴搅拌机；(b) 用二轴强制式搅拌机

图 3-21(a) 水胶比为 0.25，图 3-21(b) 的水胶比为 0.21。可见尽管前者的水胶比较大，塑性状态并不好，附着在骨料表面的浆体分散得不够均匀；而采用二轴强制式搅拌机制备的拌合物，尽管水胶比只有 0.21，但较前者流动性大，柔滑性好，骨料之间形成浆桥结合点，而且包裹骨料的浆体有一定厚度，骨料之间的粘结力会比前者高。

2. 搅拌速率和时间的影响

图 3-22 是日本研究者关于搅拌速率对胶结材浆体流动性影响的试验结果[4,11]，水胶

比为0.21和0.23的浆体的扩展度随着搅拌时间的延长都呈现明显增大的趋势，0.23的更大一些，但低水胶比（0.21）的胶结材以高转速（200rpm）搅拌制备的浆体的扩展度小于低转速搅拌的，而且其扩展度随着搅拌时间的延长有变小的趋势。

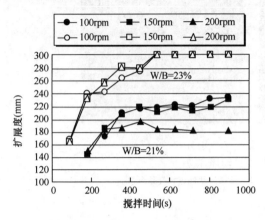

图3-22 搅拌速率和时间与拌合物的流动性

3.6.5 施加振动与结构形成的关联

1. 施加振动对基材浆体竖向分布的影响

从理论上来讲，工作性适宜的透水混凝土拌合物，无论从平面还是断面来看，都应是均匀的，即基材均匀包覆于骨料颗粒，靠接触点浆桥将颗粒胶结成有立体孔隙网的整体结构，但在施工过程中，由于拌合物的工作性和振动时间的差异，可能会使胶结材沿竖向出现分布不均匀的现象，特别是如果发生"连浆"和"沉浆"现象，给透水性带来负面的影响，图3-23是日本学者关于施加振动对胶结材浆体在混凝土内部竖向分布的试验结果[8]。

图3-23纵坐标是胶结材面积率，即水平切面上胶结材面积与断面面积之比；横坐标为自试件顶面（浇筑面）到底面的距离。

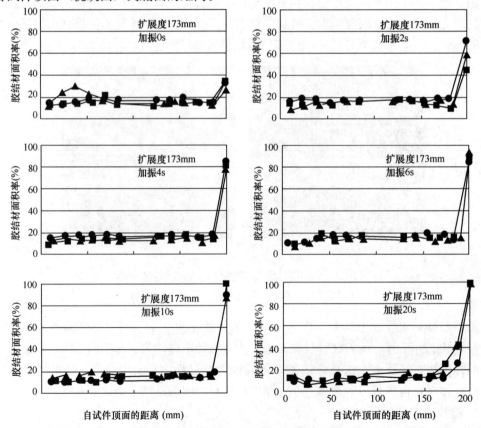

图3-23 胶结材面积率随试件高度的分布

可见,测得未加振时的胶结材面积率在底部较其他部位大,约高20%,如图3-23中上面的第1图所示,研究者认为,这是由于底部与内部的其他层面不同,测得的是与底模接触面的胶结材面积,而这个面积从表面上看是胶结材的面积,但实际上却是包含骨料在内的面积。此后,在这个基础上增加的底部胶结材面积率就是由于加振导致的,随着加振时间延长,试件的上部胶结材面积率减小,底部的胶结材面积率增大,到10s后尤为突出(自上而下数的第5图),底部的胶结材面积率较加振0s时增大近80%,而中间部位基本不变(见最下面图)。

防止出现底部沉浆的现象发生,是试块制作和铺装施工应充分注意的问题,这就要使制备的混凝土拌合物有适宜的工作性,并选择合适的振动整平方法,以保证路面混凝土形成上下均匀的贯通孔隙结构。

2. 振动能与形成孔隙率的量化关系

日本的研究者对透水混凝土设计孔隙率、整平振动能与实际形成孔隙率相关性的量化进行了试验研究[10,11,12],得出的结果如图3-24所示。随着施加振动能的加大,孔隙率可以成倍地减少,如果是10%的设计孔隙率,过振后完全可以变为不透水的混凝土路面,如图3-24中最下面一组图所示。图中方框内的数字是阴影部分在表面所占比例,亦可以理解为表面密实度。

因此,在透水混凝土的设计与施工过程中,只有综合考虑设计孔隙率、整平施加振动能对最后形成路面孔隙率的影响,才能使透水混凝土铺装达到预期的效果。

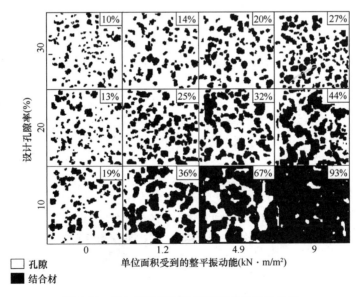

图3-24 施加振动能与孔隙率形成的量化关系

3.7 本章小结

本章主要讨论了多孔混凝土原材料的质量要求、配合比设计方法、拌合物的制备工艺与基本性能。

多孔混凝土在配合比设计时，应注意到原材料中对抗压强度起关键作用的是骨料，其压碎指标、粒径和级配与强度关联密切；多孔混凝土要同时满足工作性、力学性能、透水性以及耐久性的要求，首先要从原材料做起，透水混凝土宜选择间断级配骨料，植生混凝土应选择接近单粒级，且较大粒径的骨料，并选择合适的胶结材用量辅以减水剂和增稠剂等。

通过合理的制备工艺，使胶结材浆体既包覆骨料颗粒，又使拌合物具有一定可塑性，而且振动整平所需施加的功最小。经整平后形成以连通孔隙为主且分布均匀，颗粒之间有饱满的基材浆桥连接的多孔结构。

参考文献

[1] 玉井元治. 透水性コンクリート[J]. コンクリート工学，1994(32).

[2] 笠井芳夫. コンクリート総覧[M]. 技術書院，1998(6).

[3] 石云兴，宋中南，蒋立红. 多孔混凝土与透水性铺装[M]. 北京：中国建筑工业出版社，2016.

[4] 玉井元治. コンクリートの高性能. 高機能化（透水性コンクリート）[J]. コンクリート工学，32(7)：133-138.

[5] 湯浅幸久，村上和美，ほか. ポーラスコンクリートの製造方法に関する基礎的研究[R]. コンクリート工学年次論文報告集，1999，21(1).

[6] [英] A. M. 内维尔. 混凝土的性能[M]. 李国泮，马贞勇，译. 北京：中国建筑工业出版社，1983.

[7] Yunxing Shi, Pengcheng Sun, Jingbin Shi, et al., Properties of pervious concrete and its paving construction[C]. The 6th International Conference of Asian Concrete Federation, Seoul, 2014.

[8] 大谷俊浩，村上聖，ほか. 結合材の分布状態がポーラスコンクリートの強度特性に及ぼす影響[R]. コンクリート工学年次論文集，2001(23).

[9] National concrete pavement technology center, Mix design development for pervious concrete in cold weather climates Final Report[R]. February, 2006, U. S. A.

[10] 小椋伸司，国枝稔，ほか. ポーラスコンクリートの強度改善[R]. コンクリート工学年次論文報告集，1997，19(1).

[11] 岡本享久，安田登，増井直樹，ほか. ポーラスコンクリートの製造・物性・試験方法[J]. コンクリート工学，1998，36(3).

[12] 姜錫杓，金武漢，権寧璡，白鏞官，ほか. ポーラスコンクリートの基礎性に及ぼす骨材粒径および種類の影響に関する実験的研究，日本建築学会大会学術講演梗概集，2001.

第4章 透水混凝土物理力学性能与耐久性

由于透水混凝土是以基材包覆的粗骨料颗粒的堆聚状态为基本骨架，依靠接触点的骨料嵌固和基材浆桥的胶结作用形成的整体多孔结构，其物理力学性能与普通混凝土有显著的差别。骨料的级配、基材用量与性能以及整平施工方法都与硬化混凝土的孔隙率、孔隙性状的形成密切相关，因而对其透水性、物理力学性能以及耐久性等都有直接的影响。

4.1 透水混凝土结构特征

水泥基胶结材的硬化透水混凝土的内部多孔结构性状如图4-1所示（设计孔隙率为20%），连通孔隙呈网络状分布于其中，虽含有一些封闭孔，但通常情况下，连通孔隙约占总孔隙的85%。在拌合物阶段浆体包覆骨料呈颗粒状，成型过程中在接触点形成了浆桥，随着水泥的水化硬化将骨料粘结成刚性骨架状的多孔结构，起胶结作用的浆体可以是净浆或砂浆[1-3]。

透水混凝土实际上是由实体骨架和孔隙组成，一般情况下抗压强度和抗弯强度取决于骨料自身的强度和接触点的多少，并不取决于水胶比。当填充率较高时，会使接触面积和浆体的厚度增加，随之水胶比的影响有所增大。尽管通常测得的透水混凝土强度数值并不高，但是混凝土内部颗粒的接触点上受到的应力却很大，可达抗压强度的几倍甚至十几倍，这就是由于点接触而形成应力集中的缘故[1]。

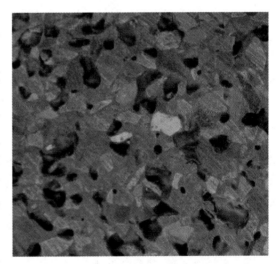

图4-1 透水混凝土内部结构

当透水混凝土到达承载力极限时，首先是接触点处基材包覆层的破坏，紧接着是骨料更紧密接触随后破坏，受压破坏时也不会发生像普通混凝土那样的"环箍效应"[1]。普通混凝土的破坏极易发生于骨料与基材的界面，而对于透水混凝土，即使是采用高强度的玄武岩等硬骨料也基本上是先发生骨料的破坏。石灰石和玄武岩两种不同骨料透水混凝土受压破坏性状如图4-2所示[1]。

图 4-2 透水混凝土受压破坏性状
(a) 石灰石骨料的情况；(b) 玄武岩骨料的情况

4.2 透水混凝土基本力学性能及其主要影响因素

与普通混凝土不同，透水混凝土的抗压强度与水灰比（或水胶比）之间不存在明确的对应关系，而是与孔隙率之间存在着确切的相关性。决定透水混凝土孔隙率的主要因素有基材的体积与粗骨料堆积空隙之比以及成型方法。国内外研究者对于混凝土强度与孔隙率的基本关系已有较多研究，总结的抗压和抗弯强度与孔隙率的关系符合 $y = A\exp(-kx)$ 表征的曲线（x 为孔隙率）。在混凝土实际生产中，即使是透水混凝土的孔隙率相同，其强度与孔隙率的关系也会因材料的差别而有所不同，其中影响最大的是骨料，这些通过参数 A 和 k 来反映。以下是国内外研究者对于强度与孔隙率量化关系的部分研究成果。

4.2.1 混凝土强度与孔隙率的量化关系及其影响因素

1. 骨料粒径不同的情况

骨料粒径是指公称粒径，包含了粒径和级配两方面的因素，粒径不同就意味着骨料尺寸和级配均不相同，因而影响到混凝土性能，使得其强度与孔隙率的量化关系产生量级上的差别；严格地说，即便是属于同一公称粒径范围的骨料，也会因级配的差异而使相应的混凝土性能有所不同，但影响程度有限。

图 4-3 所示是日本研究者对不同粒径骨料透水混凝土强度与孔隙率量化关系的研究结果[4]。

图 4-3 是以 5 号 (13～20mm)、6 号 (5～13mm) 和 7 号 (2.5～5mm) 碎石骨料制备的透水混凝土的抗压、抗弯强度与孔隙率的相关性。由图中的数据可见，抗压强度和抗弯强度都随着孔隙率的增大而强度单调下降，但各种骨料的情况有别，6 号和 7 号混凝土强度的情况都高于 5 号骨料的情况，可见小粒径骨料的混凝土强度相对较高。

式 (4-1)～式 (4-6) 是由图 4-3 数据回归得出的量化表达式，可以看出，相关性指数表明数据存在一定的离散性，这是混凝土多孔结构特性的反映[4]。

抗压强度：

13～20mm 骨料　　　　$y = \exp(-0.086x)$ 　　　　(4-1)

5～13mm 骨料　　　　$y = \exp(-0.08x)$ 　　　　(4-2)

| 2.5～5mm 骨料 | $y = \exp(-0.078x)$ | (4-3) |

抗弯强度：

13～20mm 骨料	$y = \exp(-0.081x)$	(4-4)
5～13mm 骨料	$y = \exp(-0.065x)$	(4-5)
2.5～5mm 骨料	$y = \exp(-0.069x)$	(4-6)

式（4-1）～式（4-6）中，y 为孔隙率为 x 时的抗压强度（或抗弯强度）与孔隙率为 0 时的抗压强度（或抗弯强度）之比（%）；x 为孔隙率（%）。

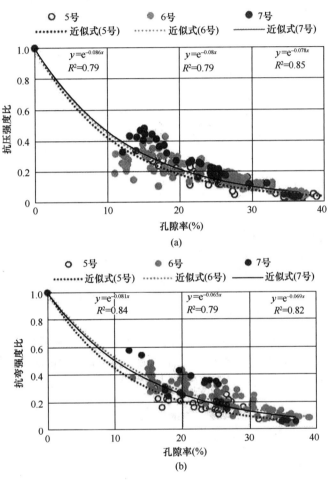

图 4-3　抗压、抗弯强度与孔隙率的关系
(a) 抗压强度；(b) 抗弯强度

日本学者研究了延伸至更小粒径骨料的混凝土强度和孔隙率的关系，骨料粒径分别为 5～13mm、1.2～2.5mm 和 0.6～1.2mm，试验研究结果如图 4-4 所示[5]。总的规律性与前者一致，抗压强度似以小粒径骨料透水混凝土的稍高一些，但增加幅度有限；而抗弯强度以小粒径骨料透水混凝土高得更为明显一些。应该是在小粒径的情况下其颗粒接触点更多的缘故。

抗压强度（3 种粒径的骨料）：

$$y = 130\exp(-0.08x) \quad (4-7)$$

抗弯强度：

0.6～1.2mm 骨料	$y = 13\exp(-0.05x)$	(4-8)
1.2～2.5mm 骨料	$y = 13\exp(-0.06x)$	(4-9)
5～13mm 骨料	$y = 13\exp(-0.07x)$	(4-10)

式 (4-7)～式 (4-10) 中，y 为孔隙率为 x 时的抗压强度（或抗弯强度）(MPa)；x 为孔隙率 (%)。

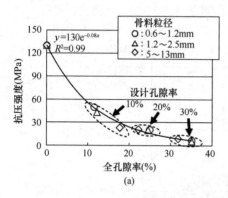 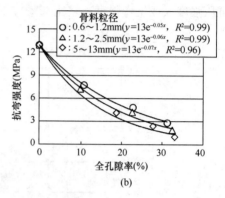

图 4-4 抗压、抗弯强度与孔隙率的关系
(a) 抗压强度；(b) 抗弯强度

2. 水灰比和骨料粒径均有变化的情况

图 4-5 为不同骨料、不同水灰比条件下抗弯强度与孔隙率的量化关系。由图中的数据可见，抗弯强度与孔隙率呈现清晰的负指数关系，水灰比在一定范围内的变化没有对这一关系产生明显的影响；较小粒径骨料的混凝土的抗弯强度稍高于较大粒径的，与前所述结论一致。

3. 粗骨料级配调整对抗弯强度的影响

图 4-6 是粗骨料级配对透水混凝土砖的抗弯强度影响的试验结果[8]。由图中的数据可见，将 6 号和 7 号碎石分别按 7:3、5:5 的比例混合使用获得的强度高于 6 号碎石单独使用的情况，以 7:3 者较为突出。这是由于粗颗粒骨料中混入适当比例的细颗粒骨料，增加了颗粒分布的连续性使孔隙率降低，接触点增多的缘故。

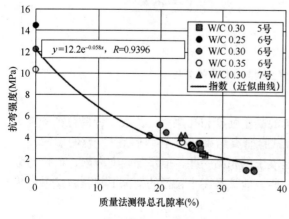 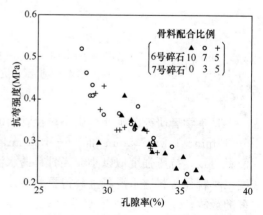

图 4-5 不同骨料、不同水灰比条件下抗弯强度与孔隙率的量化关系

图 4-6 骨料级配对抗弯强度的影响

4. 材质有别粒径也不相同的骨料的情况

图 4-7 和图 4-8 是中国建筑技术中心透水混凝土相关课题的试验研究结果，两图是分别采用不同粒径的石灰岩骨料和玄武岩骨料制备的透水混凝土的抗压强度试验[1]，试验材料的具体指标分别为：骨料的压碎指标，玄武岩 4.1，石灰岩 7.5；配合比，骨胶比 4.2，水胶比 0.3。由图 4-7 可见，对于石灰岩骨料，5~10mm、10~16mm 和 20~25mm 粒径骨料的混凝土 7d 强度依次降低，而 28d 强度以 10~16mm 粒径最高，5~10mm 粒径的次之。由图 4-8 可见，对于玄武岩骨料，5~10mm 和 10~16mm 粒径骨料的混凝土强度相差不大。

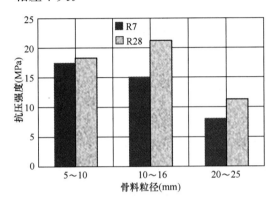

图 4-7 石灰岩骨料的透水混凝土的强度

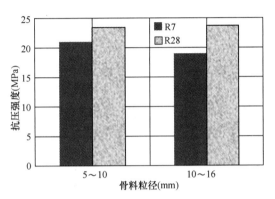

图 4-8 玄武岩骨料的透水混凝土的强度

对比图 4-7 和图 4-8 可见，骨料的压碎指标对混凝土强度有直接影响，对比相同粒径石灰石骨料的情况，颗粒强度较高的玄武岩骨料混凝土的 7d 强度最高增加了 26%，28d 强度最高增加了 27.8%。

5. 骨料影响的基本规律

无论是骨料粒径还是级配的影响，本质上都是孔隙率的影响，从另一角度说也是密实度的影响，日本学者的另一项研究也证明了这一基本规律。图 4-9 是不同粒径骨料制备的透水混凝土的抗压强度和孔隙率的试验研究结果，由图中的数据可见，以材质相同而粒径不同的骨料制备的各组混凝土中，5~20mm 粒径骨料的透水混凝土强度最高，这是其连续级配骨料较间断级配有更小的堆积空隙率、颗粒接触点较多的缘故。

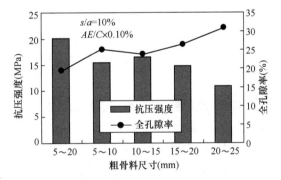

图 4-9 骨料条件对透水混凝土强度与孔隙率的影响

6. 试块条件对强度与孔隙率相关性的影响

日本学者研究了取芯和预留试块的强度与孔隙率的关系，结果如图 4-10 所示，两类型试块反映的规律性总体一致，只是取芯试块的抗压强度稍低，抗弯强度稍高一点，总体差异不大；但两种强度的取芯试块较成型试块的离散性大一些，这可能与钻取芯样时的振动对其损伤有关，也不排除现场铺装施工整平方式差异所产生的影响。

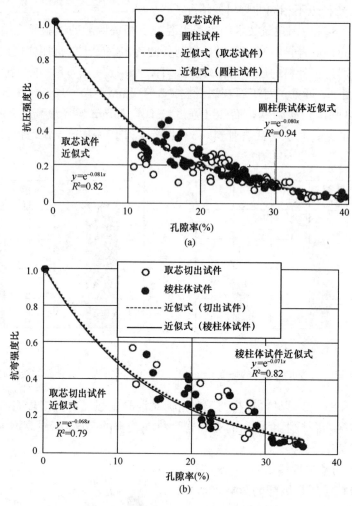

图 4-10 成型与取芯试样得出曲线的对比
(a) 抗压强度；(b) 抗弯强度

4.2.2 原材料、配合比与龄期对混凝土强度的影响

1. 砂率的影响

图 4-11 为砂率对透水混凝土的 28d 抗压强度和劈裂强度影响的试验结果[12-13]，3 个配合比是在增加砂率的同时减少胶结材用量以保持填充率不变。由试验结果可见，当砂率为 12%，胶结材用量为 228kg 时（B2 组），尽管胶结材减少，强度却比砂率为 6%、胶结材用量为 289kg 的第 1 组抗压强度提高了 17%，劈裂强度也略有提高。这可以认为在胶结材用量较大的情况下，即使增加砂的用量，骨料颗粒之间仍能形成较强的胶结层，同时砂用量的增加也提高了混凝土的弹性模量。但砂率增加到 20% 时，抗压、抗弯强度又转为明显下降，这主要是因为砂量进一步增加同时胶结材减少，胶结材相对于粗细骨料颗粒的总表面积来说比较少，不足以在粗细骨料颗粒之间形成足够强度的胶结层，导致强度降低，可见胶结材用量和砂率有最合理的匹配关系。在实际工程中适当掺用细骨料可以获得技术、经济等方面的收益。

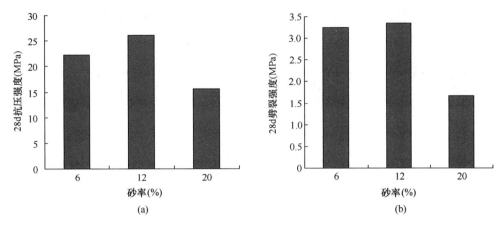

图 4-11　砂率对抗压与劈裂抗拉强度的影响
(a) 抗压强度；(b) 劈裂抗拉强度

2. 水胶比的影响

以保罗米公式表征的普通混凝土的强度与水胶比的量化关系已被广泛认可和应用，对于透水混凝土则不能简单地照搬这一关系，而是依充填率不同有别。透水混凝土的多孔结构使被包覆的粗骨料颗粒处于直接接触状态，基材对强度的主导作用较弱；只有当充填率较高即基材包覆层较厚时，基材的强度才会发挥主要作用，此时混凝土强度与水胶比才表现出某种程度的对应关系。

图 4-12 是日本学者关于普通透水混凝土的强度与孔隙率相关性的试验研究结果[6]。由图中数据可见：(1) 从总的数据来看，离散性比较大，这正是反映了透水混凝土的特点；(2) 孔隙率 10% 表现出强度与水灰比的对应关系，即随着水灰比的增大强度减小，但其他孔隙率较大的情况则看不出这一规律性，甚至还有随水灰比增大强度提高的情况。由此可见，透水混凝土强度和水胶比以及流动性的关系，远比普通混凝土的复杂，影响因素较多，实际工程中应分析具体情况。

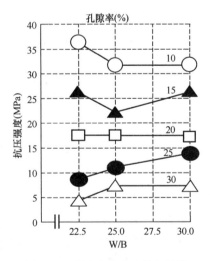

图 4-12　强度和水胶比的相关性

此外，由于透水混凝土的拌合物一般呈较干硬状态，坍落度在 50mm 左右，水胶比可变化的范围较小，所以水胶比与抗压强度的关系即便是有一定的相关性，也是处在一个较小的范围。

3. 强度增长与龄期的关系

大量试验结果表明，透水混凝土的强度增长规律与普通混凝土有所不同，早期强度增长较快，7d 以后增长变缓，一般 7d 强度达到 28d 强度的 80%～90%。这主要是因为：(1) 透水混凝土的水胶比较低，早期强度上升较快；(2) 由于混凝土内部的多孔结构决定的包覆骨料颗粒间的点接触，因此产生的应力集中导致骨料首先破坏基本上决定了强度的上限，即使胶结材后期强度有所提高也难以对混凝土强度起主导作用[4,9-10]。

表 4-1 和图 4-13 是中国建筑技术中心课题组对透水混凝土的相关试验得出的结果[1,12-13]。

混凝土配合比　　　　　　　　　　　　表 4-1

编号	材料用量（kg/m³）					水胶比	设计孔隙率（%）
	水泥	碎石	水	硅灰	减水剂		
A1	456	1660	145	27	4.6	0.3	8
A2	350	1660	111	21	3.5	0.3	15
A3	198	1660	63	12	2.0	0.3	25

采用表 4-1 所示配合比的透水混凝土抗压强度与抗弯强度随龄期的增长情况如图 4-13 所示。可以看出，透水混凝土早期强度增长较快，7~28d 龄期内增长幅度不大。在 A 组的不同胶结材用量的 3 个配合比中，3d 抗压强度达到 28d 的 44%~49%，7d 达到 28d 的 81%~85%；3d 抗弯强度达到 28d 的 43%~59%，7d 达到 28d 的 71%~99%。

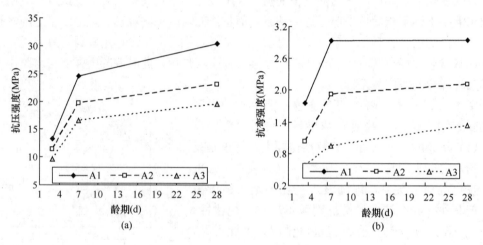

图 4-13　混凝土强度随龄期的增长
(a) 抗压强度；(b) 抗弯强度

4.2.3　收缩性能

透水混凝土的收缩与普通混凝土相比，有大于或小于后者的不同说法，这应该是由于配合比和试验条件不同而得出的不同结论。有观点认为透水混凝土的收缩一般为普通混凝土的一半，处于 200×10^{-6} 的数量级，而且 50%~80% 的收缩量都出现在最初的 10d 内。中国建筑技术中心的试验结果表明透水混凝土在塑性和硬化初龄期阶段（7d 内）收缩大于普通混凝土，而在之后收缩逐渐变为小于普通混凝土，与上述结论一致。因此比较透水与普通混凝土的收缩时，应注意区分水胶比、流动性和强度以及龄期等前提条件。

1. 有砂透水混凝土的初期收缩

图 4-14 为孔隙率相同，用砂量不同的 3 组透水混凝土塑性与初期收缩的试验结果，

配合比中分别以 6%、12% 和 20% 砂率的河砂取代水泥,养护条件为自然养护。由试验结果可见,3 组透水混凝土最初经过了一个膨胀阶段,在十几个小时后达到高峰,峰值过后变为收缩趋势。三种配合比中,砂率最小的(6%)透水混凝土膨胀最大,其余两组(砂率 12%、20%)随砂率增加收缩值呈减小趋势。

3 组透水混凝土膨胀高峰出现在基本相同的龄期,而且与水泥的水化放热规律相吻合,显然膨胀应该是水泥水化所放出的水化热所致。砂率最小的 1 组(6%)的水泥用量最大,可见其发生的膨胀也最大,其余 2 组,随砂率的增加,水泥的用量减少,混凝土的膨胀值也减小。

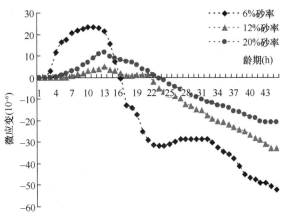

图 4-14　不同砂率透水混凝土的收缩

由试验结果可见,透水混凝土的塑性与初期收缩随着砂率的增大而明显降低。在本试验配合比的条件下,由于保持了各配合比混凝土相同的孔隙率,伴随砂率增大同时水泥用量减小,对降低收缩起到了减少收缩组分和限制收缩的双重作用。透水混凝土中使用一定的细骨料,既可减少水化初期的膨胀,也可减少在此之后的收缩,对降低路面的开裂倾向会有明显的效果。

2. 无砂透水混凝土的收缩

无砂透水混凝土和普通混凝土的塑性与初期收缩如图 4-15 所示。透水混凝土 C1、C2 组同水胶比,不同胶结材用量,坍落度基本相同;普通混凝土 C3 组与透水混凝土 C1 组同胶结材用量,不同水胶比,坍落度相同。养护与测试条件为相对湿度 50%,温度 20~23℃;由图可见,胶结材用量为 420kg,孔隙率为 12% 的透水混凝土 C1 组收缩最大,胶结材用量为 336kg,孔隙率为 20% 的透水混凝土 C2 组收缩次之,普通混凝土收缩最小。可见对于坍落度基本相同的无砂透水混凝土,胶结材用量对塑性收缩起主导作用;而对于与其有相同胶结材用量和相近坍落度的普通混凝土,尽管后者的用水量较大,但其收缩值却较低。

3. 无砂透水混凝土与普通混凝土硬化阶段的收缩

配合比同上述的 3 组混凝土硬化后 7~46d 龄期收缩测定结果如图 4-16 所示,透水混凝土 C1 和 C2 两组收缩的趋势与塑性阶段相同,硬化阶段的收缩仍受胶结材用量的影响最大,胶结材用量大的 C1 组明显大于胶结材用量小的 C2 组。而普通混凝土硬化后的收缩规律不同于塑性阶段,其收缩值超过了与其同胶结材用量的 C1 组和胶结材用量相对较小的 C2 组,变为最大。一般认为是由于普通混凝土内部的孔隙主要为毛细孔,而透水混凝土中是大孔,前者伴随着失水过程产生的毛细孔张力较透水混凝土大的缘故。而透水混凝土到硬化阶段,骨料接近于直接接触形成刚性结构,没有可进一步收缩的余地。这一结论对于透水混凝土路面设计和施工中的伸缩缝设置有一定的参考意义。

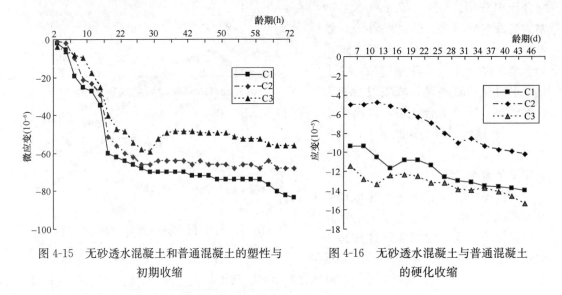

图 4-15 无砂透水混凝土和普通混凝土的塑性与初期收缩

图 4-16 无砂透水混凝土与普通混凝土的硬化收缩

4.2.4 透水混凝土若干力学性能之间的量化关系

1. 抗压强度、静弹模量以及动弹模量之间的量化关系

日本学者研究了透水混凝土的动弹模量（E_d）、静弹模量（E_c）以及与抗压强度的量化关系[6]，图 4-17、图 4-18 是相关试验结果。由图 4-17 可见，动弹模量、静弹模量之间是正相关的线性关系，而且相关性指数达 0.99；由图 4-18 可见，动、静弹模量均随着抗压强度的增大而增大，相关性指数也达 0.99，且动弹模量较静弹模量高出约 20%。

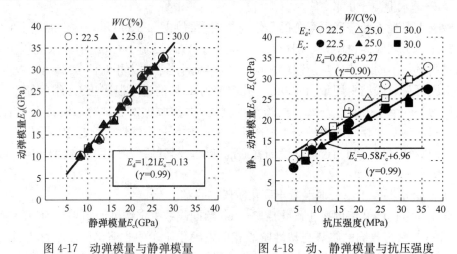

图 4-17 动弹模量与静弹模量

图 4-18 动、静弹模量与抗压强度

2. 抗压强度与劈裂抗拉强度、轴心抗压强度的量化关系

美国的研究者对透水混凝土抗压强度与劈裂抗拉强度量化关系的试验结果如图 4-19 所示[10]。劈裂抗拉强度 $f_{st}=0.1228 f_{cu}$（f_{cu} 为抗压强度），可见，在本试验条件下劈裂抗拉强度约为抗压强度的 12%。

式（4-11）～式（4-16）是中国建筑技术中心对透水混凝土各力学性能的量化关系相关试验研究所得出的部分结果[1,7,13]。

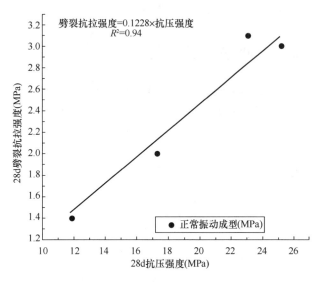

图 4-19 抗压强度与劈裂抗拉强度的关系

（1）轴心抗压强度 f_{cp} 与立方体抗压强度 f_{cu} 的关系：

20％的孔隙率：$f_{cp}=0.486f_{cu}+4.9227 \qquad R^2=0.9597$ (4-11)

15％的孔隙率：$f_{cp}=1.1362f_{cu}-12.833 \qquad R^2=0.8069$ (4-12)

10％的孔隙率：$f_{cp}=0.9435f_{cu}-10.147 \qquad R^2=0.8002$ (4-13)

（2）劈裂强度 f_{st} 与立方体抗压强度 f_{cu} 的关系：

20％的孔隙率：$f_{st}=0.2797f_{cu}^{0.7699} \qquad R^2=0.9475$ (4-14)

15％的孔隙率：$f_{st}=1.5044f_{cu}^{0.287} \qquad R^2=0.8987$ (4-15)

10％的孔隙率：$f_{st}=0.1044f_{cu}^{1.0261} \qquad R^2=0.8895$ (4-16)

透水混凝土多孔结构的特点使得某些试验数据较为离散，不同条件下得出的量化关系不尽相同。

图 4-20 是日本学者对抗弯强度（y）与抗压强度（x）的相关性的研究结果，两者的推定关系为正指数关系，表达式如式（4-17）所示。

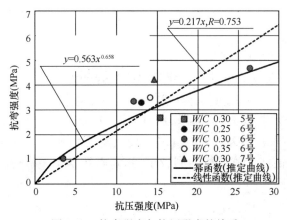

图 4-20 抗弯强度与抗压强度的关系

$$y = 0.563x^{0.658} \tag{4-17}$$

4.3 透水混凝土与水的移动有关的物理性能

透水混凝土与水的相关性物理性能主要有透水性、滞水性和吸水性，透水性是水在静压力作用下通过连通孔的性能；滞水性是水滞留于混凝土内部的性能，吸水性是水通过与透水混凝土接触部位的毛细孔吸入混凝土内部的性能。三项性能的量化指标分别以透水系数、滞水系数和吸水系数表示。

4.3.1 透水性

1. 不同公称粒径骨料对透水性的影响

图 4-21 表示了透水系数与总孔隙率的关系，可见，结合前面其他研究者的既有数据，小粒径透水混凝土的透水系数处于 $0.001\sim1\text{mm/s}$ 的范围，明显低于普通粒径的透水混凝土。按照相关规范要求，用于路面铺装的透水混凝土的透水系数不应低于 0.01mm/s，因此如采用小粒径的透水混凝土，为保证其透水系数符合要求，总孔隙率不应低于 20%；由图 4-22 可见，对于采用粒径 $0.6\sim1.2\text{mm}$ 骨料，总孔隙率为 10% 的透水混凝土，在水通过数分钟后就失去透水性。

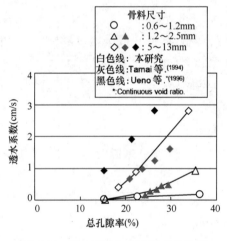

图 4-21 透水系数与总孔隙率的关系

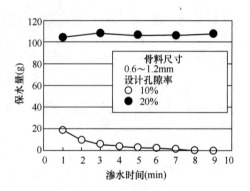

图 4-22 透水量经时变化

2. 骨料级配调整对透水性的影响

由图 4-23 可见，通过对不同粒级粗骨料的复合调配，可明显改变透水混凝土的透水系数。试验结果表明，采用 6 号单一粒径骨料的混凝土，较 6 号和 7 号分别以 7∶3 或 5∶5 配合使用的透水系数大，其中 5∶5 的配合比例又比 7∶3 的透水系数大。这是因为以适当比例将小颗粒掺入大颗粒骨料，使级配更加连续，混凝土的孔径更小，总孔隙率降低。但是如果小颗粒掺入过多，由填充孔隙到撑开孔隙，会使总孔隙率增加。

4.3.2 滞水性

在一些需要维持一定环境湿度的应用场景，要求多孔混凝土路面有一定的滞水性，即

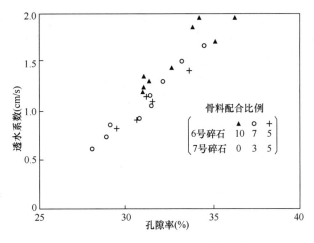

图 4-23 骨料级配对透水性的影响

水分在多孔混凝土孔隙内滞留一定时间而让一部分水分蒸发到周围环境中。图 4-24 表明了在 168h 内滞水率与总孔隙率的关系,可见,总的趋势是骨料粒径越小的透水混凝土,其滞水率越大,粒径为 0.6~1.2mm 的尤为突出,而在孔隙率为 20%~30% 的范围内,骨料粒径 1.2~2.5mm 的透水混凝土与 5~13mm 的滞水率的差别不明显。

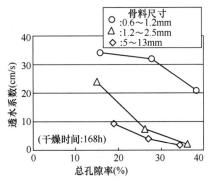

图 4-24 滞水率与总孔隙率的关系

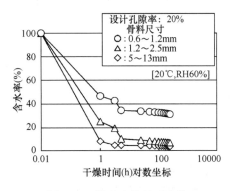

图 4-25 滞水率的经时变化

滞水率的经时变化如图 4-25 所示,可见,骨料粒径 0.6~1.2mm 的透水混凝土的滞水率高于 1.2~2.5mm 和 5~13mm 的;三种不同粒径骨料的混凝土试块的滞水率随着时间推移迅速减小,尤其在最初的 24h 下降很快[17]。

4.3.3 吸水性

图 4-26 表示了试块下部浸水 24h 的吸水率与总孔隙率的关系,在总孔隙率相同的前提下,骨料粒径越小的混凝土吸水率越高,当总孔隙率增大时,骨料粒径较小的混凝土的吸水率呈上升趋势,而骨料粒径较大者呈下降趋势。图 4-27 表示了吸水率的经时变化,随着时间的推移,三种粒径的混凝土吸水率都在上升,在最初的 24h 上升快,而 0.6~1.2mm 粒径者上升最快[17]。

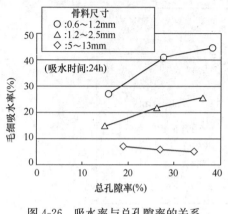
图 4-26 吸水率与总孔隙率的关系

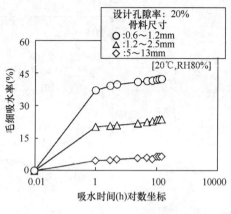
图 4-27 吸水率的经时变化

4.4 透水混凝土抗冻融性能

4.4.1 透水混凝土抗冻融性能的试验研究

透水混凝土的耐久性是指其抵抗环境劣化作用的性能，其中最主要的就是抵抗冻融破坏的性能，抗冻融耐久性是应用于寒冷地域的透水混凝土的一项重要的指标，由于在透水混凝土铺装的内部经常会有水分通过或滞留，因此处于寒冷地域的透水混凝土存在着发生冻融破坏的风险。影响透水混凝土抗冻融性的自身主要因素有孔隙率、孔径和孔隙状态、混凝土强度以及饱水状况等。

1. 不同试验方法对透水混凝土抗冻融性能的研究

关于混凝土抗冻融性能试验，国际上和我国行业内有几项通用的方法。日本有JISA1148-A/B（以下简称JIS-A/B）方法，其中A法是在水中冻水中融的方法，而B法是在空气中冻水中融的方法。欧洲有RILEM-CIF/CDF方法，这两种试验方法对试件冻融的条件是将试件侧面封闭，只将底部浸入液体5mm，液体通过底部孔隙上升至试件内部；两种方法使用的液体不同，CIF为蒸馏水，CDF为3%的氯化钠溶液。此外，试件进入冻融之前的养护制度与JIS-A/B有所区别。我国有《普通混凝土拌合物性能试验方法标准》GB/T 50080—2016规定的气冻水融的方法和单面冻法（盐冻法）等一些方法与国际上采用的方法相近。

日本学者以JIS-A/B和RILEMCIF/CDF方法研究了透水混凝土的抗冻融性能，各试件的试验条件如表4-2所示。

不同试件的试验条件 表4-2

试块编号	骨料粒径（mm）	试件	试验条件
N55	5~20	普通混凝土：W/C 0.55，砂率43.7%，Ad 0.67（kg/m³）	透水混凝土目标孔隙率为20%
PS6	5~13	透水混凝土：W/C 0.24，砂率6.5%，Ad 3.4（kg/m³）	

续表

试块编号	骨料粒径（mm）	试件	试验条件
PS7	2.5～5	透水混凝土：W/C 0.24，砂率 10.7%，Ad 3.4（kg/m³）	透水混凝土目标孔隙率为 20%
PR7	2.5～5	透水混凝土：W/C 0.24，砂率 5.4%，Ad 0.7（kg/m³）	

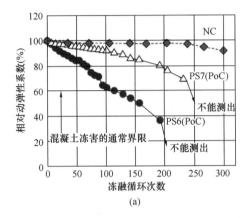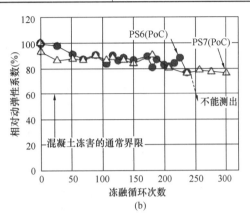

图 4-28　冻融与动弹模量的变化
(a) JIS-A 法；(b) JIS-B 法

图 4-28 是 JIS-A/B 的试验结果，图 4-28(a) 是水中冻融（A 法）的试验结果，普通混凝土 N55 经 300 个循环动弹模量仍有 95%，而 PS7 是 70%，PS6 仅有 40%，由此可见，孔隙大大降低了透水混凝土的抗冻性，而且骨料的粒径越大，抗冻融性能越低，说明孔径越大的透水混凝土内部产生的冻胀破坏力越大。图 4-28(b) 是气中冻水中融（B 法）的试验结果，与在水中冻融的结果不同，PS7 和 PS6 的动弹模量在到达 80% 之前下降大为减缓，PS6 到达不能测出，经历了 250 个循环，PS7 到达 300 个循环仍未破坏。同时证明，在气冻水融的条件下，同样是骨料粒径大的透水混凝土抗冻融性能较差。

图 4-29 是 CIF 法和 CDF 法的试验结果，给出了 56 个循环的数据，CDF 法的数据中，

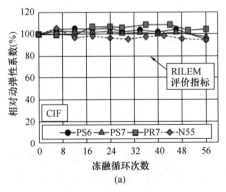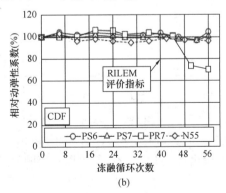

图 4-29　冻融与动弹模量变化的试验结果
(a) CIF 法；(b) CDF 法

除了 PR7 外，未显示出试验液体不同导致的明显差别，试件的动弹模量没有发生显著的下降。PS7、PS6 到 56 个循环，其动弹模量一直不低于 95%，抗冻融性能明显优于在 JIA 法条件下的结果。

图 4-30 是 CIF 法和 CDF 法测试冻融剥蚀量的结果，普通混凝土 N55 的 CDF 法剥蚀量是 CIF 法的 20 多倍；对于透水混凝土，CDF 法的剥蚀量是 CIF 法的 3.5～5 倍，两者的差别远没有普通混凝土那么大。之所以出现这一情况，透水混凝土的水胶比相对较小被认为是主要原因。因为低水胶比的基材具有密实的内部结构，即使处在 3% 氯盐溶液（CDF）中仍能够减弱氯离子向其内部扩散，从而降低了剥蚀作用。

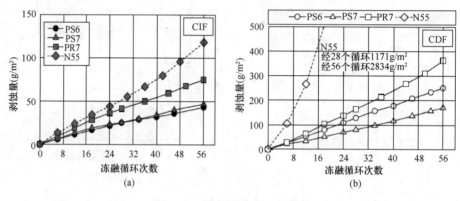

图 4-30 冻融剥蚀量的试验结果
(a) CIF 法；(b) CDF 法

2. 透水混凝土含水状态与抗冻融性能的相关性

日本和美国等学者也研究了透水混凝土抗冻融性能与含水状态的相关性[10,11,14]，冻融条件分为 4 种工况，具体内容如表 4-3 所示。

冻融试验条件　　表 4-3

试块编号	试件含水状态	冻融方式	试件条件
P1	孔隙饱和水	水中冻融	试件尺寸：100mm×100mm×400mm；目标孔隙率为 20%，实际总孔隙率 18.2%，贯通孔隙率 17.6%；冻融开始时间：标养 28d 之后
P2	孔隙含水未饱和	空气中冻，水中融	
P3	保持湿润	空气中冻，空气中融	
P4	干燥	水中取出干燥 24h 后冻，冻融循环过程中不浸水	

冻融试验结果如图 4-31 和图 4-32 所示。可见，P1 试件的破坏最为严重，在经历 40 个循环时动弹模量已经不能测出，到 80 个循环时试件崩塌，其质量损失率虽不是很严重，但已明显高于其他试件；含水未饱和的 P2 试件的相对动弹模量自 220 个循环逐渐下降，到 300 个循环还有 82.2%，可以看出明显比饱水的 P1 试件的情况好；而湿润的 P3 和干燥的 P4 试件基本上未见到可见的质量损失和动弹模量下降。从试验结果可以得出结论，是否饱水是影响透水混凝土抗冻融性能的关键因素。

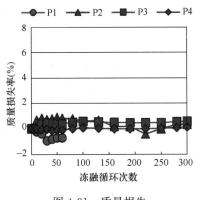

图 4-31 质量损失

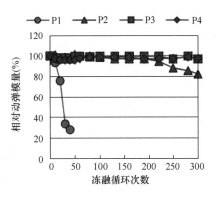

图 4-32 动弹模量变化

4.4.2 改善抗冻融性能的技术措施

1. 纤维对抗冻融性能的增强作用

纤维有提高混凝土的韧性和限制冻融胀裂作用，透水混凝土路面的孔隙内时常有水通过或滞留，因而不宜使用钢纤维，但可以掺用合成纤维来提高其抗冻融性能。日本学者的研究[15]表明将不同长径比的合成纤维复合使用可明显提高透水混凝土的抗冻融性能。试验条件分别是：有砂透水混凝土设计孔隙率20%，粗骨料为粒径5～20mm碎石，几种配比的砂率为10%～13%，增强纤维是两种不同长径比的维尼纶纤维（性能如表4-4所示）。图 4-33 是纤维掺量对各组冻融混凝土试件动弹模量影响的试验结果。图 4-34 是纤维掺量对各组冻融混凝土试件的抗弯强度影响的试验结果[15,16]。

纤维的性能   表 4-4

纤维编号	纤维长度（mm）	长径比	抗拉强度（MPa）
F40	40	60	880
F12	12	300	1560

由图 4-33 和图 4-34 显示的试验结果可以得出，F40 体积掺量 0.3% 与 F12 体积掺量 0.3% 并用，对减少由于冻融带来的动弹模量的损失率有相对较好的结果；F40 体积掺量 0.5% 与 F12 体积掺量 0.4%～0.6% 并用，对减少冻融循环导致的抗弯强度损失率有明显的效果。

2. 提高抗冻融性能的其他方法

也有采用在制备透水混凝土拌合物时加入引气剂来提高其抗冻害的方法，引入微小气泡对提高其抗冻融性能虽有一些效果，但不是很显著。

有试验表明采用砂率7%单粒径河砂的有砂透水混凝土，可以达到经300个冻融循环质量损失率只有2%的效果，抗冻融性能较无砂的情况有明显提高；采用乳液添加剂的透水混凝土与不采用的情况相比，也明显改善了抗冻融性能。

也有工程实践表明，透水路面摊铺施工时，施加振动能进行充分的整平使结点牢固粘结，对提高抗冻融性能有良好的效果。

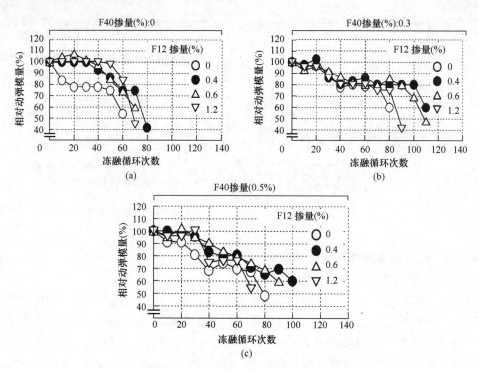

图 4-33 纤维对混凝土抗冻融性能的影响
(a) 基准试件 (F40:0%); (b) 对比试件 (F40:0.3%); (c) 对比试件 (F40:0.5%)

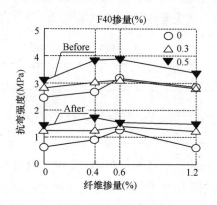

图 4-34 纤维对混凝土抗弯强度的影响

4.5 本章小结

本章表述了透水混凝土的结构特点、基本物理力学性能和耐久性及其影响因素。

透水混凝土的强度与水胶比没有确切的量化关系,而是依填充率不同而不同。原材料当中对透水混凝土强度起主导作用的是骨料,密切相关的技术指标是压碎指标、级配、粒径以及表面状况等。

透水混凝土的早龄期强度发展较快,一般情况下 7d 强度能达到 28d 强度的 80％以上，某些情况下可达到 90%。有砂透水混凝土无论从力学性能还是耐久性都优于无砂的情况。

小粒径骨料透水混凝土的吸水和保水特性与孔隙状态密切相关，而且受骨料的粒径影响较大。

参考文献

[1] 石云兴，宋中南，蒋立红. 多孔混凝土与透水性铺装[M]. 北京：中国建筑工业出版社，2016.

[2] 北京市地方标准. 多孔混凝土铺装技术规程：DB11/T 775—2021[S]. 中国建筑股份有限公司，2021.

[3] 笠井芳夫. コンクリート総覧[M]. 技術書院，1998.

[4] 性能設計対応型ポーラスコンクリートの施工標準と品質保証体制の確立研究委員会. ポーラスコンクリートの強度-空隙率関係に関する共通実験報告[J]. コンクリート工学，2016.

[5] Shigemitsu Hatanaka, Naoki Mishima, Akihiro Maegawa and Eisuke Sakamoto. Fundamental Study on Properties of Small Particle Size Porous Concrete[M]. Journal of ACT，2014. 1.

[6] 斉藤俊克，出村克宣. ポーラスコンクリートの強度、静弾性係数および動弾性係数の関係[J]. セメント・コンクリート，69.

[7] 曾伟，石云兴，彭小芹，等. 透水混凝土尺寸效应的试验研究[J]. 混凝土，2007(5).

[8] 黒岩義仁，中村政則，ほか. 排水インターロッキングブロック舗装工法[J]. セメント・コンクリート，2001.

[9] 玉井元治. コンクリートの高性能. 高機能化（透水性コンクリート）[J]. コンクリート工学，32(7)：133-138.

[10] 小椋伸司，国枝稔，ほか. ポーラスコンクリートの強度改善[R]. コンクリート工学年次論文報告集，1997，19(1).

[11] National concrete pavement technology center，Mix design development for pervious concrete in cold weather climates Final Report[R]. February，2006，U. S. A.

[12] 小倉信樹，峰樹修，ほか. ポーラスコンクリートの凍結融解[R]. コンクリート工学年次論文報告集，2000，22(2).

[13] 刘翠萍，石云兴，屈铁军，等. 透水混凝土收缩的试验研究[J]. 混凝土，2009(2).

[14] 付培江，石云兴，屈铁军，等. 透水混凝土强度若干影响因素及收缩性能的试验研究[J]. 混凝土，2009(8).

[15] 緒方英彦. ポーラスコンクリートにおける間隙の飽和不飽和状態が凍結融解抵抗性に及ぼす影響[R]. 鳥取大学農学部研究資料.

[16] 十文字拓也，斉藤俊克，出村克宣. ビニロン短繊維および微細繊維を併用した繊維補強ポーラスコンクリートの凍結融解抵抗性[J]. セメント・コンクリート，67.

[17] Shigemitsu Hatanaka, Naoki Mishima, Akihiro Maegawa, et al. Fundamental Study on Properties of Small Particle Size Porous Concrete[J]. Journal. of Advanced Concrete Technology，2014，12.

第5章 再生骨料多孔混凝土的基本性能试验研究

土木建筑工程常用的再生骨料通常是指再生混凝土骨料和再生砖瓦骨料,它们是将废旧混凝土和废旧砖瓦分别经分拣、筛选、破碎、分级等工艺过程加工而成的粗、细骨料。再生混凝土骨料在土木建筑工程中已有较多应用,但是作为多孔混凝土的骨料并应用于海绵城市建设,目前尚不够普遍,仍有诸多技术问题有待研究探索;再生砖瓦骨料多孔混凝土的应用在我国则相对更少。近年来,由于砂石资源日趋匮乏,多孔混凝土方向和业内其他领域一样不断开辟新的骨料资源,除了上述两种再生骨料外,钢渣等工矿废渣作为骨料应用于多孔混凝土也在不断进展。上述再生资源的开发和利用,对促进社会的绿色低碳发展有非常重要的现实意义。

5.1 再生骨料的特点

5.1.1 再生混凝土骨料的特点

在多孔混凝土中应用的主要是再生混凝土粗骨料,与天然石材粗骨料相比,再生混凝土粗骨料有以下特点:

(1) 骨料中包括表面包裹有部分砂浆的石子、少部分与砂浆完全脱离的石子和一部分砂浆颗粒。

(2) 一般棱角较多,且表面粗糙,微裂纹较多,致使制备混凝土的需水量增加。

(3) 骨料的匀质性较差,一方面是骨料硬度较低,加工过程会增加针片状颗粒的含量,另一方面是破碎和造粒整形工艺使其内部产生大量的微裂缝,削弱了骨料的自身强度,致使压碎指标较大。

(4) 受拆除条件和方法等多方面因素的影响,再生骨料中常含有黏土、淤泥、细屑等有害杂质,不仅影响胶结材与再生骨料界面间的粘结,降低混凝土强度,还会增加拌合物的用水量,可能会使混凝土的收缩增大,降低其抗渗性和抗冻性。

再生混凝土骨料的形貌如图5-1(a)所示。

5.1.2 再生砖瓦骨料的特点

再生砖瓦骨料多用于植生混凝土和步行道的多孔混凝土铺装,或制成步行道的铺地砖、非承载的花格砌块等,与天然石材粗骨料和再生混凝土骨料相比有以下特点:

(1) 建筑物拆除产生的旧砖常与砂浆粘结在一起,粉碎和筛分制成的骨料大部分仍粘有旧砂浆,有可能带来骨料质量的不均匀性。

(2) 砖瓦生产时,一般煅烧温度为900~1050℃,砖坯被烧结至部分熔融,这种由烧结温度较高的砖瓦制成的骨料颗粒强度较高,吸水率较低,同时其物理性能还与粒径以及颗粒级配有关。一般情况下,常用的粗骨料(粒径5~20mm)的堆积密度为850~

1100kg/m³，表观密度为 1600～1900kg/m³，吸水率在 12%～23%。

（3）废砖瓦有一定的烧黏土材料的性质，经破碎、粉磨后在石灰、石膏或硅酸盐水泥等碱性条件的激发条件下，具有一定的强度活性。

（4）再生砖瓦骨料内部的微小孔隙具有滞留水分的特点，当环境湿度较大时吸收水分，环境干燥时再向外释放水分，对环境温度和湿度有一定的调节作用；作为植生混凝土骨料使用时，其吸水和保水性能有利于植物的生长。

再生砖瓦骨料的形貌如图 5-1（b）所示。

图 5-1　再生混凝土与再生砖瓦骨料的形貌
(a) 再生混凝土骨料；(b) 再生砖瓦骨料

5.1.3　再生混凝土和砖瓦骨料的基本物理性能实测数据

中国建筑技术中心建筑垃圾资源化课题组对再生骨料及其多孔混凝土进行过比较系统的试验研究，此处所列是就地取材自行加工生产的骨料的实测数据，数据分为再生混凝土和再生砖瓦骨料两大部分。由于地域性材料的差别，其中少部分数据未完全与上述范围吻合。

1. 再生混凝土骨料

再生混凝土骨料的密度、吸水率和压碎值是混凝土配合比设计的基本参数，由于在实际生产中，再生骨料来自不同强度等级的旧混凝土，其胶结材用量对骨料物理性能的影响是一个值得关注的问题。本试验采用 240kg/m³、270kg/m³、300kg/m³、330kg/m³、360kg/m³、390kg/m³、420kg/m³、450kg/m³、480kg/m³ 共 9 个（编号 a～i）不同胶结材用量的旧混凝土制备再生混凝土骨料，测得其密度、吸水率和压碎值指标，如图 5-2～图 5-4 所示。

由图 5-2 可知，当胶结材用量从 240kg/m³ 增加至 480kg/m³ 时，用其制备的再生混凝土骨料的表观密度和堆积密度均未呈现明显的变化规律，其中表观密度数据的波动范围为 2511～2597kg/m³，堆积密度数据的波动范围为 1226～1275kg/m³。

由图 5-3 可知，再生混凝土骨料的实测吸水率为 5.8%～6.6%，均大于天然骨料的吸水率（一般低于 3%）。一是胶结材用量影响水泥砂浆的孔隙含量；二是由于胶结材用量相关混凝土的强度，导致破碎造粒时再生骨料内产生的微裂缝数量不同；三是再生骨料表面粗糙，比天然骨料能够吸附更多的水分。

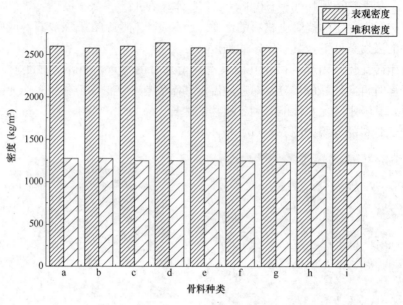

图 5-2 再生混凝土骨料堆积密度和表观密度

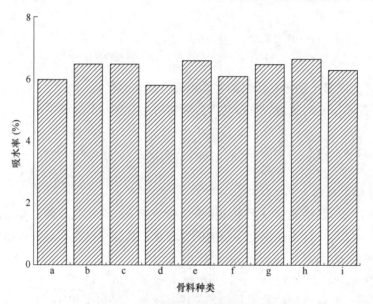

图 5-3 再生混凝土骨料吸水率

由图 5-4 可知，当胶结材用量分别为 240kg/m³、270kg/m³ 和 300kg/m³ 时，其压碎指标基本相同，分别为 20.12%，20.06%，20.62%，均大于 20%。当胶结材用量从 330kg/m³ 增加至 480kg/m³，再生混凝土骨料的压碎指标呈下降的趋势，胶结材用量为 390kg/m³ 的降低尤甚，压碎指标降至 12.7%，压碎指标越小，表明其颗粒强度越高，可见胶结材用量影响混凝土的强度，进而影响再生混凝土骨料的强度。

2. 再生砖瓦骨料

20 世纪 80 年代，在全民办建材的大形势下，黏土砖市场异军突起，进入 21 世纪，

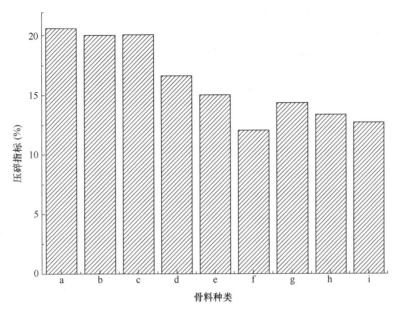

图 5-4　再生混凝土骨料压碎指标

随着墙材革新及保护耕地等政策的推动，砖瓦生产逐渐退出市场，所以建筑垃圾中的再生砖瓦骨料多为 20 世纪的产品。本试验对 10～15 年年限构筑物解体的黏土红砖进行破碎和颗粒整形，测得骨料（粒径 5～20mm）的密度、吸水率和压碎值指标如表 5-1 所示。

再生红砖骨料基本物理性能指标　　表 5-1

骨料类型	堆积密度（kg/m³）	表观密度（kg/m³）	吸水率（%）	压碎值指标（%）
黏土砖再生骨料	859.6	2214.7	13.0	36.8

由表 5-1 和图 5-2 可知，本试验测得再生砖瓦骨料的堆积密度为 859.6kg/m³，较再生混凝土骨料约低 400kg/m³，表观密度为 2214.7kg/m³，较再生混凝土骨料约偏少 300kg/m³。从压碎值指标可以看出再生砖瓦骨料的颗粒强度较低，适合用于人行道的透水性铺装，而不适合用于车行透水混凝土路面的面层，用于结构层时，应视荷载情况对配合比进行试验验证。由于其吸水率达到了 13%，约为再生混凝土骨料吸水率（6%～7%）的 2 倍，保水性好，适合作为植生混凝土的骨料使用。

5.2　再生混凝土骨料透水混凝土拌合物的制备

5.2.1　原材料

制备再生混凝土骨料透水混凝（以下简称"RCA 透水混凝土"）所用的原材料，除了所用再生骨料有一些新的要求外，其余原材料（水泥、细骨料、掺合料、外加剂和水）的性能要求与普通透水混凝土相同。

根据《再生骨料透水混凝土应用技术规程》CJJ/T 253 和《混凝土用再生粗骨料》GB/T 25177 的规定，RCA 透水混凝土透水面层和路面基层用再生骨料的微粉含量、泥块含量、吸水率、针片状颗粒杂物含量、硫化物及硫酸盐含量指标均相同，透水面层用骨料的坚固性、压碎值指标、表观密度和松散堆积空隙率指标均高于路面基层用骨料,如表 5-2 所示。

分别用于透水混凝土铺装面层和基层的再生骨料性能指标 表 5-2

序号	项目	用于面层	用于基层
1	坚固性（按质量损失计,%）	＜10.0	＜15.0
2	压碎值指标（%）	＜20.0	＜30.0
3	表观密度（kg/m³）	＞2350	＞2250
4	松散堆积空隙率（%）	＜50	＜53
5	有机物	合格	—
6	氧化物（以氯离子质量计,%）	—	＜0.06

5.2.2 配合比设计与开盘计量

1. 基本要求

(1) 结构层透水混凝土连续孔隙率≥15%,面层透水混凝土连续孔隙率≥10%。

(2) 轻交通路面面层可全部采用再生骨料透水混凝土,中等交通路面面层可采用天然石材骨料或混合骨料（再生骨料掺量≤30%）透水混凝土。

(3) 与天然石材骨料透水混凝土相比,RCA 透水混凝土的胶结材用量宜增加 5%～10%,拌合水用量宜增加 15%～20,并且宜掺入适量的矿物掺合料；采用有砂透水混凝土时,砂率不宜超过 10%。

(4) 用于制备结构层和面层混凝土的粗骨料最大粒径不应大于相应层厚的 1/3。

(5) 根据施工对拌合物工作性要求选定水胶比,取值宜为 0.28～0.35。

(6) 除保证混凝土拌合物的工作性满足运输和整平施工要求,混凝土的强度、耐久性、透水性等指标需符合设计的要求,在寒冷地区还应符合抗冻融的要求。

2. 设计方法及计量步骤

透水混凝土配合比设计一般先采用体积法进行理论计算,然后成型试块复测,但再生骨料吸水率大,配合比设计需综合考虑饱和吸水率和实际含水率,中国建筑技术中心相关研发团队提出了针对 RCA 透水混凝土的配合比设计与开盘计量方法并获得专利[1],具体说明如下:

1) 材料参数的确定

(1) 骨料参数：再生骨料的堆积干密度 ρ,饱和面干吸水率 W_1。

(2) 水灰比：根据外加剂和掺合料的性能,初选水灰比为 W/C;

(3) 胶结材用量：按照体积法且不考虑吸水率,初步计算胶结材用量 m_c（m³）;

2) 骨料计量参数的确定

对骨料进行含水率试验,得出自然状态下相对含水率 W_2。

由计算确定一盘混凝土所需骨料堆积体 V,并将骨料放置于底部透气的投料斗中,骨料质量 $m_1 = \rho V (1 + W_2)$。

为在搅拌中产生净浆裹石的包覆效果,搅拌前利用投料斗的自动喷淋装置湿润骨料 1～3h,确切时间以达到骨料表面整体湿润为限,搅拌前 20min 内取样称重,得出质量 m_2,计算含水率 $W_3 = m_2/(\rho V) - 1$。

3) 胶结材用量

骨料体积为 V 时，胶结材用量为 m_cV。

4）拌合用水量计算

拌合用水量：$W_w = m_c VW/C + \rho V(W_1 - W_3)$

5.2.3 制备工艺

RCA 透水混凝土制备前需先确定搅拌用水量，其制备工艺与天然骨料透水混凝土基本相同，采用水泥裹浆法，即先将预湿后的骨料和 1/2 搅拌用水量放入搅拌机进行一次搅拌，然后加入泥、掺合料、减水剂和水进行二次搅拌，但由于再生骨料的压碎值指标较天然骨料偏大，所以搅拌时间应视骨料的情况适当缩短，避免骨料磨损产生较多的细粉。若采用强制式搅拌机时，一次搅拌时间 10s，二次搅拌时间 60s 较为适宜。

RCA 透水混凝土拌合物浆体应均匀包裹骨料，无浆体与骨料的分离现象，而且颗粒均匀，可塑性良好，拌合物表面有金属光泽质感（图 5-5），坍落度一般为 40~60mm（图 5-6）。

图 5-5 拌合物外观

图 5-6 坍落度试验

5.2.4 基本性能及其影响因素

强度和透水系数是 RCA 透水混凝土的重要指标，国内学者研究了再生骨料的取代率、压碎值指标、粒径、微粉含量、砂率等对 RCA 透水混凝土基本性能的影响。

1. 骨料取代率对 RCA 透水混凝土强度的影响

与天然石材相比，再生混凝土骨料材质较软、吸水率较大、坚固性较低，有研究表明，随着其掺量的增加，RCA 透水混凝土强度呈现降低的趋势[2]。

由图 5-7 可知，RCA 透水混凝土的抗压强度和抗折强度均随着再生骨料取代率的增

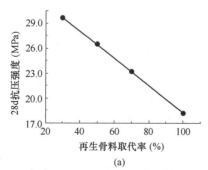

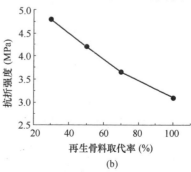

图 5-7 再生骨料取代率与抗压、抗折强度的关系

(a) 抗压强度；(b) 抗折强度

大而减小，原因如下：

首先，因为透水混凝土是由胶结材包裹骨料以点接触形成骨架体系，其间留有10%以上的连通孔隙，透水混凝土的强度由骨料强度和胶结材的强度主导；由于再生混凝土骨料是由拆除的废弃混凝土加工制得，一方面骨料在破碎过程中已经受外力作用产生了微裂缝，骨料强度低于天然石材，另一方面再生混凝土骨料除包括剥离出的天然骨料颗粒外，还包括含砂的胶结材颗粒以及被胶结材包裹的天然石材颗粒，而胶结材的强度本身就低于天然石材，进一步降低了骨料的强度，破坏形式表现为骨料破坏逐步向骨料间连接浆体破坏发展；此外上述试验配合比中，再生骨料掺量按质量取代率进行计算，由于再生混凝土骨料的密度小于天然石材的密度，所以骨料与胶结材的体积比随着取代率的增大而增大，致使骨料表面浆体的包裹厚度和骨料连接点处的浆体数量均随着取代率的增大而减小，降低RCA透水混凝土的抗压强度和抗折强度。

2. 骨料压碎值指标对RCA透水混凝土强度的影响

再生骨料材质较软，其强度直接影响透水混凝土的力学性能，而骨料的强度通常用压碎值指标进行表征，本试验研究选取了5种粒径，为5～10mm的单一级配再生混凝土骨料，根据现行行业标准《普通混凝土用砂、石质量及检验方法标准》JGJ 52—2006测得骨料的压碎值指标分别为12.08%、15.05%、16.67%、20.06%和20.62%（其中前两项数据为胶结材用量，分别为480kg/m³和360kg/m³的混凝土破碎的骨料）；用以上骨料制备的混凝土的胶结材用量分别为320kg/m³、360kg/m³和400kg/m³，水灰比为0.3。试验研究了骨料压碎值指标对RCA透水混凝土的28d抗压强度的影响，试验结果如图5-8所示。

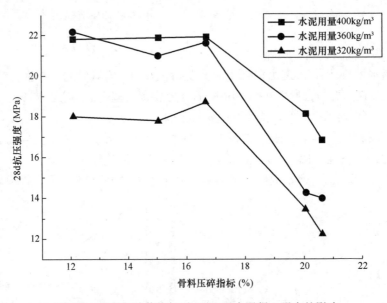

图5-8 骨料压碎值指标对RCA透水混凝土强度的影响

由图5-8可知：

（1）在压碎值指标为12.08%～16.67%，相同胶结材用量的RCA透水混凝土的抗压强度基本相同，可见在这一范围内压碎指标的变化对混凝土抗压强度的影响不大。

(2) 在压碎值指标为 12.08%~16.67%，胶结材用量为 360kg/m³ 时，其抗压强度较胶结材用量为 320kg/m³ 的透水混凝土抗压强度提高约 19%，这是由于胶结材用量的增加提高了颗粒之间的粘结面积，也就增强了骨料之间的粘结，抗压强度得以提高。

(3) 在压碎值指标为 12.08%~16.67%，胶结材用量为 360kg/m³ 和 400kg/m³ 时，RCA 透水混凝土的抗压强度基本相同，这是由于在这一强度阶段透水混凝土的破坏是骨料的破坏，胶结材用量的增加对透水混凝土抗压强度的作用被弱化。由此可知，对于 RCA 透水混凝土，压碎值指标为 12.08%~16.67% 时，胶结材的经济用量不宜大于 360kg/m³。

(4) 压碎值指标从 16.67% 增大到 20.62% 时，相同胶结材用量 RCA 透水混凝土的抗压强度随着压碎值指标的增大呈线性减小趋势，这是由于随着压碎值指标的大幅增长，骨料硬度越来越低，其破坏形式由骨料节点处破坏向骨料本身破坏发展，从而导致抗压强度降低。

(5) 骨料压碎值指标为 20.06% 和 20.62% 时，与胶结材用量为 320kg/m³ 相比，胶结材用量增加至 360kg/m³ 时的抗压强度分别增长 5.87% 和 14.47%，胶结材用量增加至 400kg/m³ 时的抗压强度分别增长 34.70% 和 37.78%，这是由于再生骨料材质较软时，胶结材用量的增加可缓解其破坏形式由骨料节点处破坏向骨料本身破坏的发展。由此可知，对于 RCA 透水混凝土，压碎值指标为 20.06%~20.62% 时，从技术优化的角度胶结材的用量不宜小于 400kg/m³。

3. 粒径级配和微粉含量对 RCA 透水混凝土的影响

粒径级配和微粉含量对 RCA 透水混凝土的抗压强度和透水系数起着十分关键的作用，国内学者进行了大量试验研究并得出系列结果。选取 5 种单粒粒级的再生骨料，研究了粒径对透水混凝土 28d 抗压强度、透水性能的影响；选取骨料粒径为 4.75~9.5mm 的再生骨料，并分别掺入 1.0%、2.5%、4.0%、5.2%、6.67%、8%、9.2%、14.5% 的再生微粉（再生混凝土骨料生产过程中产生的<0.16mm 的再生微粉）等量替代粗骨料，研究其对透水混凝土 28d 抗压强度和透水性能的影响，试验结果如图 5-9~图 5-11 所示[3]。

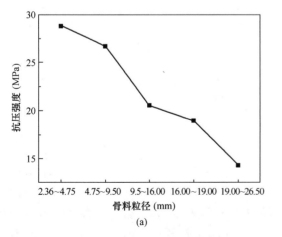
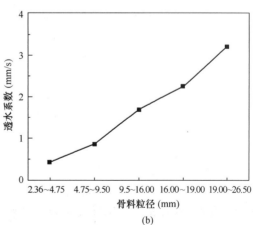

图 5-9 骨料粒径对 RCA 透水混凝土抗压强度和透水系数的影响
(a) 抗压强度；(b) 透水系数

分别采用粒径为 2.36～4.75mm、4.75～9.50mm、9.50～16.00mm、16.00～19.00mm 和 19.00～26.50mm 的单粒粒级再生骨料制备 RCA 透水混凝土,研究骨料粒径对其抗压强度和透水系数的影响,由图 5-9 可知,RCA 透水混凝土的抗压强度随着骨料粒径的增大呈线性下降的趋势,透水系数则随着骨料粒径的增大呈线性上升的趋势,这是由于随着骨料粒径的增大,一方面降低了骨料的比表面积,另一方面增大了骨料的空隙率,而胶结材体积不变,宏观表现为 RCA 透水混凝土骨料之间接触点减少导致强度降低,RCA 透水混凝土的孔隙率增大提高了透水系数。

将 4.75～9.50mm 和 9.50～16.00mm 两种类型的骨料分别以 10∶0、8∶2、6∶4、4∶6、2∶8、0∶10 混合后制备透水混凝土,研究骨料级配对 RCA 透水混凝土抗压强度和透水系数的影响。从图 5-10 中可知,RCA 透水混凝土的抗压强度随着 9.50～16.00mm 颗粒含量的增加基本呈下降趋势,但骨料级配为 8∶2 时略有提升,这是由于随着大粒径骨料的增加,一方面会增大骨料的比表面积,减薄骨料表面浆体的厚度,致使强度降低,另一方面降低了骨料的空隙率,增加了骨料之间的接触点,提高了 RCA 透水混凝土的抗压强度,二者之间有一个平衡。通过试验可知,4.75～9.50mm 和 9.50～16.00mm 两种类粒径骨料的比例为 8∶2 时,抗压强度值最高。另外,RCA 透水混凝土的透水系数随着 9.50～16.00mm 颗粒含量的增加基本呈上升趋势,这是由于随着级配的变化,骨料密度和空隙率发生了变化,从而导致透水系数增大。级配为 2∶8 时,浆体填充和骨料空隙率达到一个最优状态,抗压强度提高,相应地透水系数下降。

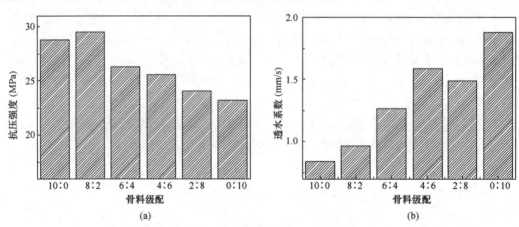

图 5-10 骨料级配对透水混凝土抗压强度和透水系数的影响
(a) 抗压强度;(b) 透水系数

RCA 透水混凝土骨料粒径为 4.75～9.50mm,分别掺入 1.0%、2.5%、4.0%、5.2%、6.67%、8%、9.2%、14.5% 的再生微粉等量替代粗骨料,研究微粉掺量对 RCA 透水混凝土抗压强度和透水系数的影响,由图 5-11 可知,微粉含量为 8.0% 是一个数值拐点,小于 8.0% 时,微粉含量的变化对抗压强度和透水系数影响不大,大于 8.0% 时,RCA 透水混凝土的抗压强度随着微粉含量的增加急剧下降,透水系数呈线性增长。这是由于微粉内含 SiO_2,含量较小时,浆体中的 $Ca(OH)_2$ 能够消耗掉粉体中的 SiO_2,生成水化硅酸钙,有助于强度提高,另外细粉还可以填充浆体孔隙。当微粉含量超过拐点后,浆体中存在剩余的没有和 $Ca(OH)_2$ 发生反应的微粉,成为薄弱环节从而导致抗压强度降低。

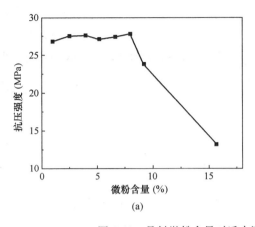
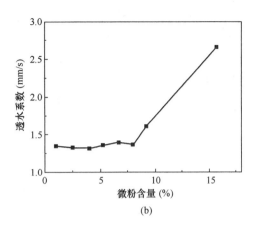

图 5-11 骨料微粉含量对透水混凝土抗压强度和透水系数的影响
(a) 抗压强度；(b) 透水系数

4. 砂率对 RCA 透水混凝土性能的影响

如同普通透水混凝土，RCA 透水混凝土也可以采用有砂或无砂的配合比，适量掺用细骨料可以提高混凝土的强度并减少收缩，国内有学者研究了砂率对 RCA 透水混凝土强度和透水系数的影响[4]，结果如图 5-12 所示。

以 0%、2%、4%、6%、7%、8%、9%、10%、12%和 14%（编号依次为 a~j）为变量，研究砂率对 RCA 透水混凝土抗压强度和劈裂强度的影响。

由图 5-12 可知，RCA 透水混凝土抗压强度和劈裂强度均随着砂率的增大，呈现出总体升高的趋势，上升过程中出现了部分强度降低。砂率从 0%增大到 8%时，RCA 透水混凝土的抗压强度和抗折强度分别提高了 75%与 84%，这是由于提高了密实度；当砂率从 8%增大至 10%时，抗压强度基本持平，劈裂强度损失较大，这可能是随着砂率的增大，砂粒不均匀的分布在骨料连接点处、骨料周围和结点处削弱了粘结。当砂率从 10%进一步增长时，抗压强度和劈裂强度又复增加。

由图 5-13 看出，砂率从 0%增大至 14%时，RCA 透水混凝土的孔隙率和透水系数分

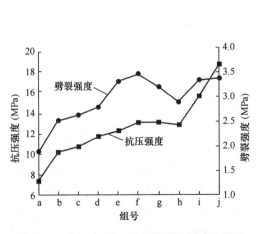

图 5-12 砂率对 RAC 透水混凝土强度的影响

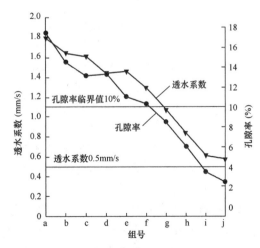

图 5-13 砂率对透水系数的影响

别从17.42%和1.8mm/s逐渐降至2.50%和0.57mm/s。这是由于随着砂率的增大，含砂胶结材体积变大，透水混凝土孔隙率逐渐降低，从而透水系数减小。现有规范规定透水混凝土的孔隙率不应小于10%，透水系数不应小于1.0mm/s，对比试验结果，RCA透水混凝土的砂率不宜超过8%。

5. 骨胶比/水灰比对RCA透水混凝土的影响

胶结材用量对透水混凝土的力学性能影响程度较大，中建技术中心透水混凝土研发团队采用不同材质（原状混凝土强度不同）的再生混凝土骨料制备RCA透水混凝土，研究了胶结材用量和水灰比对其抗压强度的影响规律。

由图5-14可知，RCA透水混凝土的抗压强度随着水灰比的增加并没有呈现出明显的线性关系，这是由于再生骨料自身损伤、材质均匀性和透水混凝土试块强度均存在离散性，并且超过了水灰比对其强度的影响。

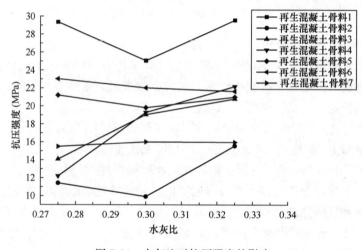

图5-14 水灰比对抗压强度的影响

5.2.5 耐久性试验研究

1. 抗冻性试验研究

冻融破坏是寒冷地区混凝土破坏的主要原因之一，而透水混凝土内含10%以上连通孔隙，在寒冷地区排水不畅和冰雪冻融环境下，RCA透水混凝土路面容易破坏，所以提高透水混凝土的性能指标对其在寒冷地区的应用具有十分重要的意义。国内学者研究了RCA透水混凝土（天然粗骨料和再生粗骨料的用量分别为1022.42kg/m^{3}和438.18kg/m^3）的透水系数、连续孔隙率和剩余抗压强度随冻融循环次数的变化规律[5]。

由图5-15可以看出，分别以清水和质量百分比3.5%的NaCl溶液为冻融介质时，RCA透水混凝土的连续孔隙率随着冻融循环次数的增多而增大，一方面是由于RCA透水混凝土内部含有漏斗状孔隙，随着冻融循环次数的增加，这部分漏斗状孔隙冻胀破坏变成了连通孔隙，另一方面是由于周期性的冻胀引起疲劳应力造成混凝土内部相互连通，使非连通的孔隙发生了扩展现象。另外，还可以看出，冻融介质为质量百分比3.5%的NaCl溶液时，连通孔隙率的增幅较大，这可能是氯盐引发碱骨料反应加剧混凝土的膨胀性破坏，也可能是氯盐与混凝土中的水泥水化产物反应生成膨胀性复盐。由图5-16可知，随着冻融循环次数的增加，RCA透水混凝土的透水系数呈现出与图5-15连续孔隙率相同的变化趋势，这是由于透水系数是由连续孔隙率决定的，二者是密切相关的量化指标。

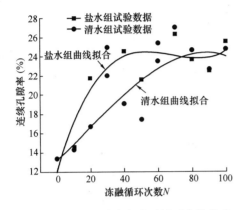

图 5-15　连续孔隙率与冻融循环次数关系

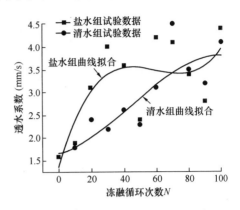

图 5-16　透水系数与冻融循环次数关系

由图 5-17 可知，在两种冻融介质作用下，RCA 透水混凝土的抗压强度损失率均随着冻融循环次数的增多而增大，但冻融介质为质量百分比 3.5％的 NaCl 时，其强度损失率的增幅明显大于冻融介质为清水时的强度损失率，一方面是由于 NaCl 介质会使胶结材浆体遭受冻胀和化学腐蚀的耦合作用，另一方面是氯离子还会与混凝土部分成分发生化学反应，均会进一步降低透水混凝土的力学性能，并且降低的幅度随着冻融循环次数的增加而增加。如图 5-17 所示，经历 100 次冻融循环后，质量百分比 3.5％的 NaCl 冻融介质中 RCA 透水混凝土的抗压强度损失率约为 50％，约为清水冻融介质中的抗压强度损失率的 1.69 倍。

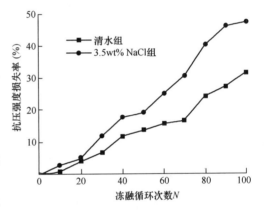

图 5-17　不同介质下抗压强度损失率与冻融次数关系

2. 耐硫酸盐性能研究

随着透水混凝土应用范围的不断扩大，其耐腐蚀性能越来越受到关注，国内有学者以硫酸钠溶液为介质，对比研究了天然石材透水混凝土和 RCA 透水混凝土耐硫酸盐的性能[6]。

试验编号 N-0 代表孔隙率为 18％的天然石材透水混凝土，R-1～R-5 分别代表孔隙率为 18％、20％、22％、24％、26％的 RCA 透水混凝土，由图 5-18 可知，天然石材透水混凝土和不同孔隙率的 RCA 透水混凝土的抗压强度均随着硫酸盐干湿循环时间的延长出现先增加后降低的趋势，其中 0～30d 为强度上升时间段，30～90d 为强度下降时间段，且 30～60d 强度下降的幅度高于 0～30d 强度上升的幅度，60～90d 强度下降幅度低于 0～30d 强度上升的幅度。

原因分析：循环时间为 0～30d 时，溶液中的硫酸根离子和水泥水化产物反应生成钙矾石、石膏等膨胀性物质，如硫酸根离子与水化铝酸钙反应生成硫铝酸钙，体积膨胀约

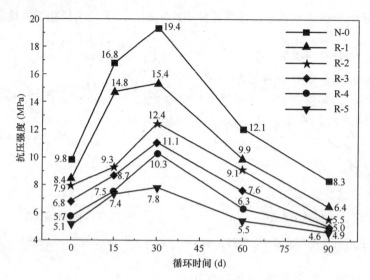

图 5-18 不同孔隙率条件下抗压强度与循环时间的关系

2.5倍。这些复盐晶体填充了胶结材内部的孔隙,提高了透水混凝土的抗压强度,随着循环时间的延长,这些膨胀产物产生的应力超过了基材的抗拉强度,发生开裂导致强度急剧下降。

5.3 再生砖瓦骨料透水混凝土

由于我国旧建筑物中的砖砌体和砖混结构占比较大,近些年来自旧建筑物拆除的大量旧砖瓦,经分拣、粉碎、筛分等工艺制成再生骨料,用来制备透水混凝土是其重要的应用途径。再生砖瓦骨料透水混凝土(以下简称"RBTA 透水混凝土")具有质轻、透水、保水的特点,同时将废弃物变为生态混凝土,环境效益明显。RBTA 透水混凝土一般应用于步行道,采用"净浆裹石法"制备的 RBTA 透水混凝土拌合物,一定程度上弥补了骨料颗粒强度较低的弱点,已有应用于轻载车行道的实例。在 5.1.2 节和 5.1.3 节中对再生砖瓦骨料的性能特点已有较为详尽的讨论,此不再赘述。

5.3.1 强度与水灰比的基本关系

日本学者清水五郎等研究了用废旧砖再生骨料制备透水混凝土,关于强度与水胶比相关性的试验研究结果如图 5-19 所示[7]。

由图 5-19 可见,当孔隙率低于 25% 时,抗压强度随水胶比增加而下降的趋势明显,而且孔隙率越低表现为斜率变化越大的线性关系,类似于普通混凝土;当孔隙率增大超过 25% 时,抗压强度随水胶比下降的趋势变缓,显示水胶比的影响变小。抗折强度有类似的规律性,但在孔隙率超过 25% 时,随水胶比增加强度下降的趋势比抗压强度明显。

5.3.2 再生砖瓦骨料取代率对透水混凝土的影响

与再生混凝土骨料相比,再生砖瓦骨料材质较软,吸水率和压碎值指标更大,用其制备的透水混凝土强度也更低,国内有学者研究了再生黏土砖骨料掺量对 RBTA 透水混凝土抗压强度、弹性模量的影响[8]。

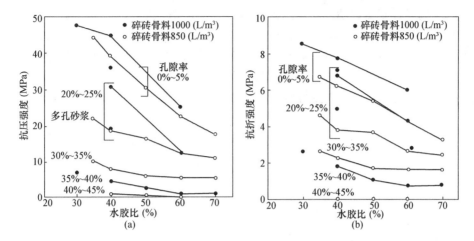

图 5-19 废旧砖再生骨料透水混凝土强度与水灰比的关系
(a) 抗压强度；(b) 抗折强度

1. 再生黏土砖骨料掺量对 RBTA 透水混凝土抗压强度的影响

如图 5-20 所示，RBTA 透水混凝土的抗压强度随着再生黏土砖骨料掺量的增加先增大后减小，掺量 40% 是强度变化的拐点。掺量从 0% 增加至 40% 时，强度增幅为 19.4%（24.2MPa 增至 28.9MPa），掺量从 40% 增加至 100% 时，强度降幅为 32.5%（28.9MPa 降至 19.5MPa）。这是由于成型前，再生黏土砖骨料未达到饱和面干状态，骨料会从 RBTA 透水混凝土拌合物中吸收部分水分使得水灰比降低，而在硬化过程中，骨料内部的水分又会缓慢放出，起到了自养护的作用，从而提高了混凝土的抗压强度。当骨料掺量超过 40% 时，骨料从拌合物中吸收了过量的水分，导致拌合物中浆体的水分过低，一方面浆体无法均匀包裹骨料表面，影响试块的成型，另一方面导致拌合物中的水量无法满足水泥正常水化需求，最终导致强度降低。

2. 再生黏土砖骨料掺量对透水混凝土弹性模量的影响

弹性模量是混凝土材料的重要力学性能指标，与抗压强度密切相关。由图 5-21 可知，随着再生黏土砖骨料掺量的增加，虽然 RBTA 透水混凝土的抗压强度先增大后减小，但是弹性模量基本呈线性下降的趋势，这是由于 RBTA 透水混凝土属于多孔结构，粗骨料的材质、骨架强度均是影响弹性模量的重要因素，另外再生砖瓦骨料本身还有微裂缝，进一步凸显了骨料本身对弹性模量的影响。

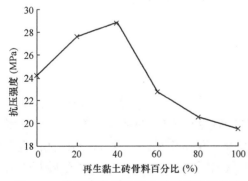 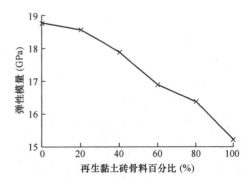

图 5-20 抗压强度-再生黏土砖骨料关系曲线　　图 5-21 弹性模量随再生黏土砖骨料百分比变化曲线

5.3.3 再生砖瓦骨料仿钢纤维透水混凝土性能试验研究

RBTA透水混凝土由于骨料材质较软，强度较低，应用范围受到一定的影响，丙烯酸仿钢纤维除具有在潮湿环境中不生锈的优点外，还能在一定程度上增加透水混凝土的力学性能，国内有学者进行了相关的研究[9]。

由图5-22可知，RBTA透水混凝土的抗压强度和抗折强度均随着纤维掺量的增加而增大，纤维掺量小于2kg/m³时，增强作用有限，这是由于纤维掺量较低时，分散在浆体中的纤维无法形成整体的网格结构。当纤维掺量达到3～4kg/m³时，纤维的加入使粘结骨料的浆体具有了钢筋混凝土的性能，进而增加了骨料之间的粘结性能，限制了混凝土破坏时变形，提高了RBTA透水混凝土的强度。当纤维掺量超过4kg/m³时，发生了纤维成团的现象，影响了浆体对骨料的包裹质量和骨料节点间的粘结性能，呈现出强度增幅降低甚至出现强度值降低的趋势。

5.3.4 再生砖瓦骨料透水混凝土保水性能

再生砖瓦骨料内含大量的孔隙，吸水保水性较好，国内学者研究了再生砖瓦骨料透水混凝土保水量与砖瓦骨料掺量之间的关系，如图5-23所示。

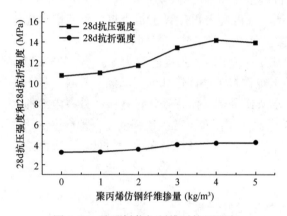

图5-22 聚丙烯仿钢纤维对抗压强度和抗折强度的影响曲线

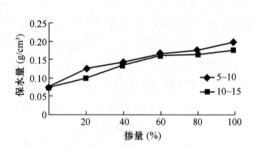

图5-23 保水量随砖瓦骨料掺量变化曲线

对比研究骨料粒径分别为5～10mm和10～15mm的RBTA透水混凝土保水量，由图5-23可知，不论粒径大小，RBTA透水混凝土的保水量均随着再生骨料掺量的增大而增大，且骨料粒径较小时，保水量较大，这是由于骨料粒径较小时比表面积较大，在胶结材用量相同的前提下，骨料表面包裹的胶结材浆体较薄，水分更容易进入再生砖瓦骨料内微小细孔得以滞留，在随后的龄期中又逐渐释放。

5.3.5 再生砖瓦骨料透水混凝土铺装的应用

再生砖瓦骨料透水混凝土铺装兼具良好的透水性和保水性，经实测，10cm厚、面积为1m²的该路面铺装可以保持的水量达15～18L，水分蒸发过程对热岛效应的缓解效果显著，此外，步行时脚感更舒适，对老年人和儿童有更好的适应性的特点。图5-24是日本石川县的再生砖瓦骨料透水混凝土步行道的两实例（其他实例见第13章）；当砖瓦再生骨料也常被用于植生铺装，其吸水和保水性能有利于植物的生长，图5-25是再生砖瓦骨料用于植生铺装两实例，其中图5-25（a）为再生砖瓦骨料多孔植生混凝土，而且面铺设一层再生砖瓦细骨料，植物根系已生长其中，图 5-25（b）为再生砖瓦多孔植生混凝土砌块应用于护岸的情况，依赖于孔隙和骨料的保水特性，植物得以生长良好。

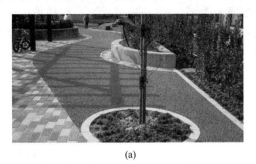 

(a) （b）

图 5-24 砖瓦再生骨料透水混凝土步行道实例
（a）小区内步行道；（b）轻交通道路

(a) （b）

图 5-25 再生砖瓦骨料用于植生铺装实例
（a）植生混凝土；（b）植生砌块

5.4 预拌再生透水混凝土的制备与铺装施工

5.4.1 成型工艺对 RCA 透水混凝土性能的影响

国内有学者研究了人工插捣、振动成型、压力成型和振压成型对 RCA 透水混凝土抗压强度和透水系数的影响，其中再生混凝土骨料采用 C25 废弃混凝土经人工破碎制成，骨料粒径为 16～20mm，配合比和试验结果如表 5-2 所示[10]。

不同成型方法对 RCA 透水混凝土性能影响的试验　　　表 5-2

序号	原材料用量（kg/m³）				成型方式	28d 抗压强度（MPa）	透水系数（mm/s）
	水泥	水	石子	砂			
1	327	111	1107	200	人工插捣	21.3	25
2	327	111	1107	200	振动 8s	14.9	20
3	327	111	1107	200	加压 25kN	18.0	16
4	327	111	1107	200	振动 4s 后加压 25kN	14.2	8

从试验结果可以得出，对于RCA透水混凝土，人工插捣的成型方式成型的试块具有较高的抗压强度和较大的透水系数，一是由于人工插捣采用分层填模的方式，且上层插捣能够贯穿至下层拌合物表面，使骨料间的粘结更为紧密；二是人工插捣不容易破坏包覆层而导致浆体下沉；三是由于人工插捣可降低骨料的二次破损率，减少了骨料内部微裂缝扩展的风险。

人工插捣虽然能得到较高的抗压强度和孔隙率，但是无法满足路面铺装工艺的需求，透水混凝土路面透水基层施工一般采用平板振动器振实（图5-26），平板振动器在铺装层面上进行振动整平作业，产生振动和压力可以使骨料之间形成较好的嵌挤结构，同时也能起到提浆的作用，使颗粒之间更容易形成浆桥且保证成型面圆润光滑（图5-27）。另外，为提高透水混凝土路面的平整度和透水性，透水面层施工一般采用磨光机磨平压实（图5-28），抹平效果如图5-29所示。

图5-26 透水基层振动整平

图5-27 透水基层整平后的形貌

图5-28 透水面层抹平

图5-29 透水面层抹平后形貌

5.4.2 技术要点

1. 原材料质量控制

筒压强度、粉尘含量、颗粒级配是影响再生骨料透水混凝土拌合物工作性的重要因素，骨料进场后需对上述3项指标进行复检，另外，由于再生骨料吸水率较大，而工业化制备再生骨料透水混凝土采用搅拌站生产，所以在混凝土生产前，应对骨料进行预湿处理并力求均匀，混凝土搅拌前需测定骨料的含水率并结合理论计算和试配结果制定配合比下料单。

在原材料计量的精度方面，计量允许偏差为：水泥、矿物掺合料±1.5%，粗、细骨料±2.5%，水±1%，减水剂±1%，专用添加剂±1%。

2. 制备工艺

再生混凝土骨料材质较软,用其制备透水混凝土的工艺与普通透水混凝土的情况有所不同,主要有以下几点:

(1) 胶结材用量宜增加5%~10%,拌合水用量宜增加15%~20%。

(2) 矿物掺合料宜选用粉煤灰、硅灰等硅质材料,粉煤灰掺量宜为20%~30%,硅灰掺量宜为5%~10%。

(3) 为避免强力搅拌产生细粉,宜采用行星式搅拌机,总搅拌时间不宜超过90s。

(4) 针对再生骨料透水混凝土拌合物的工作性损失较快的特点,通过优化配合比和制备工艺,使拌合物满足现场摊铺工作性要求。

3. 施工工艺要点

预拌再生骨料透水混凝土路面的施工工艺与普通透水混凝土路面的施工工艺相同,如基层处理、模板支设等,不再赘述。

(1) 随着海绵城市设计理念的更新,新建景观道路、非机动车道等透水路面铺装的路面标高与道路两侧的路缘石顶部标高相同,此类项目在施工过程中不再进行单独的模板支设工艺流程,多采取先砌筑路缘石,后填充透水混凝土的铺设方式(图5-30)。施工过程中应对路缘石采取成品保护措施,避免透水结构层振实以及面层抹光机收面工序造成路缘石边角破损。

图5-30 路缘石代替侧模

(2) 与普通透水混凝土相比,再生骨料透水混凝土拌合物的坍落度较低,一方面是由于再生骨料的表面较为粗糙,对浆体具有较大的吸附作用,被浆体包覆的骨料之间润滑度不够,另一方面拌合物在运输过程中,再生骨料会持续吸收浆体中的水分,也加快工作性损失,所以拌合物的运输一般选择自卸翻斗车,以避免罐车运输带来的卸料不畅问题。

(3) 由于再生骨料透水混凝土拌合物较为干涩,大面摊铺结构层更加适合选用挖掘机进行布料初平(图5-31),整平设备一般采用平板振动器,由于再生骨料内含微小裂缝,不宜多次反复施加振动,一次摊铺厚度不宜超过100mm,一般情况下夯实一遍即可(图5-32)。

图5-31 机械布料摊铺

图5-32 结构层振动整平

5.5 钢渣透水混凝土

5.5.1 钢渣的产出以及作为骨料的特性

钢渣是在对高炉产出的熔融态生铁进一步精炼的生产过程中所产生的副产物，为了去除生铁中的磷、硫等杂质和降低熔点，冶炼过程加入石灰石等辅助原料，绝大部分 CaO 与磷、硫以及硅反应形成钢渣被排出。通过上述过程将生铁精炼为钢，其韧性和可加工性能得以大幅提升。钢渣主要由钙、铁、硅、镁和少量铝、锰、磷等的氧化物组成，主要矿物相为硅酸三钙、硅酸二钙、钙镁橄榄石、钙镁蔷薇辉石、铁铝酸钙以及硅、镁、铁、锰、磷的氧化物形成的固熔体，但其中仍残留 3%～10% 的过烧游离 CaO 和 MgO，因此存在安定性不良的风险。

钢渣分为转炉渣和电炉渣，前者安定性不良的潜在风险大于后者。转炉法生产 1t 粗钢产生约 110kg 钢渣，而电炉法产生约 70kg。原状钢渣和将其加工成骨料后的形貌如图 5-33 所示，由于原料和生产过程控制的差异，各地产出钢渣的化学成分不尽相同，表 5-4 所示是有代表性的转炉钢渣和电炉钢渣化学成分[11-13]，表 5-5 所示是不同来源数据整理的有代表性的钢渣物理力学性能指标[11-15]，可见其表观密度远远高于天然石材骨料，吸水率和压碎值也高于天然石材骨料。钢渣除了作为骨料和磨细作为掺合料应用于混凝土外，还可用于土壤改良，海洋生态环境改善等多种用途[11,12]。当用于结构工程时，为了避免钢渣出现安定性不良的情况给工程带来危害，应该按相关技术标准测定其压蒸膨胀率[16]，确认符合要求后方可使用，否则应进行压蒸或碳化预处理[14-16]。相关研究者采用蒸压釜将钢渣在 198℃，蒸汽压力为 1.3MPa 的条件下蒸压 24h，经试验验证其安定性不良得以消除[18]。

(a) (b)

图 5-33 钢渣的形貌
(a) 原状钢渣；(b) 加工成骨料的钢渣

有代表性的钢渣化学成分（%）　　表 5-4

种类	CaO	MgO	SiO$_2$	T-Fe	Al$_2$O$_3$	MnO	S	P$_2$O$_5$
转炉渣	45.8	6.5	11.0	17.4	1.9	5.3	0.06	1.7
电炉氧化渣	22.8	4.8	12.1	29.5	6.8	7.9	0.2	0.3
电炉还原渣	55.1	7.3	18.8	0.3	16.5	1.0	0.4	0.1

有代表性的钢渣物理力学性能指标　　　　　　表5-5

粒径（mm）	表观密度（kg/m³）	紧堆密度（kg/m³）	空隙率（%）	吸水率（%）	压碎值（%）
5～10	3450～3530	1840～1900	41～48		—
10～16	3460～3550	1870～1920	44～53	2～6	8～19
10～20	3540～3580	1890～1930	43～52		—

5.5.2 钢渣骨料在透水混凝土中的应用

制备钢渣透水混凝土时，由于钢渣骨料的表观密度大，所采用的骨胶比高于普通碎（砾）石透水混凝土的情况，视目标孔隙率和钢渣骨料堆积空隙率的情况，骨胶比的范围一般为4.6～5.3，水胶比为0.32～0.38[13,15,17]。

钢渣透水混凝土拌合物的工作性一般较普通透水混凝土差一些，人工初步摊平后可以使用平板振动器或低频振动辊整平，对于比较干涩的拌合物（图5-34），采用平板振动器、低频振动辊或抹光机仍嫌整平力度不足，人工或机械摊平后宜采用碾压滚压实整平[13,15,17]，如拌合物较为干硬可反复碾压，以获得较好的整平效果，如图5-35所示。

(a)　　　　　　　　　　　(b)

图5-34　钢渣骨料透水混凝土拌合物性状
(a) 拌合物；(b) 坍落度测试

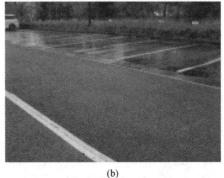

(a)　　　　　　　　　　　(b)

图5-35　碾压整平铺装施工
(a) 碾压滚碾压整平；(b) 整平效果

钢渣有硬度高、耐磨等特性，只是转炉钢渣有可能存在安定性不良的情况，经预处理后作为透水混凝土的骨料使用可以扬长避短，拓宽其资源化利用的途径。

2010年上海世博会园区大量采用钢渣生态透水混凝土道路，现场摊铺施工生态透水路面总面积超过86000m^2，混凝土强度等级为C25、C35，部分工程体量情况如表5-6所示。

世博园区钢渣透水混凝土铺装实例　　　　表5-6

片区	项目名称	强度等级	铺装面积（m^2）	颜色
浦西片区	江南广场	C25	21000	灰色
	企业联合馆	C25	4000	灰色
浦东片区	世博中心	C35	20000	黑色
	世博公园	C25	18000	黄、灰色
	C10片区	C35	15000	黄、灰、绿色
	A13广场	C25	12000	红、黑色
	波兰国家馆	C25	1000	黑色

5.6　本章小结

本章表述了再生混凝土骨料、再生砖瓦骨料以及钢渣骨料的特点和用其制备透水混凝土的技术要点，讨论了各再生骨料透水混凝土基本性能、影响因素和铺装施工方法等。

海绵城市建设中大规模采用再生骨料透水混凝土铺装，既节约了天然砂石资源，也为改善生态环境作出了贡献。再生骨料压碎指标高，吸水率大，表面粗糙且常含有细粉，因此制备透水混凝土较普通透水混凝土拌合物干涩，而且强度和弹性模量低，应适当增加用水量和胶结材用量。

再生瓦骨料透水混凝土铺装有透水性、保水性好，对热岛效应的缓解效果显著，路面不反光，行人脚感舒适等优点。

与再生混凝土骨料相比，再生砖瓦骨料的吸水率大，且具有保水和蒸发缓慢的特点，对热岛缓解效果好，用其制备的透水混凝土多用于步行道，娱乐广场的地面铺装，骨料颗粒经强化处理后制备的透水混凝土可用于轻交通的车行道铺装，如果用其制备植生混凝土，其保水性有利于植物的生长。

参考文献

[1] 张燕刚，石云兴，等. 一种预拌再生骨料透水混凝土及其制备方法 ZL202010185674.9[P].
[2] 姚志斌. 高取代率再生骨料透水混凝土配合比及材料性能试验研究[D]. 郑州：郑州大学，2019.
[3] 赵斌，李如林，刘东基，等. 再生骨料品质对透水混凝土性能的影响[J]. 质量检测，2021，39（8）：73-76.
[4] 王庆利，陈守开，蒋海峰，等. 不同砂率下再生透水混凝土基本性能分析[J]. 人民黄河，2020，8：131-135.

[5] 尹志刚,董思健,冯隽,等.不同冻融介质作用下再生骨料透水混凝土力学性能试验研究[J],科学技术与工程,2019,19(15):303-308.

[6] 李炳林.再生骨料透水混凝土抗硫酸盐侵蚀性能的研究[D].河南:华北水利水电大学,2020.

[7] Goro Shimizu. Recycling of crushed bricks from demolished buildings as cement-based porous materials, International Symposium on Environmental Ecology and Technology of Concrete[C]. 2005.6, Urumchi, China.

[8] 张志权,刘云霄.再生粘土砖骨料含量对透水混凝土性能的影响[J].混凝土,2017,8:303-308.

[9] 王金龙.再生砖仿钢纤维透水混凝土宏观性能试验研究[D].泰安:山东农业大学,2018.

[10] 龚平,谢先当,李俊涛,等.成型工艺对再生骨料透水混凝土性能的影响研究[J],施工技术,2015,6(12):65-68.

[11] 尾上俊雄.製鋼スラグの有効利用[J].日本金属学会会報,1980,19(10).

[12] 加藤敏朗,小杉知佳,山越陽介.転炉系製鋼スラグ資材を用いた海域環境造成技術の開発[J].建設機械施工,2017,69(6).

[13] B. Krishnakumari, G. Gomathi, S. Indhumathi, et al. Strengthening of Pervious Concrete Pavement using Steel Slag[OL]. IJESC, March 2020.

[14] 吴昊泽,徐东宇.碳化钢渣集料制备透水混凝土[J].水泥工程,2020(3).

[15] 李建华,杨钱荣,张方俊.钢渣透水混凝土制备及其影响因素研究[J].粉煤灰综合利用,2014(5).

[16] 国家质量监督检验检疫总局等.钢渣应用技术要求:GB/T 32546—2016[S].北京:中国标准出版社,2017.

[17] 王群星.透水生态钢渣混凝土路面施工技术[J].山西建筑,2010,36(23).

[18] 韩甲兴.转炉钢渣进行压蒸稳定化处理的应用研究[J].四川建材,2019,45(2).

第6章 植生性铺装及其工程应用

植生性铺装是指在多孔硬基层上培植植被层的体系，多孔硬基层有植生混凝土、多孔混凝土砌块和碎石（卵石）充填基层等。植生性铺装集基层的承载性能和植物的生态功能为一体，达到两者"刚柔相济"。多用于河流堤岸和道路护坡以及停车场等，轻质植生混凝土还可以用于屋面和墙面的绿化等。

6.1 植生性铺装的分类与特点

6.1.1 护岸、护坡植生混凝土铺装

植生混凝土属于多孔混凝土种类之一，由于它比透水混凝土有更大孔径和孔隙率，因而透气、透水的功能更强，其孔隙率一般为18%~35%，大部分孔隙的孔径在10mm以上。被胶结材包覆的骨料构成的骨架是其承载部分，而其间的孔隙是植物根系的生长空间，植物对径流有缓冲和净化作用。

植生混凝土铺装有覆土型和无覆土型以及应用于水体中供水生植物生长的多孔混凝土，覆土型植生混凝土的植物根系主要在覆土层，部分进入混凝土内部或穿过混凝土；而无覆土型植生混凝土的植物根植于混凝土的孔隙之中，大部分根系可穿透混凝土的连通孔隙到达下面的土层；应用于水中的植生混凝土多做成球状体，与水的接触面大而且便于在水体中摆布。

1. 覆土型植生混凝土

覆土型植生混凝土上面敷以供植物生长的土壤，厚度为10cm左右，表层植物的部分根系能够进入混凝土内部孔隙，这种类型多用于不考虑承载，但要求表面植被生长较快的坡面，混凝土的抗压强度大于10MPa，如图6-1所示。

2. 无覆土型植生混凝土

这类植生混凝土表面无覆土，植物根植于混凝土的孔隙，并能穿透孔隙到达下面的土层，这种类型混凝土多用于有一定承载要求的坡面等，混凝土强度一般在15MPa以上，如图6-2所示。植生混凝土还可以预制成砌块，在现场拼接铺装，一般用于停车场等。

6.1.2 其他类型植生混凝土铺装

除上述类型外，还有用陶粒、火山渣、膨胀珍珠岩和旧砖瓦再生骨料等作为轻骨料制成的轻质大孔植生混凝土，可用于植生屋面和植生墙面等，图6-3是陶粒大孔混凝土应用于植生屋面的工程实例。另有在河川、海洋中应用的植生混凝土，为海洋植物生长、水质净化和鱼类栖息繁殖提供领地，图6-4是这类混凝土的实例之一。

图 6-1 覆土型植生混凝土
(a) 断面结构示意图；(b) 根系的生长状况

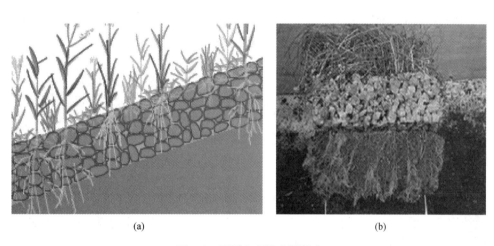

图 6-2 无覆土型植生混凝土
(a) 断面结构示意图；(b) 根系的生长状况

图 6-3 陶粒大孔混凝土植生屋面

图 6-4 用于水体中的植生混凝土

6.1.3 砌块与石材充填型植生铺装

1. 碎石（卵石）填充性植生铺装

将大块碎石（卵石）作为填充骨架材料，充填于地面之上，再在大孔隙灌入生长基材料,直根系在大孔中生长,图6-5所示是一护岸碎石填充铺装实例。

2. 砌块植生铺装

将混凝土砌块铺设于地表,在砌块之间保留一定的结构性孔隙供植物生长,图6-6所示是一护岸砌块植生铺装实例。

图6-5 碎石填充基层植生铺装

图6-6 混凝土砌块植生铺装

6.2 普通植生混凝土的制备

普通植生混凝土铺装是指使用碎石或卵石作为骨料制备混凝土拌合物,并在现场摊铺的大孔混凝土,它的制备方法与透水混凝土基本相同。

6.2.1 原材料及其性能要求

1. 胶凝材料

用于植生混凝土的胶凝材料为水泥和矿物掺合料,为使混凝土孔隙内保持较低的碱性,宜选用含有混合材较多的低碱性水泥,或在混凝土制备时掺用粉煤灰、火山灰、硅灰等以硅质成分为主的矿物掺合料来降低混凝土内部的碱性[1,6]。

2. 骨料

植生混凝土的大孔隙主要来自粗骨料堆积状态的间隙,为保证混凝土的孔径和孔隙率满足要求,骨料的粒径绝大部分应在20mm以上,剔除小颗粒使其更接近于单粒级,堆积孔隙率应在45%以上,原理如第3章的图3-2所示,具体应用的骨料实例之一的形貌如图6-7所示,粒径较大,且范围较窄(图中的笔作为一个尺度标识,笔长150mm)。

植生混凝土的骨料不仅可以选择天然石材骨料,还可以选择再生混凝土、废旧砖瓦、火山渣和陶粒等材质的骨料,在实际工程应用时,应根据具体工程的要求,考虑强度、耐久性和保水性等因素来选择。废旧砖瓦、火山渣和陶粒等,虽然强度不及天然石材骨料,但有保水性好的特点[7]。

图6-7 植生混凝土用粗骨料举例

3. 减水剂

选用符合国家技术标准的萘系或聚羧酸

系减水剂均可，同普通混凝土制备对减水剂的要求。

4. 拌合与养护用水

同普通混凝土制备和养护对水的要求。

6.2.2 拌合物的制备工艺

植生混凝土的制备工艺与透水混凝土相近，所制备拌合物应具有合适的稠度，其基材浆体包覆于骨料颗粒表面不发生流坠，又不能过于干硬失去对颗粒的粘结力，拌合物制备的主要工艺流程如图 6-8 所示[1-3]。

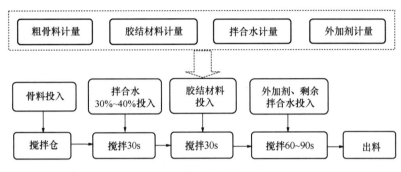

图 6-8 拌合物制备工艺

骨料投入后先加入约 1/3 的拌合水与骨料搅拌，将骨料润湿，然后将水泥、掺合料投入，随着搅拌缓慢加入拌合水，观察拌合物的稠度情况，随着搅拌加入外加剂和剩余拌合水，拌合水的最后投入量可视拌合物稠度于小范围内调整，以骨料被胶结材均匀包覆、表面呈现金属光泽、颗粒间能够粘结为度。拌合物的外观性状如图 6-9 所示。

图 6-9 植生混凝土拌合物的外观性状

6.3 普通植生混凝土基本性能试验研究

6.3.1 试验原材料

1. 胶凝材料

水泥：采用 P·C 32.5R 和 P·C 42.5R 早强型复合普通硅酸盐水泥，产地河北，两种水泥的物理力学性能如表6-1所示。

矿物掺合料：硅灰，堆积密度为349kg/m³，表观密度为2200kg/m³，产地甘肃；Ⅱ级粉煤灰，堆积密度为697kg/m³，产地河北；矿渣微粉，S95级，比表面积达到480m²/kg以上，产地北京。

水泥的物理力学性能　　　　　　　　表6-1

水泥品种	筛余(%)	凝结时间（min）		强度（MPa）			
				抗折		抗压	
		初凝	终凝	3d	28d	3d	28d
P·C32.5R	1.6	234	279	4.4	6.2	19.4	35.8
P·C42.5R	2.2	226	276	5.1	8.5	26.8	50.4

2. 骨料

粗骨料采用石灰岩碎石，骨料粒径20～31.5mm，物理性能见表6-2，外观形貌如图6-10所示。

碎石物理性能　　　　　　　　表6-2

粗骨料名称	粒径（mm）	表观密度（kg/m³）	堆积密度（kg/m³）	孔隙率（%）
石灰岩碎石	20～31.5	2937	1584	46

图6-10　试验用碎石粗骨料

3. 减水剂

聚羧酸高效减水剂（液），减水率35%，产地北京。

4. 植物生长基料

植物生长基料由粉煤灰、植物营养土和聚合物等调配而成。

6.3.2　物理力学基本性能试验

植生混凝土的基本性能是强度和孔隙率，配合比设计和制备时考虑的基本参数为骨料性能指标、骨胶比、水胶比等。本试验按图6-8所示的工艺流程，采用上述材料（水泥分别采用了P·C32.5R和P·C42.5R两种水泥）制备植生混凝土拌合物，然后测定分析其7d、28d龄期抗压强度，分析其与孔隙率、骨胶比、水胶比的关系。

1. 采用P·C32.5水泥的试验

(1) 强度与骨胶比的相关性

为保证植生混凝土有较大的孔径和孔隙率，应采用较大的骨料与胶结材的比值（简称骨胶比），由图6-11、图6-12可见，随着骨胶比增大，7d和28d抗压强度都呈下降趋势，28d抗压强度最大为10.3MPa。植生混凝土由于孔隙率大、孔径大、强度值一般不高。实际应用时根据工程性质选择，作为护坡型植生混凝土的强度一般在6～12MPa即可；用于停车场的植生混凝土强度应达到15MPa以上，通过选择骨料品种和级配来实现。

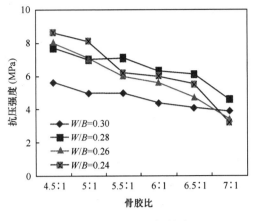

图6-11　7d抗压强度-骨胶比

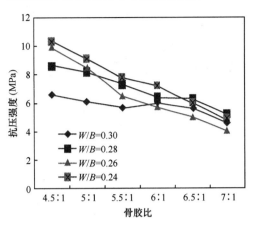

图6-12　28d抗压强度-骨胶比

(2) 抗压强度与水胶比的关系

普通混凝土的强度和水胶比有明确的对应关系，而对于植生混凝土两者不存在简单的对应关系，由图6-13、图6-14可见，当骨胶比较小时，即填充率较大时，7d和28d抗压强度与水胶比的相关性较高，类似于普通混凝土，如图中的骨胶比为4.5∶1和5∶1的两曲线；但骨胶比较大时，即填充率较小时，强度与水胶比的相关性不高，如骨胶比为超过5.5∶1的各曲线。

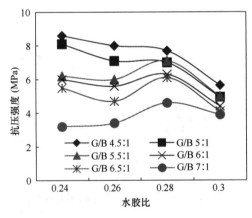

图6-13　7d抗压强度-水胶比

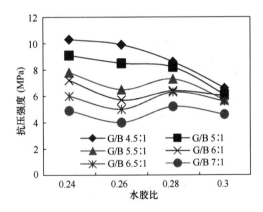

图6-14　28d抗压强度-水胶比

(3) 孔隙率与骨胶比的相关性

植生混凝土的孔隙率与骨胶比密切相关，强度又受骨胶比和水胶比的影响，骨胶比是一项基本指标，在本试验条件下，混凝土孔隙率与骨胶比的相关性如图6-15所示。植生混凝土的孔隙率一般应在25%～30%，对各级配和粒径的骨料，选择的骨胶比不同，一般应在6左右。

2. 采用P·C42.5水泥的试验

采用P·C42.5水泥制备的植生混凝土的物理力学性能如图6-16和图6-17所示。

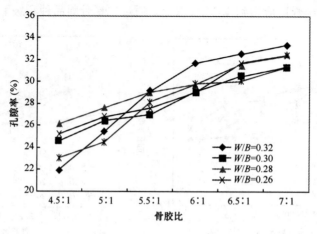

图 6-15 孔隙率-骨胶比曲线

由图 6-16 和图 6-17 显示的规律性，与上一节采用 P·C32.5 制备的混凝土的情况类似，当孔隙率（21%和 23%）较小即填充率较大时，7d 和 28d 强度随水胶比增大而减小的趋势明显，这时混凝土强度主要取决于硬化胶结材浆体的强度；当孔隙率（25%）较大即填充率小时，强度随水胶比无明显变化，这时混凝土强度主要取决于其骨料自身的强度。和上一节采用 P·C32.5 水泥的情况相比，强度有明显提高。28d 强度绝大部分超过 10MPa，处于 10~20MPa 之间。

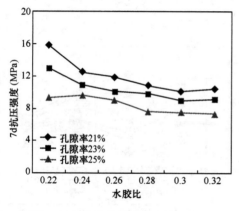

图 6-16 7d 强度与水胶比的相关性

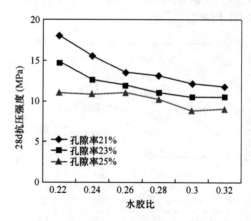

图 6-17 28d 强度与水胶比的相关性

6.3.3 其他相关试验研究的数据

植生混凝土属于大孔混凝土，这种混凝土除了有类似于普通混凝土的诸影响因素外，还有对骨料级配、粒型以及骨料的强度等因素敏感、试验数据离散等特点，来自不同研究者的数据往往有较大差异，参考这些数据有助于更全面地理解大孔混凝土的特点。图 6-18 和图 6-19 是来自日本清水建设株式会社的普通植生混凝土的试验数据，可见与透水混凝土类似，强度与孔隙率的关联密切，而水灰比对强度的影响不明显，骨料粒径对强度有一些影响。

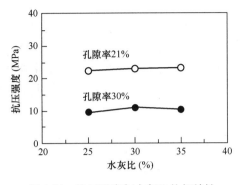 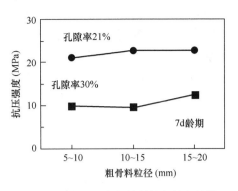

图 6-18 抗压强度与水灰比的相关性　　图 6-19 抗压强度与骨料粒径的相关性

6.4 轻骨料植生混凝土试验研究

6.4.1 陶粒植生混凝土的制备及其基本性能

1. 原材料与拌合物制备

用于屋顶的植生混凝土是以陶粒或其他轻型块状料（如火山渣、煤气渣等）为骨料的大孔混凝土，孔隙率在 25% 以上，由于混凝土的密度小且孔径和孔隙率大，适合用作屋顶绿化的植物生长基材；为了降低基材的碱性，应掺用硅质矿物掺合料。

制备陶粒骨料的植生混凝土的工艺与普通骨料植生混凝土类似，但陶粒易碎，宜使用滚筒式搅拌机搅拌。另外，由于陶粒具有一定的吸水性，依据《轻骨料混凝土技术规程》JGJ 51 的规定，拌合用水还应该包括附加水，附加水为陶粒用量与其 1h 吸水率之积；采用预湿骨料的方法制备拌合物则不用再加附加水，制备的拌合物以浆体包裹陶粒不发生流浆为度，拌合物的性状如图 6-20（a）所示，拌合物直接摊铺于屋面，用刮杠和抹子手工压平即可。也可制成多孔预制块，如图 6-20（b）所示，砌块经养护硬化后用于植生屋面[2,4]。

(a) (b)

图 6-20 陶粒植生混凝土拌合物与砌块
(a) 拌合物；(b) 预制块实例之一

2. 物理力学性能

本试验采用的陶粒为轻质黏土陶粒，堆积密度为320kg/m³，堆积孔隙率为42%，筒压强度为0.7MPa，水泥为P·C32.5，矿物掺合料为Ⅱ级粉煤灰。试验结果如图6-21、图6-22所示，当水胶比小于0.29时，抗压强度随水胶比增大而增大，这与普通植生混凝土结论相反；当水胶比大于0.29时，强度都随水胶比的增大而明显减小。另外，陶粒植生混凝土的强度主要取决于骨料的筒压强度和胶结材用量。实际应用时可根据工程具体要求选择合适粒径和筒压强度的陶粒。

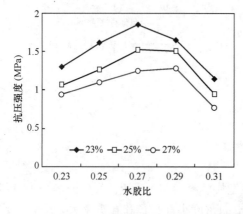

图6-21 7d抗压强度-水胶比　　图6-22 28d抗压强度-水胶比

6.4.2 植生木片混凝土

有多种再生资源骨料可以用于制备植生混凝土，如再生混凝土骨料、再生砖瓦骨料、贝壳骨料、木片骨料等。前三者分别在第2章、第5章和第13章已述及，本节仅介绍植生木片混凝土。

1. 植生木片混凝土的组分与基本性能

建筑物的拆解或遇震灾将会产生大量的废旧木材，将其通过破碎、挤压工艺加工成的长度分别为5～25mm和10～65mm的片状或针状碎木骨料，一般统称为木片骨料。植生木片混凝土是以木片作为轻骨料，在其接触点靠浆体胶结而成的轻质多孔混凝土，孔隙率为25%～50%，依木片骨料与胶结材之比不同而变化。木片的填充率可以根据需要调整，一般为30%～60%，混凝土的干密度为950～1200kg/m³，抗弯强度为3.5～7MPa，抗压强度为5.5～8MPa；一年龄期的抗弯/抗压强度比为0.6～0.75。

2. 植生木片混凝土与板材的制备

按配合比称取材料后，首先要将木片骨料用自来水浸泡30min后用离心机甩干，然后以裹浆法搅拌，即先经过不超1min搅拌制备出基材浆体，再投入木片骨料，一般再搅拌不超过2min出料，使基材浆体在木片表面均匀分布包覆，拌合物入模后施加一定的成型压力，即可形成孔隙均匀分布的植生多孔混凝土，其断面结构如图6-23所示[10,11]。

3. 植生木片混凝土的工程应用

木片多孔混凝土作为植生混凝土有其独特的优势，首先木材中的有机物可以为植物生长提供一定的营养，其次木片有一定的保水性，有利于植物的生长。

植生木片混凝土适合于酸性土壤，护坡的现场施工方法依工程具体情况而定，预制木

图 6-23 木片混凝土的断面结构

片多孔混凝土板铺设的工艺多用于缓坡的护坡绿化，而对于陡坡的情况，可采用喷射施工方法，木片则采用针状型的[11]。图 6-24 植生木片混凝土护坡的工程案例，不同施工方法和不同植物在施工 14 个月后的生长状况。

图 6-24 植生木片混凝土护坡的案例

6.5 植生混凝土的铺装施工

植生混凝土的铺装施工视摊铺的体量大小选择不同的施工方法。用于护坡或停车场的植生混凝土，先将土基层平整压实后再进行摊铺施工，对于铺装面积较小且不规则的场所，可人工将拌合物摊铺用刮杠刮平，再采用模板加平板振动器的方法进行振动整平，如图 6-25 所示。

对于在顺直的斜坡面基层进行植生混凝土铺装的工程，坡面的法向长度小于 5m 的场所，采用抓斗机布料和振动整平，沿水平的长度方向行进施工。预拌混合料用混凝土罐车运至现场直接卸入料斗，随即机械料斗布料并刮平，紧接着用料斗底面对铺装面实施高频振动至平整，如图6-26所示。

图6-25　人工摊铺整平作业　　　　　图6-26　用机械斗高频振动整平

对于在顺直的斜坡面且法面长度大于5m的基层进行铺装的工程，预拌料运至现场后采用大型皮带送料机布料，振动碾压辊振动整平，如图6-27和图6-28所示。如需对表面进一步进行修整，可采用遥控式平板振动器修整，如图6-29所示。铺装完成的多孔混凝土护岸如图6-30所示。

图6-27　皮带送料机布料　　　　　图6-28　振动碾压辊振动整平

图6-29　平板振动器整平作业　　　　图6-30　多孔混凝土护岸铺装完成

6.6 植物生长基质的充填作业与植物维护

6.6.1 植物生长基质及其实施

植物生长基质由植物营养土、粉煤灰、水和吸水性树脂组成,将几种原材料配合搅拌成浆体,其流动性应满足填充多孔混凝土孔隙的要求,必要时可使用少量的减水剂,浆体扩展度应不低于230mm(参照水泥净浆测试方法)。

植生混凝土摊铺施工完成后,每天洒水养护至1周左右,再将含有植物种子和肥料的料浆灌入孔隙,操作方法(来自日本的施工方法)如图6-31所示。此后,对铺装面继

图6-31 生长基料灌入作业

续保湿养护,一般在植物生长季节养护超过1周后,植物开始发芽生长,2周后初步长出茎叶,如图6-32所示。2个多月后,随着植物的生长,其根系穿过混凝土到达下面的土层,如图6-33所示。随着植物的根系穿过混凝土孔隙到达下面的土层后,可获得持续生长的养料和水分。

图6-32 2周后植物生长情况　　　　　图6-33 2个多月后植物根系生长情况

6.6.2 植物生长状况

1. 混凝土孔隙基质的碱性

植生混凝土孔隙基质的碱性影响植物的生长,表6-3的数据是通过选择水泥品种和掺用硅质掺合料,其pH值随着时间变化的实例之一。可见选择低碱性的水泥和硅质掺合料适当的配比,混凝土孔隙内的碱性随着时间逐渐降低,能够满足植物生长要求[3,5,7]。

2. 植物随龄期的生长量实测

图6-34和图6-35是紫翠槐与芒穗草的生长量随龄期的变化,两种植物都是随着植生混凝土骨料的粒径越大,生长得越高,这应该是大颗粒骨料形成的多孔混凝土的孔径和孔

隙率较大的缘故，与土壤条件下的对照组相比，骨料粒径为20～40mm，植物生长量为对照组（土壤生长）的60%；骨料粒径为13～20mm，生长量为30%～60%；骨料粒径为5～13mm，生长量仅为10%～20%，可见孔径和孔隙率对植物生长有明显的影响[8,9]。

植生混凝土孔隙内生长基质的pH值变化　　　　表6-3

项目	pH值（近似值）	项目	pH值（近似值）
1个月后上部孔隙	8.0	6个月后下部孔隙	7.5
1个月后下部孔隙	8.5	1年后上部孔隙	7.0
6个月后上部孔隙	7.5	1年后下部土体	7.0

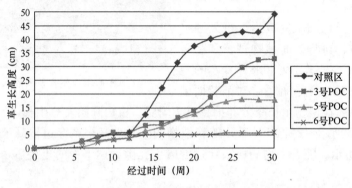

图6-34　紫翠槐的生长状况

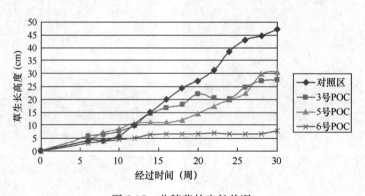

图6-35　芒穗草的生长状况

6.7　陶粒多孔混凝土在植生屋面的应用

黏土陶粒、粉煤灰陶粒等轻骨料有以下特点：质轻，吸水性较大，粒径接近于单粒级使得堆积空隙率较大。用其作为骨料制成的多孔混凝土有较大孔隙，适合于植物根系生长，而轻质的特点又适合于铺设植生屋面。

6.7.1　陶粒多孔混凝土植生屋面的基本结构

陶粒多孔混凝土植生屋面的结构如图6-36所示，在楼板以上自下而上的各层分别为防水层、防穿透层、陶粒多孔混凝土层（可以是直接摊铺拌合物也可以用砌块铺设），多孔混凝土层作为植物生长基和排水层,其孔隙里填充植物种子和营养土,面层亦铺撒薄层营养土。

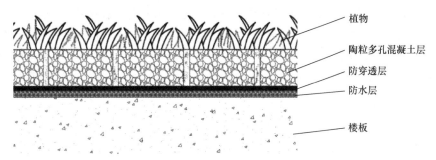

图 6-36　陶粒多孔混凝土植生屋面结构示意图

6.7.2　陶粒多孔混凝土砌块植生屋面的实例

陶粒多孔混凝土砌块植生屋面做法的主要步骤有:

(1) 根据屋面面积做好分格,计算出每块砌块面积和总砌块数;
(2) 制作模具并安排砌块生产,一般可以制作成凹槽形;
(3) 按设计要求做好防水层、防穿透层;
(4) 按事先画好的格子铺设陶粒多孔砌块,如图 6-37 所示;
(5) 在砌块凹槽内摊铺营养土与植物种子以及粉煤灰的混合物,厚度一般不超过 7.5cm,并在喷水雾后用塑料薄膜覆盖养护;
(6) 覆盖养护几天待植物发芽后,可撤去覆盖物,每天视天气情况洒水养护。图 6-38 是多孔植生混凝土砌块铺设施工后经过 2 个月植物的生长情况。

图 6-37　铺设于屋顶的陶粒植生混凝土预制块

图 6-38　屋顶植物生长情况

6.7.3　直铺式陶粒多孔混凝土植生屋面

传统植生屋面的排水层使用较多的是塑料蓄排水板,但在实际使用过程中排水沟槽经常会因种植土层的自重而导致被堵塞,而且耐老化性能差,经过一定的时间后容易发生变形甚至破损。而利用陶粒多孔植生混凝土或者密排铺放陶粒多孔混凝土砌块作为排水层可有效克服上述缺点。

陶粒多孔植生混凝土屋面采用直接摊铺的方式，首先制备孔隙率不低于35%的陶粒多孔混凝土拌合物，直接摊铺于已做好防穿刺层和防水层的屋顶，厚度10mm左右，作为排水层和植物生长基底。摊铺整平的3d后待混凝土有了一定强度，将含有植物种子和肥料的料浆灌入孔隙，最初几天以塑料薄膜覆盖保湿，发芽后可撤去塑料薄膜，定期洒水，或安装自动喷淋、滴灌系统。

陶粒多孔植生混凝土植物生长基底与排水层的构造同图6-36，只是砌块生长基改为摊铺层生长基，图6-39是现场施工情况。

图6-39 陶粒多孔植生混凝土排水层的铺设

排水层施工完之后，在其上面铺设植物生长基料和种子，铺设的最初几天，每天喷水养护，并以塑料薄膜覆盖保湿，待植物长出后，撤去薄膜。如未安装滴灌，根据天气情况，必要时经常施以人工喷水。图6-40是所实施的陶粒多孔植生混凝土屋面的植物生长情况。

6.7.4 植生混凝土屋面的环境效益

植生混凝土是生态功能混凝土，除承载作用外，还具有透气、透水、绿化环境、净化空气和降低噪声的功能。此外，在夏季植生混凝土的屋面可明显降低室内温度，减少室内制冷电耗，图6-41是日本的研究者对植生混凝土与非植生混凝土屋面室内温度的测得数据，可见在夏季，植生混凝土屋面较非植生混凝土屋面的室内温度低约2℃，对夏季室内减少制冷电耗十分有利，而且温度稳定，居住者会更有舒适感。

有实际监测显示，在夏季的晴天，陶

图6-40 植生屋面的植物生长情况

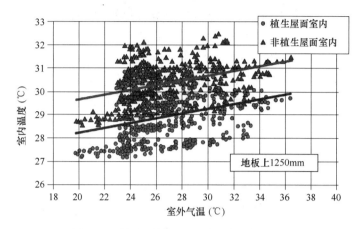

图 6-41　植生混凝土屋面对室内温度的影响

粒植生混凝土屋面外表面温度比普通混凝土屋面约低 30℃；此外，多孔植生混凝土的孔隙内和植物层内能滞留大量水分，大多数轻骨料混凝土植生屋面在强降雨时能推迟径流峰现时间约 2h，是海绵城市建设中源头径流削减的绿色措施之一。

6.8　喷射植生混凝土

6.8.1　适应的场景条件

在坡度较大且原始裸露的山体或因工程施工致使山体表面受到破坏而形成的岩石坡面，裸露的岩石易被雨水冲刷和风化侵蚀，造成水土流失，长期风化作用也有石块松动滚落伤及行车、行人，甚至边坡失稳的危险。采用喷射植生混凝土是一个较好的解决方案；为了美化环境改善生态，对于工程施工形成砌筑或混凝土浇筑的硬质坡面也可以实施喷射植生混凝土。

实际多数情况下，通常所称的喷射植生混凝土很少采用粗骨料，主要组成是粗砂、水泥、优质客土、肥料、水、保水剂和胶粘剂等成分的混合物，利用喷射技术在坡面形成约 10cm 厚且有孔隙的植被生长基层，有时亦称喷射植生砂浆。

对于一些陡峭的边坡和山坡，直接喷射植被层混合料有滑落的可能，可在喷射施工之前在坡面打锚杆和布铁丝网作为加固措施，以使植被层与坡体牢固结合。

喷射植生混凝土改变了过去只有土质坡面才能实施植被的观念与做法，在过去认为不能生长植物的边坡，培育出稳固边坡且与当地气候和周边环境相融合的植被。

6.8.2　材料和工艺要求

1. 原材料

基材的主要组成材料为水泥、活性种植土，有机肥料、木质纤维、锯木屑、粗河砂、保水剂和增稠剂等。

水泥：在混合阶段起胶结成团，硬化阶段起固结作用使基材层成为整体。

活性种植土和有机肥：是供植物生长的优质土壤和养料，可做成长效缓释的类型。

木质纤维：喷射施工时和植被生长初期强化基质层与坡面铁丝网连接，植被根系生长并扎入岩石表面缝隙后，不再需要其连接作用，后期腐蚀后变为肥料。

锯木屑：起保水、减轻基材自重、增大基材混合料的内摩擦角，减小坡面基材的下滑力。与木质纤维共同作用有助于基材在岩石坡面上稳定，后期随着腐蚀成为植被生长的肥料。

粗颗粒河砂：在基材中起疏松作用，阻止绿化基材板结，使喷射混凝土基材牢固、透气，利于植物生长。

2. 施工工艺

施工的主要工序有：坡面清理、铺铁丝网、风钻锚孔、灌浆固定锚杆、锚杆固网、混合料拌合（含植物种子）、高压机喷布、盖无纺布、喷水养护等工序。

(1) 布网：铁丝网采用12号或14号铁丝制成的双扭挂网，每张网规格宽×长为 2.0m×20m=40m²。

(2) 钻孔、锚固与固网：采用风钻锚孔，孔洞深 1.0～3.0m，$\phi20mm$，孔向与坡面基本垂直。锚孔穴布设，间距约 2m；锚杆用 $\phi8～10mm$ 带肋钢，埋入锚孔后用水泥砂浆灌注；用边缘网眼左右挂入锚杆，并用钢丝扎紧，两网之间有隙缝也用钢丝扎牢。

也可采用钢筋混凝土框格结构，内铺土工格栅的锚固方式，如图 6-42 所示。

图 6-42 混凝土框格锚固

(3) 混合料制备：根据岩体坚实度、气候状况及原材料质量情况进行混合料配方设计，可试喷后视具体情况进行适当调整。

(4) 混合物喷射：完成前面准备工作后，利用混凝土高压喷射机将混合物喷播于坡面。喷射混合料层力求均匀，不留死角，一般为 7～10mm，如有遗漏应及时补喷，图 6-43、图 6-44 分别为混合料喷射作业和竣工后的场景。

图 6-43 混合料喷射作业

图 6-44 竣工后的场景

(5) 覆盖和养护：喷播完成后用无纺布覆盖，以减少因强降雨、刮风对种子和混合料层造成的散失，同时减少表面水分的蒸发。随着喷播完成即开始养护，视季节温、湿度和天气降水情况决定是否洒水养护，并针对植被的养分、病虫害情况进行管理，以保证植物正常生长。

6.8.3 工程实例

图 6-45 是日本长野县一隧道出口和入口的岩坡实施喷射植生混凝土前后的对比，其中图 6-45（a）是施工前的场景，图 6-45（b）是实施喷射植生混凝土后植被长出的场景。在裸露且陡峭的岩坡上实施挂网和锚固，喷射厚度超过 7cm 的植生砂浆层，经养护植物生长良好，经过十几年植物仍生长茂密[8,9]。

(a) (b)

图 6-45 喷射植生混凝土实施前后的对比
(a) 施工前；(b) 施工后

6.9 本章小结

本章表述了各类植生混凝土的特点、制备、基本性能与施工方法。普通植生混凝土属于多孔混凝土中的大孔混凝土，为便于植物根系生长，大部分孔隙的孔径应到 10mm，孔隙率在 30% 左右；骨料应接近单粒级、粒径在 30mm 左右。

普通植生混凝土用于护岸、护坡和停车场铺装等；用轻质骨料制备的植生混凝土可以用于屋顶绿化和墙体绿化工程。植生混凝土可以吸附尘埃，改善空气质量，缓解城市"热岛效应"；轻质植生混凝土屋顶夏天还可以降低室内温度，雨水在植生屋面的滞留和吸附可以削减降水源头的径流量，延缓降水径流峰现时间。

对于坡度较大不便于普通植生混凝土施工的山体或工程岩坡类，采用喷射植生混凝土可以便捷地施工，实现陡峭岩坡上绿化和固坡的效果。

参考文献

[1] 石云兴，宋中南，蒋立红. 多孔混凝土与透水性铺装[M]. 北京：中国建筑工业出版社，2016.
[2] 石云兴，张燕刚，刘伟，等. 植生混凝土的性能与应用研究[J]. 施工技术，2015.(24).
[3] 张少彪，石云兴，屈铁军，等. 植生混凝土试验研究及工程试用[J]. 混凝土，2012(6).
[4] 张少彪，石云兴，屈铁军，等. 护坡型植生混凝土制备及其性能试验研究[C]. 中国硅酸盐学会混

凝土与水泥制品分会第八届二次理事会议暨学术交流会[C], 2011.
[5] 卫明. 绿化混凝土的基本特性及其在河道工程中的应用[J]. 上海水务, 2005. 21(4): 19-22.
[6] 湯浅幸久, 国枝稔, ほか. ポーラスコンクリートの製造方法に関する基礎的研究[R]. コンクリート工学年次論文報告集, Vol. 21. 1. No. 1, 1999.
[7] 藤川陽平, ほか. 再生骨材を用いた保水性ポーラスコンクリートブロックの開発[R]. 呉地域オープンカレッジネットワーク会議, 地域活性化研究助成事業実績報告書.
[8] 半田真理子, 飯塚康雄. コンクリート構造物の緑化手法[J]. コンクリート工学, 1994, 32(11).
[9] 柳橋邦生. 植生型エココンクリート[J]. コンクリート工学, 1998, 36(3).
[10] 笠井芳夫. コンクリート総覧[M]. 技術書院, 1998.
[11] 杉本英夫, 森田晃司, 十河潔司, ほか. 木片コンクリートによる緑化技術[J]. コンクリート工学, 2010, 48(9).

第 7 章　透水沥青混凝土及其铺装施工

7.1　多孔沥青混凝土与透水沥青混凝土

普通沥青混凝土（Asphalt Concrete，AC）路面属柔性路面，与水泥混凝土路面相比，有表面平整、无接缝、行车舒适、振动小和养护维修简便等优点，但存在夏天路面温度高时易出现车辙，雨天积水导致抗滑性能下降以及对噪声吸收能力差等缺点。在20世纪70年代，欧洲开发了一种称为"大孔隙开级配抗滑磨耗层"的多孔沥青混凝土路面（Open-graded Friction Course，OGFC），其大孔结构是分别通过减少或剔除骨料中的细颗粒（2.36mm及其以下）来实现的。OGFC的孔隙率在20%左右，具有排水和吸收噪声以及与轮胎的附着力强的特点，20世纪80—90年代分别在欧洲、美国和日本得到广泛应用，我国在2001年以后开始进行相关试验研究和工程示范，2008年在我国南方开始大面积应用。

OGFC路面也有一些不足，主要是孔隙率较大，气体和水分容易进入而引起沥青老化等，因此，国内外又开发了包括较小孔隙率的透水沥青路面系列技术，称为透水沥青混凝土（Porous Asphalt Concrete，PAC）。我国近些年在这方面引进、吸收和创新取得很多新成果，并发布了行业标准《透水沥青路面技术规程》CJJ/T 190—2012，提出了以不同骨料级配、高黏度沥青和添加剂制备的透水沥青混凝土系列产品及其与海绵城市建设相关联的路面结构。随着我国大规模开展海绵城市建设，各类透水沥青铺装工程以前所未有的规模得以应用。

7.2　透水沥青混凝土的材料配合

透水沥青混凝土（PAC）属于骨料嵌挤型结构，粗骨料用量约占混合料总质量的80%（约占骨料总质量的85%），细骨料约占10%，PAC的强度和稳定性主要靠骨料之间的嵌挤所产生的内摩擦阻力，而黏聚力起次要作用，透水通道是粗骨料之间未被细骨料、矿物填料和沥青完全填充而留下的孔隙，约占总体积的20%。图7-1中的(a)、(b)

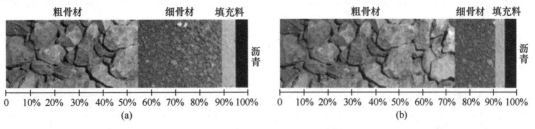

图 7-1　AC 与 PAC 材料配比的对比
(a) AC；(b) PAC

分别是普通密实沥青混凝土（AC）和透水沥青混凝土（PAC）原材料配合比的对比示意图，可见PAC中细骨料的用量约为AC中用量的一半，留下的孔隙成为透水的路径。合理的配合比是形成稳定的骨架嵌挤结构和适当厚度的沥青膜，保持有20%左右孔隙率的基础性条件[1,2,5]，图7-2是PAC路面的外观和嵌挤结构断面形貌。

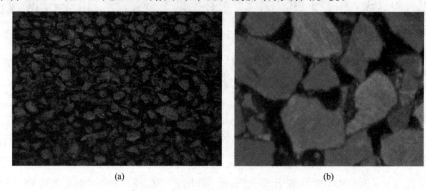

图7-2 PAC路面的外观和断面形貌
(a) PAC路面的外观；(b) PAC的断面形貌

PAC以高黏度沥青作为胶结材料，在骨料表面形成约0.2mm的沥青膜，依靠粗骨料点接触的嵌挤和沥青膜的粘结力形成一个整体多孔结构。为了达到高黏聚性和稳定性，所用沥青必须满足相应的黏度技术指标（表7-3）因此，需要对沥青进行增黏改性，改性剂有矿物掺合料和树脂粉末、橡胶粉以及纤维材料等。

与水泥透水路面类似，PAC有透气、透水、防滑、降噪、防眩光和缓解城市"热岛效应"的环境效益。

7.3 透水沥青混凝土原材料的技术要求

7.3.1 骨料的技术性能与级配范围

PAC由开级配粗骨料、少量细骨料、适量沥青胶结材和填充料组成，由于是粗骨料点接触的嵌挤结构，对骨料的强度和坚固性要求较高。《透水沥青路面技术规程》CJJ/T 190—2012规定的各项指标要求如表7-1所示。PAC组成材料中的粗、细骨料和矿物粉料被统称为矿料，其级配应符合表7-2的要求[3]，表中PAC-20、PAC-16、PAC-13和PAC-10，以粗骨料公称最大粒径依次减小排列。

粗骨料的技术要求　　　　表7-1

技术性能	用于层次	
	表面层	其他层
压碎值（%）	≤26	≤28
洛杉矶磨耗损失（%）	≤28	≤30
表观密度	≥2.6	≥2.5
吸水率（%）	≤2	
坚固性（%）	≤8	≤10
针片状含量（%）	≤10	≤15
水洗法<0.075mm颗粒含量（%）	≤1	
软石含量（%）	≤3	≤5

在表 7-2 的 PAC 系列级配中，PAC-20 基本上同于国外的 OGFC，2.36mm 以下的颗粒含量很少，同时增加了较细的粒级系列 PAC-16、PAC-13 和 PAC-10，多用作 OGFC 的面层，以克服 OGFC 孔隙较大的缺点。

PAC 混合料的矿料级配范围　　　　　　　　　　表 7-2

级配类型		通过下列筛孔（mm）的质量百分率（%）									
		26.5 mm	19.0 mm	16.0 mm	13.2 mm	9.5 mm	4.75 mm	2.36 mm	1.18 mm	0.6 mm	0.3 mm	0.15 mm	0.075 mm
中粒式	PAC-20	100	95~100	—	64~84	—	10~31	10~20	—	—	—	—	3~7
	PAC-16	—	100	90~100	70~90	45~70	12~30	10~22	6~18	4~15	3~12	3~8	2~6
细粒式	PAC-13	—	—	100	90~100	50~80	12~30	10~22	6~18	4~15	3~12	3~8	2~6
	PAC-10	—	—	—	100	90~100	50~70	10~22	6~18	4~15	3~12	3~8	2~6

7.3.2　沥青

用于 PAC 铺装面层的沥青为高黏度改性沥青，其性能指标如表 7-3 所示，下层铺装可以选用高黏度改性沥青、改性沥青或普通道路石油沥青。

高黏度改性沥青的技术性能　　　　　　　　　　表 7-3

技术性能	指标
25℃针入度（0.1mm）	≥40
软化点（℃）	≥80
15℃延度（mm）	≥80
5℃延度（mm）	≥30
闪点（℃）	≥260
60℃动力黏度（Pa·s）	≥20000
黏韧性（N·m）	≥20
韧性（N·m）	≥15
薄膜加热质量损失（%）	≤0.6
薄膜加热针入度比（%）	≥65

7.3.3　改性材料

用于 PAC 的改性材料主要有矿粉、消石灰粉、橡胶粉、改性树脂和纤维等。由于沥青含有一定酸性成分，与碱性矿物界面吸附力强，矿粉宜选用石灰石粉等偏碱性的矿粉，其细度为 0.075mm 筛孔的通过率不低于 85%；有研究和应用表明，消石灰粉能改善 PAC 的长期抗水损害能力，一般用量为 1‰~1.5‰，并取代部分矿粉，近年也有以粉煤灰代替矿粉作为改性材料的试验和应用，粉煤灰部分取代矿粉，除能满足技术性能外，还可减少 0.2%~0.3% 的沥青用量，并能降低材料总成本[4,5]。橡胶粉也是沥青混凝土的常用改性剂，可取代1%左右的矿粉，在PAC中湿法使用橡胶粉可提高其高温稳定性和低温抗裂性；改性树脂可提高沥青的黏性、热稳定性和低温脆性；纤维可提高PAC的抗弯强度、韧性、热稳定性和低温抗裂性，常用纤维有聚酯纤维、矿物纤维或改性木纤维等（部分实例见图7-3），纤维的长度一般为6mm左右，掺量约占沥青体积的0.3%～0.4%。

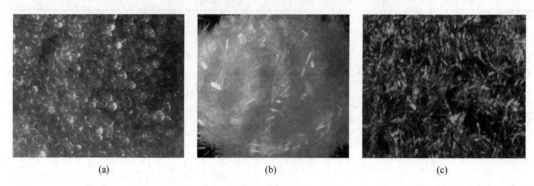

图7-3 沥青改性材料
(a) 树脂材料；(b) 聚酯纤维；(c) 玄武岩纤维

7.4 PAC混合料的基本性能

用于PAC路面的混合料的性能应符合表7-4所示的指标要求[3]，以使PAC路面能满足热稳定性、克服低温冷脆性、水稳定性、抗车辙和透水性要求等。

PAC混合料的技术性能　　　　　表7-4

技术性能	指标
马歇尔试件击实次数（次）	两面击实50次
孔隙率（%）	18～25
连通孔隙率（%）	≥14%
马歇尔稳定度（kN）	≥5
流值（mm）	2～4
析漏损失（%）	<0.3
飞散损失（%）	<15
透水系数（mL/15s）	800
动稳定度（次/mm）	≥3500
冻融劈裂强度比（%）	≥85

胶骨比偏大的混合料能够提高路面的耐疲劳性，但降低了孔隙率，易发生沥青竖向流淌而堵塞孔隙，造成竖向孔隙分布的不均匀性；若胶骨比偏小，增大了路面的孔隙，会降低其耐疲劳性能，胶骨比一般在5%左右，最佳配合比通过试验确定。

为防止PAC混合料在生产和铺装施工过程中发生沥青流坠和与骨料分离，以及高温时流坠、低温时脆化的现象，配合比中加入橡胶粉、树脂改性剂和矿物纤维、有机纤维或改性木纤维，有比较好的效果[5]。

7.5 透水沥青混凝土路面的结构

PAC 路面的结构除应满足抗车辙、抗裂、抗疲劳和稳定性等路用性能外，还应具有透水、排水和滞水功能。它分为Ⅰ型、Ⅱ型和Ⅲ型结构[3]（图 7-4），Ⅰ型仅面层透水，降水通过面层后即从封层排入侧沟，该路面结构在一定程度上减少路表径流，降低噪音，缓解热岛效应和减少轮胎打滑现象等；Ⅱ型结构是透水面层和透水基层共同构成了透水层，通过透水层的降水经封层表面排入侧沟（构造如图 7-5 所示），再导入绿地、湿地、雨水收集或排水设施等；Ⅱ型结构不仅透水，而且能滞水（亦称容水），较Ⅰ型有更好的环境功能；Ⅲ型为直渗型结构，除具有Ⅰ型、Ⅱ型的环境功能外，降水通过面层、基层和透水垫层后渗入路基，补充地下水资源。

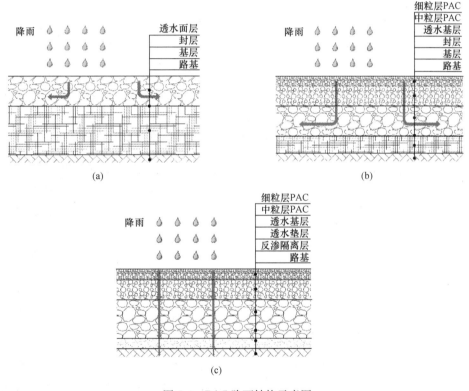

图 7-4　PAC 路面结构示意图
(a) Ⅰ型结构；(b) Ⅱ型结构；(c) Ⅲ型结构

Ⅰ型结构主要用于有减少降水表面径流，降低环境噪声要求的改建和新建道路；Ⅱ型结构主要用于有延缓降雨径流峰现时间，缓解城市降雨高峰时段排水压力需求的市政道路和场所；对于路基土渗透系数不低于 7×10^{-4} mm/s 的公园、小区道路、停车场广场和中、轻交通荷载的道路，可选用Ⅲ型。但湿陷性黄土、盐渍土和膨胀土的路基不适合Ⅲ型结构。

目前的透水沥青路面的面层多由细粒式作为上面层，中粒式或 OGFC 作为下面层。根据荷载情况，透水基层可采用级配碎石、大孔沥青混凝土、大孔水泥混凝土等。

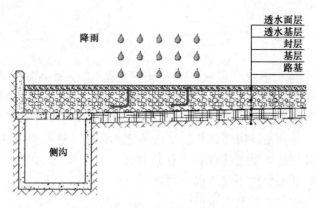

图 7-5 透水沥青路面与侧沟的节点构造

对于 PAC 路面结构的厚度目前还主要是根据经验的方法来确定，透水面层和透水基层的厚度设置依荷载和路基的情况而异，荷载情况以等效单轴荷载（Equivalent Single Axle Load，ESAL），路基的情况以加州承载比（California Bearing Ratio，CBR）来评定，以此确定路面的厚度，表 7-5 和表 7-6 是美国业内根据经验确定的路面结构最小厚度推荐值，表 7-5 所对应的条件是透水基层下的土基未经过压实处理，加州承载比值只有 2；而表 7-6 对应的条件是透水基层下的土基经过了压实处理，其加州承载比值在 6 以上[1]。

PAC 路面结构最小厚度推荐值（土基 CBR：2）　　　　　表 7-5

交通荷载类型	每天平均 ESAL	最小铺装厚度（mm）	
		PAC 面层	级配骨料透水基层
轻交通（停车场、居住区街道）	1	102	153
	10	102	305
中等交通（城市商业街）	20	115	330
	50	127	356
	100	127	406
重交通（高速路）	1000	153	508
	5000	178	559

PAC 路面结构最小厚度推荐值（土基 CBR：6 以上）　　　　表 7-6

交通荷载类型	（透水基层＋PAC 面层）总厚度最小值（mm）		
	土基 CBR＝6～9	土基 CBR＝10～14	土基 CBR≥15
轻交通（每天平均 ESAL 不超过 5）	230	180	130
中等交通（每天平均 ESAL 不超过 6～20）	280	205	153
重交通（每天平均 ESAL 不超过 21～75）	305	230	180

表 7-5 和表 7-6 只是根据经验的推荐值，在实际工程应用时还应考虑具体情况，有可能需要进行必要的修正。

透水基层的设置同水泥透水混凝土铺装的相关要求（参见第 9 章），不透水基层的设置同沥青混凝土路面对基层的要求，应符合《城镇道路工程施工与质量验收规范》CJJ

1—2008 和《透水沥青路面技术规程》CJJ/T 190—2012 的相关规定。

7.6 PAC混合料制备与路面摊铺的技术要点

PAC混合料拌合的难度较普通沥青混凝土大，一是因为其粗骨料含量高，二是所用胶结材是高黏度改性沥青，因此必须保证较高的搅拌温度（表7-7）和合适的搅拌时间（一般为60～70s），以使沥青层充分包覆骨料，但搅拌温度也不能过高，以避免发生沥青析漏现象，一般混合料出厂温度为180±5℃。

PAC路面应事先做长度为100～200m试验路段来确定施工工艺参数，松铺系数要通过试验路段来确定。PAC混合料在运输过程中应根据季节和运距采取相应保温措施，到达施工现场的温度不应低于175℃，摊铺时的温度不低于170℃。

PAC混合料的施工温度应符合表7-7的要求。

PAC路面随着摊铺进行碾压施工，分初压、复压和终压，初压温度不低于160℃，复压紧接着初压进行，复压时的温度不低于130℃，终压温度不低于90℃，施工作业场景如图7-6所示。

PAC路面与不透水沥青路面的界面应做好封水与防水处理。

施工工艺参数如压路机的吨位、碾压遍数和碾压速度等应按相应行业标准和试验路段的实测数据来确定。摊铺施工后封接良好的面层与基层构造如图7-7所示（以全透水沥青路面为例）。

PAC混合料的施工温度　　　　　表7-7

混合料生产工序	规定值（℃）	允许偏差（℃）
沥青加热温度	165	±5
骨料加热温度	195	±5
混合料出厂温度	180	±5
混合料摊铺	≥170	
开放交通	<50	

图7-6　透水沥青混凝土摊铺作业

图7-7　面层与基层的封接

7.7 彩色冷拌透水沥青混凝土

7.7.1 彩色冷拌透水沥青混凝土的特点

彩色冷拌透水沥青混凝土是采用天然石材骨料，以改性聚氨酯树脂乳液为胶结料，配合以填料、颜料和助剂，在常温下拌制、成型和凝结固化，将天然石材骨料胶结为整体的多孔混凝土。其特点是在常温下拌制和铺设，现拌现用，施工方便，色彩可选择，不需要特殊养护等；孔隙率一般在15%～20%之间，适用于停车场、公交车专用通道、公园人行道、运动场跑道和娱乐广场等的透水性铺装。

7.7.2 原材料的性能要求与施工

彩色冷拌透水沥青混凝土主要用于地坪面层，粗骨料形成嵌挤骨架，骨料必须质地坚硬，压碎指标满足要求，粒径在4～6mm，而且干燥和干净，颗粒均匀。

在配合比中，作为胶结材料的树脂乳液的用量占粗骨料用量的5%左右，先投入骨料干拌30s，随着搅拌渐次加入已调制好的树脂乳液，搅拌时间约5min。

混合料出机后即运输至路基进行摊铺，出机到运至现场的时间不应超过30min；宽幅且较厚的路面可采用机械化摊平压实；较窄且较薄的路面采用人工刮杠的方式找平，紧接着用抹光机抹光压实，在混合料摊铺前，在基底表面涂刷一层树脂改性乳液封闭剂，增强面层和基层之间的粘结力和封闭作用，涂刷封闭剂和摊铺作业如图7-8所示。

图7-8 彩色冷拌透水沥青混凝土的摊铺施工方法
(a) 涂刷界面封层；(b) 摊铺刮平；(c) 抹光作业；(d) 碾压作业

7.8 PAC路面的优点与不足之处

7.8.1 PAC路面的优点

PAC路面与彩色冷拌PAC地坪除了具有水泥透水路面的透气透水、防滑、降噪和吸热的特点外,还有着良好的弹性和柔性,给行人和车辆以舒适感,彩色透水沥青路面还美化景观,给人以良好的视觉感受,而且施工便捷,适应性广,可以铺设于各种不同材质的基层上。图7-9是透水沥青混凝土路面和其相邻的普通混凝土路面在雨天的渗透性功能的显现,普通混凝土路面产生水膜和眩光,对车辆行驶有安全隐患,而透水沥青混凝土路面的表面则完全消除了这些隐患。

图7-9 透水沥青停车场和普通路面雨后表面状况对比

7.8.2 PAC路面的不足之处

PAC路面除了像普通透水沥青路面一样易出现颗粒飞散、车辙、开裂等劣化现象外,还易出现孔隙堵塞。由于沥青不能够像水泥一样硬化,所以PAC路面是一个半柔性的结构。在夏季,由于沥青路面的吸热,使得沥青软化发生流淌,软化的沥青由于重力的作用流到下一层至较冷的层面为止,对孔隙产生堵塞作用,同时面层的混凝土发生骨料与沥青的分离,骨料逐渐裸露出来,而在距表面15mm以下的沥青混凝土发生团聚现象,进而影响到了路面的路用性能和透水功能。

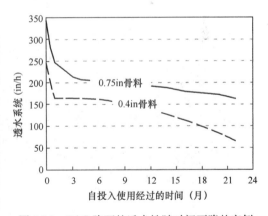

图7-10 PAC路面的透水性随时间下降的实例

由于PAC路面的多孔状态,与水的接触面积大,特别是当有些孔隙堵塞时,水滞留时间长,与普通沥青混凝土路面相比,水的影响更大。水可以使沥青中的可溶性物质溶解并将其冲走,水中若含有易溶盐会对沥青产生乳化作用,从而会使溶蚀作用加剧;PAC

路面内部孔隙长时间有水滞留后会发生膨胀，导致其强度降低，因此水稳定性也是 PAC 的一项基本要求，试验中通过浸水前后力学性能的变化来评价 PAC 抗水损害能力，例如马歇尔稳定度试验等。但也有研究者认为，PAC 路面保持透水性良好的情况下，水损害会比普通沥青路面小。

另外，由于 PAC 路面结构的特点和车载的作用，路面在使用过程中易发生孔隙率降低，因而导致路面的透水性降低，图 7-10 是英国的一重载交通 PAC 路面在完成铺装后使用过程中发生的透水性降低情况。可见，在最初的 3 个月内，透水性迅速下降，随后下降速度逐渐平稳，到 22 个月时，0.4in 和 0.75in 骨料 PAC 路面的透水系数分别下降到原来的 20% 和 50%[1]。

7.8.3 PAC 路面不足之处的应对技术措施

PAC 路面在车轮反复碾压下容易发生颗粒飞散，同时由于孔隙较大，粉粒状物容易进入内部而导致透水性变差。以环氧树脂或其他树脂为有机胶结材拌制成透水砂浆，填于 PAC 的面层孔隙内，形成一个透水的砂浆层，称为路面强化，对防止 PAC 路面的孔隙堵塞和行车时的颗粒飞溅等现象的发生十分有效。透水树脂砂浆的细骨料可以采用石英砂、彩砂或烧结彩色陶瓷细骨料等，采用彩色骨料除了具有上述功能外，还增加了装饰效果，图 7-11（a）～（c）分别表示了透水树脂砂浆强化路面的原理、实施例的场景及其细观表面性状。

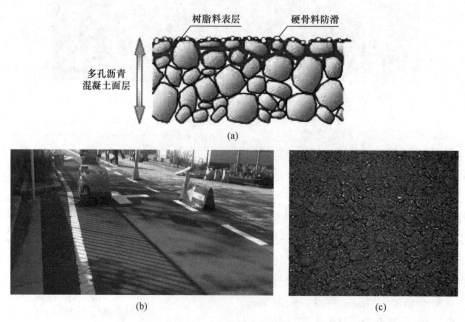

图 7-11　透水树脂砂浆强化路面
(a) 原理；(b) 实施例；(c) 表面性状

7.9　本章小结

本章表述了透水沥青混凝土原材料的技术要求、混合料配合比及其基本性能，表述了透水沥青路面的结构，讨论了其铺装的施工技术要点。

我国的透水沥青混凝土（PAC）是在国外 OGFC 的基础上改进和优化而成，除了相当于国外 OGFC 等级的中粒式的级配外，增加了细粒级的若干级配的等级，细粒级的作为面层与中粒式的中层相匹配构成的路面结构，基本上可以克服 OGFC 的弊端。PAC 路面除了具有透水、排水、防眩光、防滑、降噪和缓解热岛效应外，还具有柔性结构的特点，增加了车行和步行的舒适感，但经一定时间的使用后可能出现沥青竖向流淌而堵塞部分孔隙，造成竖向孔隙分布不均匀性，影响其透水性。此外，水稳定性、抗车辙、抗飞散等也是应予关注的问题。实际工程中，可以通过优选原材料和优化配合比，通过矿物粉料、树脂和纤维等改性剂提高其黏度和稳定性。

参考文献

[1] Bruce K. Ferguson，Porous pavement[M]. CRC Press，2005.
[2] 石云兴，宋中南，蒋立红. 多孔混凝土与透水性铺装[M]. 中国建筑工业出版社，2016.
[3] 住房和城乡建设部透水沥青路面技术规程：CJJ/T 190—2012[S]. 北京：中国建筑工业出版社，2012.
[4] 柴田敏計，石炭灰のアスファルトフィラー材への適用検討[J]. 技術開発ニュース，2008.
[5] 峰岸順一，上野慎一郎. ポーラスアスファルト混合物の施工時に使用する付着防止剤の規格値の検討[R]. 都土木技術支援・人材育成センター年報，2011.

第 8 章 多孔混凝土的试验方法与相关研究

多孔混凝土的拌合物呈半干硬性状态，普通混凝土的一些试验方法不能准确地评价其工作性；普通混凝土试块成型的方法也不能关联多孔混凝土铺装施工的工况。硬化透水混凝土是由薄层基材包覆的骨料之间依靠点接触构成的多孔结构，其物理力学性能、耐久性试验方法以及工程检测方法与普通混凝土有诸多不同。除了材性的测试之外，多孔混凝土环境功能方面的测试也有一些适应其特点的方法，国内外在这方面已有较多探索和积累。

8.1 拌合物性能试验方法

8.1.1 拌合物湿密度

湿密度是拌合物的基本性能之一，它反映拌合物达到一定程度密实堆聚条件下的单位体积的质量，也间接反映出孔隙率的大小，是配合比设计和铺装施工的重要参数。由于透水混凝土成型后的孔隙率很大程度上受到捣固方法的影响，对捣固方法作出规定很有必要。ASTM C1688 规定了透水混凝土拌合物基准湿密度的测试方法[1]，所用的设备为混凝土含气量测试用的容积近为 7L（0.25ft^3）的筒体和自重 2.5kg 标准普氏锤杆，如图 8-1 所示。测试步骤是将透水混凝土拌合物分两层装入容量筒，每装 1 层料，用标准普氏锤杆自由下落锤击 20 次，下落高度为 12in（304.8mm），如图 8-2（a）所示；第二层锤击完后，用塑料板边压边，如图 8-2（b）所示。刮平表面后移至电子秤称量，根据称量结果计算出湿密度，也可计算出孔隙率。通常透水混凝土的湿密度在 1600~2000kg/m^3，对于一个给定配比的透水混凝土拌合物有一相应的基准湿密度值。

图 8-1 测试用容量筒和普氏锤

与 ASTM 的方法类似，日本研究者也是采用从混凝土的上表面定量施加振动能使其达到紧密堆积状态的方法，从而测得该状态下的湿密度、孔隙率等指标，并研究其相关物理力学性能。分别有自由落锤锤击的方法和电动振动器振动的方法，如图 8-3 所示。两者都是采用内径为 150mm、高度为 300mm 的圆柱形模具，其中前者是借鉴 JSFT711 规定的以落锤击实土样测其密度的方法，落锤的自重为 4.5kg，自由下落高度 450mm，与混凝土接触的端头直径 50mm；后者是由熨斗形手持振动器施加振动力使混凝土紧密到一定程度从而得到湿密度和孔隙率；振动器与混凝土接触端头为圆形平面（直径为 100mm），

图 8-2 基准湿密度试验
(a) 锤杆下落锤击；(b) 抹压表面

振动器能显示瞬时施加的振动力从而计算出振动能[3-4]。

8.1.2 拌合物工作性的试验方法

1. 施加于拌合物表面或底面振动试验的差异

透水混凝土拌合物的工作性是影响路面铺装质量的主要因素之一，是包括流动性、黏聚性和可塑性（容易整平）的综合性能，工作性良好的拌合物是胶结材浆体紧密包覆骨料，骨料在接触点有充分的浆桥连接，经振动整平形成均匀的多孔结构。流动性是其中重要指标之一，过小的流动性在整平时需施加更大的振动能，甚至会使骨料颗粒不能很好地粘结，从而导致混凝土的整体强度降低；过大的流动性带来的问题是浆体与骨料分离，发生沉浆现象，两种情况下均不能形成孔隙均匀的多孔结构。因

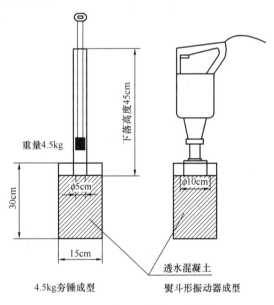

图 8-3 上表面施振成型示意图

此，对透水混凝土工作性的准确评价十分重要，可是，目前仍缺乏对其工作性进行准确评价的规范试验方法。

根据《普通混凝土拌合物性能试验方法标准》GB/T 50080—2016，一般情况下，普通混凝土的流动性通常用坍落度来表征，对于坍落度大于 220mm 的混凝土通常可采用坍落扩展度表征。而对于较为干硬，特别是坍落度不大于 50mm 的干硬性拌合物，可采用维勃稠度法结合增实因数进行表征。透水混凝土拌合物的坍落度一般在 50mm 左右，如果也用此方法检测透水混凝土拌合物的工作性，就存在着试验方法与实际施工工况关联性低的问题。

因为普通混凝土的维勃稠度法，其振动器位于混凝土的下方，实践表明在下方对透水混凝土拌合物进行振动时，受振动和重力的影响，包裹骨料的基材浆体有明显的向下流动趋势，容易堵塞混凝土底部的孔隙。这种试验方法难以关联透水混凝土实际施工工况，因透水混凝土铺装施工时，振动辊碾压、平板振动器振动或磨光机整平都是从混凝土上方施加振动能，基材浆体有向上运动，骨料有向下运动的趋势，正好与上述试验的工况相反。

中国建筑技术中心相关研究团队基于透水混凝土施工实践，对普通混凝土维勃稠度法加以改进，采用在透水混凝土拌合物上方施加振动能，以拌合物达到规定状态所需要的时间作为评价其工作性的指标，并利用成型的圆柱形试块测得其孔隙率的新试验方法[2]。

2. 维勃稠度上振时间指标

1）测试设备

测试设备由底板、成型筒、坍落度筒、喂料斗、专用平板振动器、专用刮板等部件组成，见图8-4。其中坍落度筒是由薄钢板或其他金属制成的圆台形筒，符合标准《混凝土坍落度仪》JG/T 248—2009的相关规定。成型筒的规格为内径240mm，高200mm。成型筒、底板和专用平板振动器的振动板为无色透明有机玻璃制成，便于观察透水混凝土的表面状态；喂料斗用金属或塑料制成。

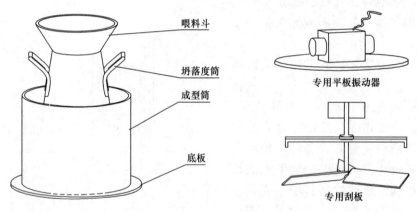

图8-4 透水混凝土工作性测试设备

2）测试步骤

（1）把测试设备放置于坚实水平的地面上，用湿布把底板、成型筒、坍落度筒、喂料斗内壁及其他用具表面润湿。

（2）坍落度筒放置在底板中间，用手压住坍落度筒，保持坍落度筒在装料时位置固定。

（3）把按要求拌合好的透水混凝土试样用小铲分三层均匀地装入筒内，每层高度约为筒高的三分之一，每层用捣棒插捣25次，插捣应沿螺旋方向由外向中心进行，各次插捣应在截面上均匀分布，插捣底层时捣棒应贯穿整个深度，插捣第二层和顶层时，捣棒应插透本层至下一层的上表面。浇至顶层时，混凝土应灌到高出筒口，插捣过程中，如混凝土沉落到低于筒口，则应随时添加，顶层插捣完后，刮去多余的混凝土，禁止将高出筒口的混凝土拍打压入坍落度筒内。

（4）清除成型筒内底板上的混凝土后，垂直平稳地提起坍落度筒。坍落度筒提离过程应在 10s 内完成。

(5) 记录坍落度值，单位为 mm。

(6) 采用专用的刮平板，将透水混凝土均匀地平铺在成型筒内。

(7) 采用专用的平板振动器，放置在混凝土上方开始振动，同时开启秒表记录时间，振动过程中禁止手扶振动器，到混凝土振平按下秒表，记录时间秒数 S，作为工作性稠度指标。

(8) 脱去成型筒，观察记录混凝土表面、侧壁和底面的状态，记录混凝土的成型高度 h。

(9) 待混凝土硬化后测定其透水系数，测定方法如 8.3 节所述。

3) 维勃稠度上振时间指标的评定

经试验和实际工程验证，维勃稠度上振时间在 15s 左右和 20s 左右分别适合于抹光机和振动辊整平施工。如果采用碾压辊，应取更大一些的稠度时间指标，具体值应根据施工条件做相应拌合物的测试。

8.2　试件成型方法的试验研究

《普通混凝土拌合物性能试验方法标准》GB/T 50080—2016 中规定，在普通混凝土试件成型工艺中，坍落度 70mm 以下的拌合物使用振动台，70mm 以上使用人工插捣的方式成型。如果透水混凝土的成型也参照此法使用振动台成型，若振动时间短拌合物无法达到颗粒紧密接触的效果；而时间过长，就有可能使包覆石子的浆体与石子分离而下沉，下层混凝土变得密实而失去透水性，上层颗粒松散。

国内有采用静压法来成型透水混凝土试件的做法，使用压力试验机对试模内的拌合物施加压力，从而达到密实的效果。静压法得到的试件虽然密实度较高，但所施加的压力大小不易控制得精确，压力过大时可能对粗骨料产生破坏，压力过小达不到紧密的效果，而且混凝土拌合物的骨料和配合比不同所需的压力也不相同，更增加了静压法在实际操作中的困难。

中国建筑技术中心相关研究团队提出的试验方法是采用平板振动器由上面振动的方法，既能避免上述弊端，又增加了与实际铺装施工的关联度[2,3]。

试验梗概如下：首先按设计孔隙率称出每条（或每块）试模应装的拌合物重量，然后分两层人工插捣装料（插捣部位和次数都有明确规定），并对表面进行简单修整，装料略高于试模。装好的试模按图 8-5～图 8-7 所示平放在地面，压上木板，在其上面用平板振捣器进行加压振动至规定时长后将试块抹平，进入养护阶段。

按图 8-5～图 8-7 摆放试模的目的是使受振面积基本相同，以尽可能使同一批料的试块有相同的孔隙率。实践证明，该方法成型的试块整体内部比较均匀，达到紧密堆积状态。

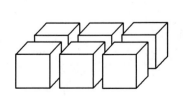

图 8-5　边长 100mm 试件摆放位置示意图

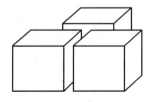

图 8-6　边长 150mm 试件摆放位置示意图

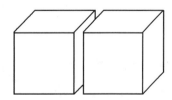

图 8-7　边长 200mm 试件摆放位置示意图

8.3 透水性测试方法

透水系数是透水混凝土的一项基本性能指标，透水系数的测定方法有多种，总的可分为定水头法和落水头法两大类。

8.3.1 定水头法

定水头法透水系数测定即保持固定的水压不变，通过一定时间内透过试件的水量来计算出透水系数，图 8-8 为国内常用的试验装置示意图。

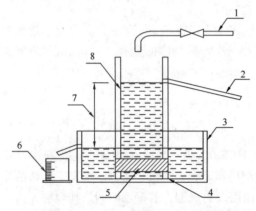

1—供水系统；2—溢流口；3—溢流水槽，具有排水口并保持一定水位的水槽；4—支架；5—试样；6—量筒；7—水位差；8—水圆筒，具有溢流口并能保持一定的水位的圆筒

图 8-8 国内透水系数试验装置示意图

试样为圆柱体试样，试验的主要步骤如下：

首先测量圆柱体试样的直径 D 和厚度 L，分别测量两次，取平均值。计算试样的上表面面积 A，然后将试样的四周用密封材料密封好，使其不漏水，水仅从试样中通过，待密封材料固化后，将试样放入真空装置，抽真空至 90kPa±1kPa，并保持 30min。在保持真空的同时，加入足够的水将试样覆盖并使水位高出试样 10cm，停止抽真空，浸泡 20min，将其取出，装入透水系数试验装置，将试样与透水圆筒连接密封好。放入溢流水槽，打开供水阀门注水，等溢流水槽的溢流口和透水圆筒的溢流口流出水量稳定后，用量筒从出水口接水，记录五分钟流出的水量 Q，测量三次取平均值。用钢直尺测量透水圆筒的水位与溢流水槽水位之差 H，并用温度计测量试验中溢流水槽中水的温度 T。定压头透水系数按照式（8-1）计算。

日本常用的定水头法的试验装置原理如图 8-9 所示，试验装置是保证在稳定水压头 H 的条件下测定透过试件的水流量，然后按照式（8-1）计算出透水系数。可见，浮球阀可

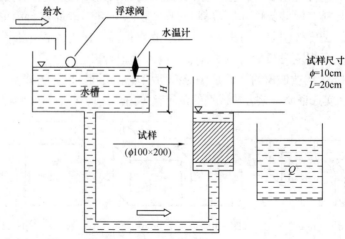

图 8-9 定水头法透水系数试验装置原理

以实现定水头的效果，同时能够对定水头进行调节，因而可以测定不同水头下的透水系数。圆柱体试件侧面要密封，避免水从试件和仪器间通过。

测得流量数据按式（8-1）进行计算。

$$K_{\mathrm{T}} = \frac{L}{H} \times \frac{Q}{A \cdot t} \tag{8-1}$$

式中　K_{T}——水温为 T（℃）时的透水系数（cm/s）；

　　　Q——t（s）内的渗出水量（mL）；

　　　L——试件的厚度（cm）；

　　　H——水位差（cm）；

　　　t——测定的时间（s）；

　　　A——截面面积（cm²）。

8.3.2　变水头法

1. 国内常用的试验方法

变水头的试验方法如图 8-10 所示，使用路面透水仪对透水路面进行透水系数的测定，水头随着时间的变化而减小。变水头法对实际路面透水性的检测比较方便，上部由标有刻度的透明有机玻璃量筒组成，容积 1200mL，刻度计数由上至下增加，在 100mL 及 1100mL 处有粗标线。其下方通过直径 10mm 的细管与底座相接，细管中部有一球阀开关。量筒通过支架连接底座，仪器附配四个内径 160mm、重 2.5kg 的铁圈。

图 8-10　透水性现场测试

试验的主要步骤为：首先用密封材料将透水仪和路面之间的空隙密封，密封材料圈的内径与底座内径相同，约为 150mm。然后在有机玻璃量筒内注满红色液体，开启球阀，读取时间。最后测得数据按式（8-2）计算出透水系数。

$$P = \frac{V_2 - V_1}{t} \tag{8-2}$$

式中　P——路面透水系数（mL/s，精确至 0.1mL/s）；

　　　V_1——第一次读数时的液面刻度（mL），通常为 100mL；

　　　V_2——第二次读数时的液面刻度（mL），通常为 1100mL；

　　　t——水面从刻度 100mL 下降至 1100mL 的时间间隔（s）。

定水头法和落水头法测定的透水系数定义不同，前者的定义是通过单位面积水的流速（cm/s），而后者的定义是在单位时间透过的水的体积（mL）。

2. ASTM 推荐的试验方法

ASTM 推荐的试验方法基本上属于落水头法，适合于现场路面透水性测试，主要试验器具和材料是：直径为 300mm、高度不低于 50mm 的无底圆筒；3.6L 的塑料水瓶、容量 20L 的水桶、计时秒表和密封用的腻子或橡皮泥等。

测试主要步骤：

(1) 将预测试的透水混凝土路面清理干净后,放置无底圆筒并用腻子或橡皮泥将其与地面间的缝隙沿周圈密封严实如图 8-11 所示;

(2) 在无底圆筒内侧沿周圈画上、下两条刻度线作为注水控制标志,两线间隔 5mm,如图 8-12 所示;

图 8-11 透水性现场测试(ASTM)

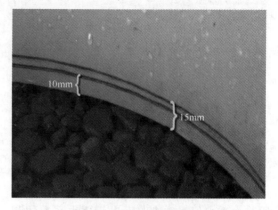

图 8-12 圆筒内侧刻度线

(3) 预湿,用 3.6L 水瓶往圆筒内注水同时记录时间,注水过程中水流应布满整个圆筒内的路面;

(4) 注水测试,当预湿阶段 3.6L 注水渗透时间小于 30s,注水测试仍用 3.6L 水瓶注水,若预湿注水渗透时间大于或等于 30s,则采用 18L 注水(以 20L 水桶进行注水),注水过程中水流匀速,水位保持在两刻度线之间;

(5) 自注入水接触路面至路表面无水滞留之间的时间间隔为渗水时间 t,按式(8-3)计算透水系数 I。

$$I = \frac{KM}{D^2 t} \quad (8\text{-}3)$$

式中 I——路面透水系数(mm/s 或 in/h);

M——渗水量(kg 或 lb);

D——圆筒内径(mm 或 in);

t——渗水时间(s);

K——常数,分别为 4583666×10^3(SI 单位)或 126870(inch-pound 单位)。

8.4 现场取芯的试验方法

8.4.1 透水混凝土路面质量与取芯方法的关联

对透水混凝土路面强度的现场检验可采用取芯的方法,取芯试块表面处理后测得抗压强度数据,作为评定路面质量的指标之一。以取芯法对透水混凝土路面力学性能进行评价有一定局限性。首先,因为颗粒之间是点接触,不像普通混凝土那样牢固,取芯容易损伤到接触点的胶结;其次,由于很多路面的断面分为面层和结构层(也称基层),面层的厚度多数为 50~60mm,一般不超过 80mm,显然单独从面层取芯的试块其高度难以满足试验要求，而连结构层一起取，就存在一个两层之间的薄弱层的问题。经过试验研究得到的数据来看，取芯得到抗压强度值乘以 1.1 系数，来代表路面混凝土的强度值较为合理。在北京市地方标准《多孔混凝土铺装技术规程》DB11/T 775—2021（中国建筑股份有限公司主编）中有相关表述[3]。

8.4.2 现场取芯方法的主要环节

1. 取芯与样品处理所用主要仪器设备

（1）路面取芯机，取芯机与普通混凝土路面、沥青混凝土路面钻芯所用机具相同，带有行走轮和四角螺栓，固定和移动方便，配有水冷却系统，如图 8-13 所示。取芯作业时机器应处于水平状态，并利用四角螺栓将机身固定。

（2）锯切机，钻取的芯样需要对其端头进行锯切，切掉凹凸的颗粒，并使两端面平行，便于后续抹面处理。锯切机自带淋水冷却系统，切割过程如图 8-14 所示。

图 8-13　混凝土路面钻芯机　　　　图 8-14　取芯试样锯切机

2. 芯样钻取

（1）作为工程正式评估验收的芯样钻取位置和数量应根据相关技术标准来确定，原则上每 1000m^2 路面为一个检验批，每批取芯样为 15 个，宜等间距钻取；

（2）骨料粒径不大于 20mm 的透水混凝土路面，钻头直径不宜大于 100mm，骨料粒径大于 20mm 的透水混凝土路面，钻头直径不宜大于 150mm；

（3）钻芯速度保持匀速平稳，并开启冷却水以降低钻头温度；

（4）钻取的芯样应注意保护措施，避免在运输和贮存中损坏。

3. 芯样加工

（1）原则上钻取的芯样都要进行端面切割，然后再以砂浆将端面抹平，要保证两端面平行以使其在抗压试验时能与压板充分接触。

抗压芯样试件的端面处理可采用 M30 的水泥砂浆补平，补平层厚度不宜大于 5mm，要保持两端面平行，抹平后的试件端面外观如图 8-15 所示。

（2）抗压芯样试件的高径比 h/d 宜为 1（以抹平后的尺寸计），如果大于或小于 1，要乘以换算系数，小于 1 时因测得的数值较大，应乘以小于 1 的系数，反之乘以大于 1 的系

图 8-15 抹平后的试件端面外观

数。目前还没有相关技术标准统一规定透水混凝土试件高径比的换算系数，相关方可以根据自己的研究和工程实践总结换算系数。也有一些研究成果值得参考，如图 8-16 所示是日本学者的部分相关研究结果，但该研究以 $h/d=2$ 为基准参照，即以 $h/d=2$ 的芯样换算系数为 1，实测强度值随 h/d 的减小而增大，换算时所乘系数正好与之相反[4,11]。

4. 芯样试件尺寸和平整度测量

（1）平均直径应用游标卡尺在芯样试件上部、中部和下部相互垂直的两个位置共测量六次，取测量的算术平均值作为芯样试件的直径，精确至 0.5mm；

（2）芯样试件高度可用钢卷尺或钢板尺进行测量，精确至 1.0mm；

（3）垂直度应用游标量角器测量芯样试件两个端面与母线的夹角，取最大值作为芯样试件的垂直度，精确至 0.1°。

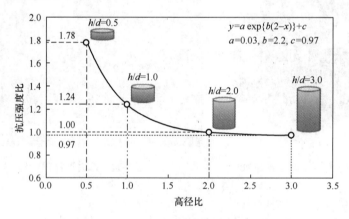

图 8-16 高径比与抗压强度比的关系

（4）承压面测量，可用钢板尺或角尺紧靠在芯样试件承压面上，一面转动钢板尺，一面用塞尺测量钢板尺与芯样试件承压面之间的缝隙，取最大缝隙为芯样试件的平整度，也可采用其他专用设备测量。当抗压芯样试件端面与轴线的不垂直度超过 1°，或芯样有较大缺陷时不可采用。

5. 抗压强度试验

（1）芯样试件以端面作为承压面，抗压试验的操作应符合现行国家标准《混凝土物理力学性能试验方法标准》GB/T 50081—2019 中对立方体试件抗压试验的规定；

（2）芯样试件抗压强度值应按下式计算：

$$f_{cu,cor} = \beta_c F_c / A_c \tag{8-4}$$

式中　$f_{cu,cor}$——芯样试件抗压强度值（MPa），精确至 0.1MPa；

F_c——芯样试件抗压试验的破坏荷载（N）；

A_c——芯样试件抗压截面面积（mm^2）；

β_c——芯样试件强度换算系数，取 1.1。

(3) 芯样试件换算系数 β_c 也可根据混凝土原材料和施工工艺情况，在充分试验的基础上确定。

(4) 每一检验批以 15 个芯样的抗压强度平均值作为代表值；当某芯样的抗压强度值与平均值之差超过 15% 时，应剔除，以其余数值的平均值作为代表值，其余数值不足 10 个时，应判定本批试验数据无效。

8.4.3 取芯样试验的相关技术问题

1. 取芯试样的高径比（h/d）的影响

透水混凝土路面取芯样的高径比一般在 2 以下，日本的学者对此研究的结果如图 8-16 所示，总结的数学表达式如下式所示[11]。

$$n = 1/[a\exp\{b(2-x)\}+c] \qquad (8-5)$$

式中　n——抗压强度修正系数；

x——试件高宽比，数学表达式适合于 $0.5 \leqslant h/d \leqslant 2.0$；

a，b，c——试验参数，$a=0.03$，$b=2.2$，$c=0.97$。

可见，按日本学者研究得出的规律性，随着高径比的增大，实测抗压强度减小，如以 $h/d=2.0$ 为基准，低于基准或高于基准者要分别乘以小于 1 或大于 1 的换算系数，基于图 8-16 表达的规律性，归纳出的换算系数的计算方法如式（8-5）所示，所乘系数考虑了取芯损伤和高径比的影响。以 $h/d=1.5$ 和 $h/d=1.0$ 为例，按照计算式（8-5）和图 8-15 得出的换算系数应分别为 0.94 和 0.81 的程度。

2. 取芯试块与成型试块两者数据的相关性研究

与普通混凝土相比，透水混凝土的内部结构受施工条件的影响较大，因而来自同一配比透水混凝土的成型试块与现场取芯试样数据的相关性是一个备受关注的问题，对于严格按施工规程进行铺装整平的路面来讲，两者所反映的混凝土性能的数据应该是一致的。但是在实际工程中由于受到铺装施工各方面条件的影响，有时两者可能会出现一定的差别。日本学者研究了相关案例[11]，一是成型试块像普通混凝土试块成型那样分两层用插捣棒捣固，每层插捣 15 下，最后表面再用振动器施以 90km·m/m^2 的振动能；而铺装路面成型施加的振动能是 5.5km·m/m^2，芯样取自该铺装路面。两种试块的数据比较如图 8-17、图 8-18 所示。由图 8-17 可见，对于分别采用 5 号、6 号和 7 号骨料的每一种透水混凝

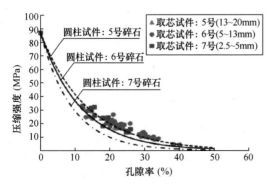

图 8-17　试块与芯样的抗压强度

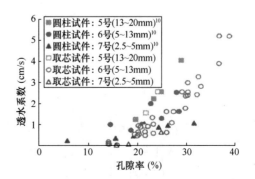

图 8-18　试块与芯样的透水系数

土，取芯样、成型试块的强度与孔隙率的量化关系总体一致，而且取芯样似乎还稍高一些，研究者认为，这是成型试块的模具在装模成型时产生的壁效应所致，即沿模具的内周面比试块内部形成更大的孔隙。图 8-18 是成型、取芯两种试块的透水系数与孔隙率的量化关系，总的来说，数据比较离散，但显示出透水系数与孔隙率正相关的量化关系，成型试件的透水系数更大一些，而且骨料粒径大小的影响不很明显。

该试验证明，取自严格按操作规程进行摊铺施工路面的芯样与试验室成型试块有比较高的关联度，但是对于通常施工条件下的透水性铺装，也许会出现达不到如此高关联度的情况。

8.5 孔隙率的测定

透水混凝土的孔隙包括连通孔隙、半封闭孔隙（也称口袋孔隙）和封闭孔隙，能透水的只有连通孔隙，半封闭孔隙能滞留水分，而封闭孔隙不透水。这里介绍的是针对连通孔隙及半封闭孔隙进行测定的方法，对于封闭孔隙率的测定，目前业内尚没有适合工程上用的简便易行的方法。

8.5.1 体积孔隙率的测试

1. 试验适合范围

该方法测定的是透水混凝土由连通孔及半封闭孔隙构成的孔隙体积占整个试块外形体积的百分比（%），该孔隙率不包括封闭孔的孔隙率。

2. 主要试验步骤

（1）按设计的孔隙率制备透水混凝土拌合物，成型尺寸为 150mm×150mm×150mm 的立方体试件 3 块，在标养室内养护 7d。

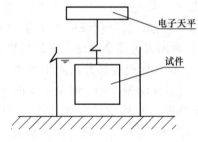

图 8-19 试块在水中称重示意图

（2）将试件放入（105±5）℃烘箱中烘至恒重，取出放在干燥器里冷却至室温，用直尺量出试件的外形尺寸，并计算出其体积 V；

（3）将试件完全浸泡在水中，待无气泡出现时测量试件在水中的重量 m_1（图 8-19）；

（4）取出试件，放在（105±5）℃烘箱中烘 24h 后称量试件的重量 m_2。

3. 结果计算与评定

（1）计算

试件的孔隙率 p（精确到 0.1%）应按式（8-6）计算。

$$v = \left[1 - \frac{m_2 - m_1}{\rho V}\right] \times 100\% \tag{8-6}$$

式中 v——孔隙率（%）；

m_1——试件在水中的重量（g）；

m_2——试件在（105±5）℃烘箱中烘 24h 后的重量（g）；

ρ——水的密度（g/cm³）；

V——试件外形体积（cm³）。

（2）结果评定

取 3 块试件孔隙率的平均值作为测试结果，测试结果精确到 0.1%。三个测定值中的最大值或最小值中如有一个与中间值之差超过中间值的 10%，则取中间值为测定值；如最大值和最小值与中间值之差都超过中间值的 10%，则该组测试结果无效（本评定方法根据相关标准归纳）。

8.5.2 表面密实度的试验

透水混凝土表面密实度是表面实体部分占表面总面积的比率。表面密实度指标对评定透水混凝土表面整平效果具有实用意义。

日本研究者采用数码相机将透水混凝土的浇筑面、模板接触面和断面拍照，然后在电脑上进行二值化处理并计算表面（断面）孔隙率。通过这种方法研究孔隙的分布规律、骨料粒径的影响以及壁效应等[5]，图 8-20 和图 8-21 是利用断面为 10cm×10cm 试块进行试验研究的一实例。

图 8-20 是以同一中心点分别选取整个面积 10cm×10cm、部分面积 8cm×8cm 和 6cm×6cm 并进行二值化处理的结果。图 8-21 是基于图 8-20 的二值化结果对断面孔隙率（孔隙面积比）进行计算的结果。可见，对同一个断面以同一中心点取不同的面积计算出的断面孔隙率，随着所取的面积增大，断面孔隙率增加，证明了"壁效应"的存在。

10cm×10cm断面

8cm×8cm断面

6cm×6cm断面

图 8-20　透水混凝土断面照片二值化处理结果

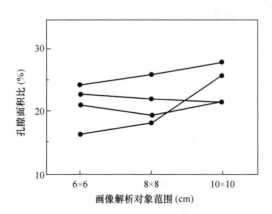

图 8-21　读取面积计算出的断面孔隙率

8.6 耐磨性的试验

透水混凝土的耐磨性是其应用于车行道时的重要性能指标之一，用来表征耐磨性的两项主要指标是磨坑长度和耐磨度。国内对磨坑长度的检测按照《公路工程水泥及水泥混凝土试验规程》JTG 3420—2020 进行，耐磨度的检测按照《混凝土及其制品耐磨性试验方法》GB/T 16925—1997 进行[6,7]。

8.6.1 磨坑长度的试验

磨坑长度的检测使用钢轮式耐磨试验机，如图 8-22 所示，试件尺寸不低于 100mm×150mm，表面应平整、干净，在 105~110℃ 温度下烘干至恒重，且在试件表面涂上区别于试件颜色的水彩涂料，每 5 个试件为一组。试验步骤如下：

将标准砂装入磨料料斗，试件固定在托架上，使试件表面平行于摩擦钢轮的轴线，且垂直于托架底座，启动电动机，使钢轮以 75r/min 的速度转动，调节节流阀，使磨料至少以 1L/min 的速度均匀落下，立即将试件与摩擦钢轮接触并计时，至 1min 时关闭电动机，取下试件，用游标卡尺测量磨坑两边缘和中间的长度，精确至 0.1mm，取其平均值，每块试件应在其表面上相互垂直的两个不同部位进行两次试验。磨坑长度按图 8-23 进行测量[6]。

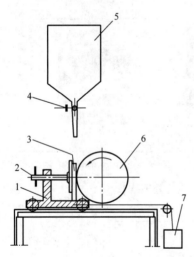

1—试件托架；2—紧固螺栓；3—试件；
4—可调节流阀；5—磨料料斗；
6—摩擦钢轮；7—配重砣
图 8-22 钢轮式耐磨试验示意图

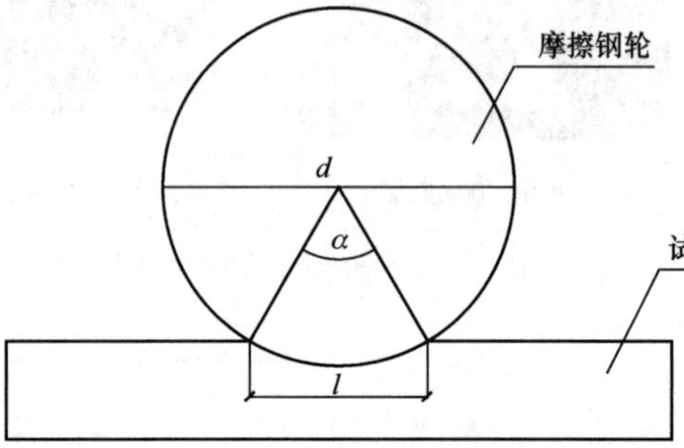

图 8-23 磨坑长度测量

试验结果的评定：以 5 块试件的 10 次试验的平均磨坑长度进行评定，必要时，也可用磨坑体积进行评定，长度精确至 0.1mm，体积精确至 1mm³。如试验结果以体积表示时，磨坑体积按式（8-7）、式（8-8）计算。

$$V = \left(\frac{\pi \cdot \alpha}{180} - \sin\alpha\right)\frac{bd^2}{8} \tag{8-7}$$

$$\sin\frac{\alpha}{2} = \frac{l}{d} \tag{8-8}$$

式中　d——摩擦钢轮直径（mm）
　　　b——摩擦钢轮宽度（mm）；
　　　$α$——磨坑长度所对应圆心角（°）；
　　　l——磨坑长度（mm）。

8.6.2　耐磨度的试验

耐磨度的检测使用滚珠轴承式试验机，如图 8-24 所示[7]，本方法是以滚珠轴承为磨头，通过滚珠在额定负荷下回转滚动时，摩擦湿试件表面，在受磨面上磨成环形磨槽，通过测量磨槽的深度和磨头的研磨转数，计算耐磨度。试件受磨面应平整，每 5 个试件为一组，试验步骤如下：

将试件受磨面朝上放置于夹具内，调平后夹紧，将磨头放在试件受磨面上，使中空转轴下端的滚道正好压在磨头上，开启水源，使水从中空转轴内连续流向试件受磨面，并应足以冲去试验过程中磨下的碎末。启动电机，当磨头预磨 30 转后停机，测量初始磨槽深度，然后磨头每 1000 转测量一次磨槽深度，直至磨头转数达 5000 转或磨槽深度（测得的磨槽深度—初始磨槽深度）达 1.5mm 以上时试验结束，并用百分表测量，将磨头转动一周，在相互垂直方向上各测量一次，取 4 次测量结果的算术平均值，精确至 0.01mm。

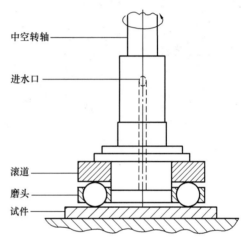

图 8-24　滚珠轴承式耐磨试验机结构示意图

试验结果评定：每个试件的耐磨度按式（8-19）计算：

$$I_a = \frac{\sqrt{R}}{P} \tag{8-9}$$

式中　I_a——耐磨度，精确至 0.01；
　　　R——磨头转数（千转）；
　　　P——磨槽深度（最终磨槽深度—初始磨槽深度，mm）。

每组试件中，舍去耐磨度的最大值和最小值，取三个中间值的平均值为该组试件的试验结果，精确至 0.1[7]。

8.7　吸声性能试验

透水混凝土应用于路面铺装的环境效益之一是其吸声降噪的功能。其吸声机理是当声波入射到透水混凝土表面时，大部分声波将通过孔隙传播到材料内部，激发材料孔隙内的空气分子及筋络的振动。由于空气与筋络之间，不断发生热交换，使相当部分的声能转化为热能而消耗掉。

测定透水混凝土的吸声效果一般用吸声系数来表示，吸声系数是材料表面吸收的声能与入射的声能的比值。

国内外多采用声阻抗管法测定透水混凝土的吸声率，原理如图 8-25 所示，声阻抗管的外观和透水混凝土试样的装置方法如图 8-26 所示。它是通过纯音发振器、功率放大器

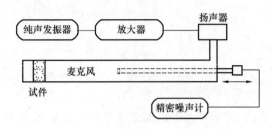

图 8-25 阻抗管吸声率测定原理

到扬声器将声音发射到一端装置透水混凝土的管内，经透水混凝土吸收后的声音由插在管内的麦克风传至精密噪声计加以测量[8-10]。

图 8-27 是阻抗管法对透水混凝土吸声效果的测试结果[12]，试样的吸声峰值在 500～650Hz 之间，并且随着骨料颗粒的增大和间断级配的采用，即孔隙率的增大，吸声峰频率向高频率值移动（图中的 Control：对比样品，采用骨料粒径 5～10mm；PCPB8-5 和 PCPB10-8 分别表示采用粒径 5～8mm 和 8～10mm 骨料的试样）。

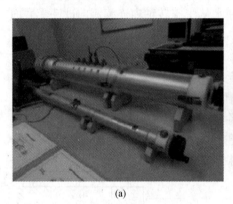
(a)

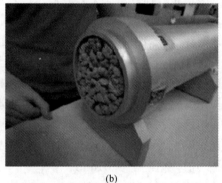
(b)

图 8-26 阻抗管吸声率测试系统与试样就位
(a) 阻抗管吸声测试系统；(b) 装置多孔混凝土试样的方法

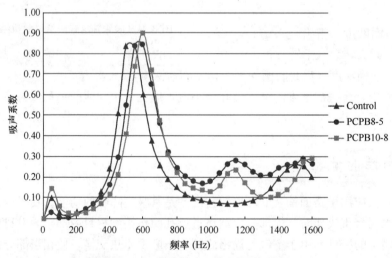

图 8-27 透水混凝土的吸声率测试实例

8.8 缓解热效应的测试

透水混凝土铺装能够将太阳辐射热吸入内部孔隙，而且孔隙的内部通常是潮湿状态，随着阳光在路面的照射，孔隙内的水分逐渐蒸发需要吸收环境热量，环境的温度就会有所降低从而起到缓解城市热岛效应的作用，但是如何测定和评价也是一个深受业内关注的问题。

8.8.1 WBGT的测试方法

日本研究者采用国际上通用的湿球、黑球热指数（Wet Bulb Globe Temperature，WBGT）方法，测定透水路面的热效并与普通混凝土路面测得数据进行对比，来分析透水混凝土对缓解热岛效应的效果以及对人体健康的关联。

WBGT测试方法所用仪器设备如图8-28所示，由干球、湿球和黑球温度计以及数据采集系统组成，测得干球、湿球和黑球温度数据，通过式（8-10）和式（8-11）算出WBGT热指数。

$$室外：WBGT(℃)=0.7\times 湿球温度 + 0.2\times 黑球温度 + 0.1\times 干球温度 \quad (8-10)$$
$$室内：WBGT(℃)=0.7\times 湿球温度 + 0.2\times 黑球温度 \quad (8-11)$$

WBGT指数不超过21℃，人体安全；超过21℃有发生中暑的可能；超过25℃，中暑的危险性增加，宜积极补充水分，不宜运动；超过28℃，中暑危险性很大，甚至危及生命，应避免较为剧烈的运动甚至较长时间的步行运动，积极补充水分。

8.8.2 现场直接测热效应参数的方法

我国台湾地区的台湾朝阳科技大学的研究者采用现场实际测量的方式，通过对多种地面的各项温热环境因子进行测量，来比较不同地面的热效应。试验装置为自行设计制作，如图8-29所示。

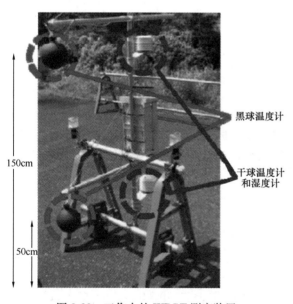

图8-28　工作中的WBGT测定装置　　　图8-29　工作中的地面热效应测量装置

该方法采用多种高精度仪器设备，长时间对地面进行监测，数据采集频率高，很大程度减小了因车行和行人造成的影响，并且对普通混凝土路面、沥青混凝土路面、植草砖地面、透水地面、草地等多种地面进行了数据采集和比较，试验结果具有很大的实用价值。此装置所包含的仪器功能以及测试项目如表8-1所示。该研究测定时间为6：00～18：00，可以同时监测 3~4 种地面，设定每 30s 记录一次数据，由电脑自动采集。

利用以上两种热效应测试方法直接观测透水性铺装的热效应参数，为评价透水路面的环境效益提供了第一手数据。

现场测量地面热效应的装置仪器说明　　　　　表 8-1

名称	测量功能	测量范围	单位	距地面高度（m）
风速计	风速	0.1~20	m/s	1.5
黑球温度计	辐射量	0~120	℃	1.2
太阳能感应器	水平日射量	0~1400	W/m²	1.2
太阳能感应器	水平反射量	0~1400	W/m²	1.1
热偶线	空气温度	—	℃	1.0
热偶线	空气温度	—	℃	0.75
热偶线	空气温度	—	℃	0.5
热偶线	空气温度	—	℃	0.25
热通量	热通量	−425~600°F	W/m²	0
热偶线	表面温度	—	℃	0
热偶线	土壤温度	—	℃	−0.1
温湿度计	温度及湿度	−10~60	℃	1.0
土壤水分计	土壤含水率	—	%	−0.1

注：−0.1 即为地面以下 0.1m。

8.9　本章小结

本章表述了多孔混凝土性能试验和工程现场有关参数的测试方法，也介绍了国内外相关研究。业内关于多孔混凝土及其铺装的试验与测试方法还在不断地进步中，特别是如何使试验室的材料性能试验与铺装工程有更高的关联度，现场测试方法如何更准确地反映工程质量，以及生态环境效益如何通过测试的量化数据来评价，都是值得进一步研究探讨的问题。

参考文献

[1] ASTM C1688/1688M, Standard Test Method for Density and Void Content of Freshly Mixed Pervious Concrete[S], 2014.
[2] 石云兴，宋中南，蒋立红. 多孔混凝土与透水性铺装[M]. 北京：中国建筑工业出版社，2016.
[3] 北京市地方标准. 多孔混凝土铺装技术规程：DB11/T 775—2021[S]. 北京：中国建筑股份有限公司，2021.
[4] 岡田正美，米澤敏男，ほか. ポーラスコンクリートの振動締固め方法に関する研究[R]. コンクリート工学年次論文報告集，1999，21(1).
[5] 越健，島崎磐，国枝稔，六郷恵哲. ポーラスコンクリートの空隙率と空隙分布の評価[R]. コンクリート工学年次論文報告集，1999，21(1).

[6] 国家质量监督检验检疫总局，等. 无机地面材料耐磨性能试验方法：GB/T 12988—2009[S]. 北京：中国标准出版社，2009.

[7] 国家技术监督局. 混凝土及其制品耐磨性试验方法：GB/T 16925—1997[S]. 北京：中国标准出版社，1998.

[8] 松尾伸二，丸山久一，清水敬二，ほか. 透水コンクリートの透水・透湿・吸声特性[R]. コンクリート工学年次論文報告集，1993，15(1).

[9] 張雪梅，中澤隆雄 ほか. ポーラスコンクリートの吸音特性に関する検討[R]. コンクリート工学年次論文報告集，2002，24(1).

[10] N H Abd Halim，H Md Nor，P J Ramadhansyah et al，Sound absorption and morphology characteristic of porous concrete paving blocks[J]. Materials Science and Engineering，2017，271.

[11] 畑中重光，三島直生，森鼻泰大，中川武志. ポーラスコンクリートの施工標準(案)の作成にむけて[J]，コンクリート工学，2011，49(4).

第9章 透水性铺装的基本类型与节点构造

透水混凝土路面铺装按其功能分为全透水型（又称直渗型）、半透水型（又称导流型）和保水型等，断面构造由透水面层、结构层（可以是透水或不透水的）和基层构成。按目前透水性铺装在车行路面方面的应用情况，透水水泥混凝土铺装仅应用于中等交通和轻交通路面，在重交通路面的应用尚在试验阶段。

除了透水水泥混凝土路面，还有以混凝土砌块和石材作为面层的透水性铺装以及透水沥青、透水树脂混凝土路面等。

9.1 透水混凝土路面的类型

9.1.1 直渗型路面

直渗型透水混凝土路面结构如图9-1所示，其断面结构自上而下分别是透水混凝土面层、透水混凝土结构层和透水混凝土基层，天然降水通过路面可直接渗入路基，补充地下水资源。

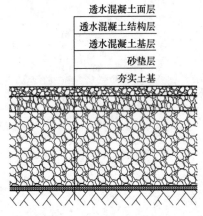

图 9-1 直渗型透水混凝土路面断面结构

直渗型透水混凝土路面各层的孔隙率自上而下逐层增大，面层的骨料粒径一般为5～8mm，结构层的骨料粒径一般为10～20mm；用于面层的透水混凝土强度等级宜不低于C20，用于结构层的宜不低于C15。

直渗型透水混凝土路面适用于粉土和砂性土的路基，不适用于黏土、湿陷性黄土等渗透系数低或遇水沉陷的路基环境。

9.1.2 导流型路面

导流型透水混凝土路面结构如图9-2所示。其断面结构是在透水面层和路基之间设置有不透水的结构层，透过面层的降水不能渗透过路基补充地下水资源，而是通过侧面的沟渠、排水管等导流到道路周围的绿化带、湿地、河流和湖泊等[1-3]，也可将雨水收集利用。导流型透水混凝土路面结构适用于湿陷性黄土、盐渍土和膨胀土等路基，或既有普通混凝土路面或沥青混凝土路面进行翻新改造，加铺透水面层时采用（图9-3），透水面层可以是透水水泥混凝土也可以是透水沥青混凝土，均有缓解城市"热岛效应"的作用，对于行驶车辆也有减少路面溅水和眩光的效果，其侧面沟渠的设置示意图如图9-4所示。

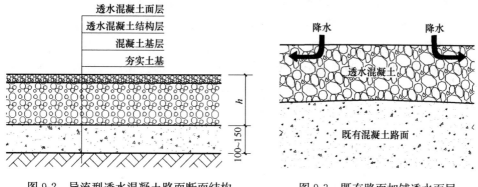

图 9-2 导流型透水混凝土路面断面结构　　图 9-3 既有路面加铺透水面层

9.1.3 保水型路面

保水型路面结构如图 9-5 所示,在透水面层和不透水结构层之间铺设有接通水源的多孔管,降水至透水面层可以被蒸发,平衡环境湿度;剩余的降水随多孔管排走;当环境湿度降低时,与水源连接的多孔管供水蒸发,增加环境湿度。

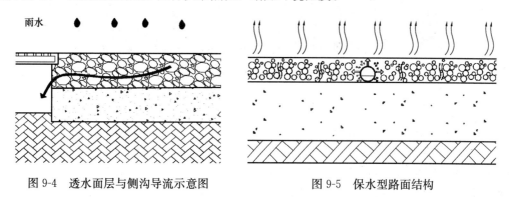

图 9-4 透水面层与侧沟导流示意图　　图 9-5 保水型路面结构

9.1.4 透水路面的各层厚度

路面结构各层厚度应考虑当地的水文地质情况和路面的性质来决定,推荐值如表 9-1 所示[2]。

路面结构各层厚度推荐值（单位：mm）　　　　　　　　表 9-1

底层类别	构造层类别	小区车行道、公园道路、轻交通城市道路	停车场、非机动车道	人行路、景观广场
不透水基层	透水面层	≥100	≥90	≥60
透水基层	透水面层	40~60	40~80	30~50
	透水结构层	140~180	120~160	90~120

9.2 透水基层设计的要点

透水基层只设置于直渗型透水路面中,起滞水和透水作用,可以采用大孔混凝土、水泥稳定石或级配碎（砾）石基层。其中大孔混凝土的承载力较高,一般用于大型车辆的停车场或中等交通车行路面,水泥稳定石或级配碎(砾)石基层用于普通的透水路面、园路和娱乐广场等。透水基层厚度的确定要考虑当地的降雨强度和路基的渗透性等因素。

9.2.1 大孔混凝土透水基层

用于透水基层的大孔混凝土一般选用粒径20～40mm碎(砾)石骨料,水泥用量占骨料的10%(质量比)左右,抗压强度8～15MPa,可用粉煤灰取代部分水泥。采用大孔混凝土的透水基层,应设置与面层相对应的接缝,如一次摊铺宽度大于5m时,应设置纵向接缝。用于轻车道或人行道的透水混凝土铺装,大孔混凝土可直接作为结构层,即面层直接在其上面摊铺,断面结构如图9-6所示。

图9-6 大孔混凝土透水基层与面层的结合

9.2.2 水泥稳定石透水基层

水泥稳定石透水基层宜选择粒径5～31.5mm碎(卵)石连续级配骨料,水泥用量占骨料的5%(重量比)左右,7d无侧限抗压强度大于3MPa,可掺用粉煤灰等辅助材料取代部分水泥,但要控制粉料的总用量,低于普通道路水稳层胶结用量,以保证基层有足够的透水性,水泥稳定石层的透水系数应大于其上面的结构层,施工方法见第11章。

9.2.3 级配碎(砾)石透水基层

级配碎(砾)石透水基层宜选用粒径5～31.5mm连续级配骨料,也可将几种单粒级的骨料按比例混合拌制成所要求的级配骨料,基层厚度根据当地降雨量进行容水设计来确定,施工时用压路机压实,其回弹模量应达到200MPa以上。断面结构如图9-7所示,施工方法见第11章。

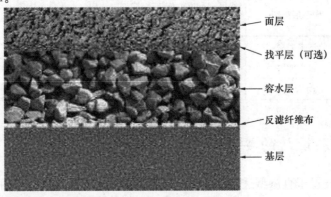

图9-7 级配碎石透水基层与面层的结合

9.2.4 透水基层上增加的滤层

1. 砂滤层

在透水基层与土基之间增加约 50~80mm 厚的砂滤层作为反滤层，防止底层压实土壤因受到水流的冲击将泥土冲到滞水的透水结构层，从而形成空穴，降低土基稳定性，其结构组合如图 9-8 所示。

2. 土工布滤层

在透水基层与土基层之间增加土工布，其目的除了同砂滤层一样起到反滤作用外，根据所用土工布的种类不同可以起到如隔离、加筋强化和防护等作用。其结构组合如图 9-9 所示。

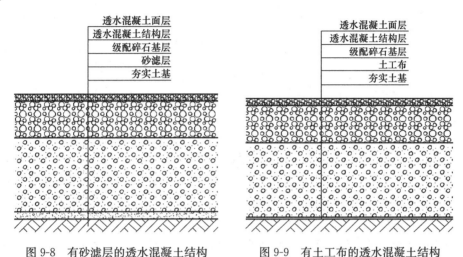

图 9-8　有砂滤层的透水混凝土结构　　图 9-9　有土工布的透水混凝土结构

9.3 透水混凝土面层和结构层的设计

9.3.1 经验方法

透水混凝土路面的面层应考虑承载力、耐久性、耐磨性（骨料颗粒粘结的牢固性）和大面平整度，面层孔隙率较透水结构层的小，一般为 15％左右，骨料多用粒径 5~8mm 的碎石，透水混凝土强度等级不宜低于 C20。

透水混凝土路面的结构层是承载的主要层面和降水下渗的主要传递层，它比面层的孔隙率要增加 40％以上，应根据路面交通荷载情况决定所采用透水混凝土的强度等级，不宜低于 C15，骨料多用粒径 10~20mm 的碎石或卵石。从经验来讲，除特殊配制的情况外，通常使用的透水混凝土强度等级不超过 C25，抗弯强度一般不超过 4MPa，而路面的承载设计采用的混凝土的力学指标是抗弯强度值，比如经常设计车行路面设计时要求其抗弯强度在 4.5MPa 以上，这时是可以通过增加透水路面的厚度（含透水结构层）来提高承载力。解决问题的方法就是增加结构层（刚性层）的厚度，这从材料力学可以直接计算得出结果，直观的说明如图 9-10 所示[5]。可见当刚性层薄时，荷载要经过较厚的传递层才能将其传到土基，如图 9-10（a）所示；而当刚性层厚时，只经过小的传递层就能将荷载传到同样面积的土基层，如图 9-10（b）所示。

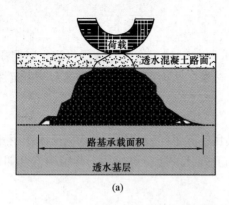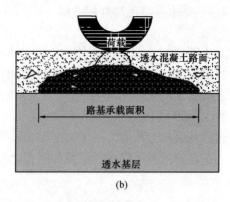

图 9-10　透水混凝土面层的厚度对荷载传递的影响
(a) 刚性层较薄时的情形；(b) 刚性层较厚时的情形

根据经验，对于非承载路面，在透水基层达到压实度要求的前提下，一般面层可以设计为 6cm 以上，结构层设计为 10～16cm，但两层之间要连续浇筑，避免产生分层空鼓。

根据美国在透水混凝土方面应用的经验[5]，对于轻交通路面，透水混凝土层（面层加结构层）的总厚度不能低于 6in（15.3cm），在佛罗里达州，停车场典型的做法是 6in 的透水混凝土路面，下面加 4in（10.2cm）的间断级配砾石基层；国外已有一些重载交通的透水路面试用的例子，除了在第 1 章提到的日本的情况外，美国也有试用阶段的实例，如在 2000 年，佛罗里达州采用路面厚度是 8in（20.3cm）透水混凝土层，加上 6in（15.3cm）的间断级配砾石基层用于承载大型卡车的路面，路面的使用情况良好。对于透水基层的厚度，除应满足交通承载的要求外，还应根据当地降水量进行水力学计算后确定，但从总的情况看，用于重交通的透水混凝土路面目前还在试验阶段。

从以上分析可知，对于承载路面，通过增加刚性透水层的厚度来提高透水路面的承载力是一项基本的方法，透水混凝土由于其较低的强度，通常考虑交通荷载和日交通量的作用，设计的厚度要比普通混凝土高 25%，比如一个没有卡车的停车场的最小设计厚度是 127mm，而对于工业交通的停车场要提高到 150mm。透水混凝土每增加 3mm 的厚度，断裂模量就可提高 0.172MPa，而增加 2% 的孔隙率需要增加 2.54cm 的厚度来弥补承载力的降低。

9.3.2　参照 ACI 标准进行设计

ACI330R-01 是关于普通混凝土停车场的设计与施工的技术指南，是基于利用有限元分析建立的诺莫图来确定混凝土停车场设计的技术参数。该技术指南对透水混凝土路面的设计与施工仍有指导意义。

图 9-11 和图 9-12 分别是用于车辆单轴荷载和双轴荷载设计的诺莫图，利用该图确定路面设计各参数的步骤如下：

首先要初步选定一个混凝土铺装厚度，然后先从单轴荷载进行验算，利用图 9-11 右纵坐标上对应选定厚度的点向左平移至轴荷载的交点，从此交点竖向延伸至与基层模量曲线的交点，从此交点向左平移至纵坐标对应的值就是混凝土板所受到的应力。此应力与混凝土抗弯强度之比就是应力比。利用此比值在图 9-13 上与 PCA 曲线的交点所对应的横坐标（对数标尺），得出允许荷载重复次数，设计的荷载次数与允许荷载次数之比为路面疲

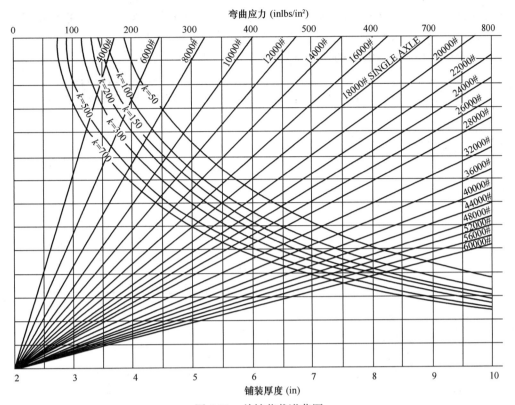

图 9-11　单轴荷载诺莫图

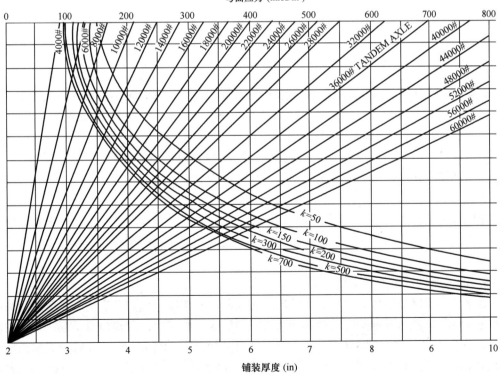

图 9-12　双轴荷载诺莫图

劳消耗（百分数），而疲劳寿命为对应于各预期荷载水平的疲劳消耗（百分数）之和，如该值小于125%，则认为路面板的初步选定的厚度是满足要求的。

双轴荷载则利用图9-12，方法与单轴荷载相同。

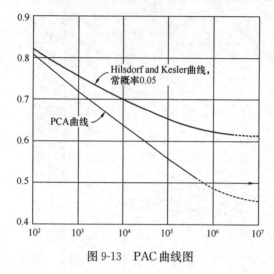

图9-13 PAC曲线图

下面以一算例加以说明：

所设计的承载路面设计使用期为20年，每天通过2辆卡车，卡车的前轮单轴荷载为10kips（44kN），后双轴荷载为26kips（115kN）；黏土路基，其模量系数k值为100psi（27.2MPa/m）。

总轴载次数计算：每天2辆车，20年的轴载循环次数$2×20×365=14600$次。

初定路面混凝土板厚度为4in，其抗弯强度为650psi（4.5MPa），从图10-11可知，前轮单轴荷载10000 lbs（10kips）产生的应力是375psi（2.6MPa），应力比为$375/650=0.58$；从图10-12可知，后双轴荷载26000 lbs（26kips）产生的应力是405psi（2.8MPa），应力比为$405/650=0.62$。

再由图10-13可知，前单轴和后双轴的允许荷载次数分别是50000次和17500次。

于是，路面由前轴产生的疲劳消耗为$14600/50000=29\%$；由后轴产生的疲劳消耗为$14600/17500=83\%$；总疲劳消耗为112%（<125%），可见，路面板厚度选定为4in是可行的。

9.4 分隔缝的设置

透水混凝土铺装的分隔缝分为缩缝、胀缝和施工缝，在铺装施工中如果遇到施工缝与缩缝或胀缝的位置接近，以施工缝代替前两者。分隔缝的施工方法见第11章相关内容。

9.4.1 缩缝设置的基本要求

缩缝设置可分为塑压缝、预留缝和后切缝。胀缝宜通过预留设置，路面宽度超过5m时应设置纵缝。广场地面的接缝宜结合分仓施工缝设置，每块板的长宽比不宜大于1.35，面积不宜大于25m²。

缩缝宜等距布置，最大间距不应超过6m，一般为5m，最小间距不宜小于板宽；宜采用假缝形式，缝隙宽度宜为3~8mm，切缝深度超过透水面层的厚度不应小于20mm，其构造如图9-14所示。

9.4.2 胀缝设置的基本要求

透水混凝土路面的胀缝是为了吸纳路面后续随环境温度升高而产生的膨胀应力，当路面超过一定长度或与其他固定构造物相接时，为防止膨胀应力引起路面自身或相邻结构的破坏而设置具有一定宽度的缝隙。胀缝缝隙宽度宜为18~21mm，胀缝应贯通透水面层和透水结构层，填缝胶厚度宜为30~50mm，其构造如图9-15所示。

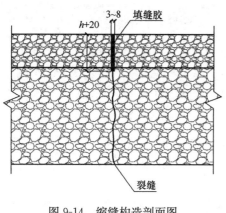
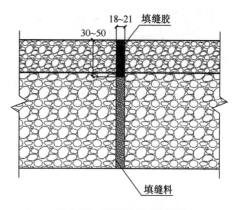

图 9-14 缩缝构造剖面图　　　　图 9-15 胀缝构造剖面图

胀缝间距应根据设计确定，设计未规定时，常温与夏季施工时宜为 24～36m，冬期施工时宜为 12～16m，与其他固定构造物相接处应设置胀缝。

9.4.3 施工缝设置的基本要求

施工缝是临时性中断施工或当日施工结束时所留置的便于继续施工接槎的断面，其位置宜结合缩缝或胀缝。设在缩缝处的施工缝，宜采用平缝形式，缝宽宜为 3～8mm，缝的深度宜为透水混凝土路面厚度的 0.2～0.5 倍，断面构造如图 9-16 所示。设在胀缝处的施工缝，构造宜与胀缝相同。

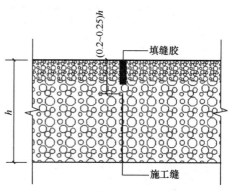

图 9-16 缩缝处的施工缝构造剖面图

广场地面铺装的接缝宜结合分仓施工缝设置，每块板的长宽比不宜大于 1.35，面积不宜大于 25m²。

9.4.4 结合装饰的隐形缩缝和依断面变化的灵活设缝

1. 结合装饰性标识隐形设缝

当铺装面积较大的透水性娱乐广场等设置缩缝时，可进行装饰性分块铺装，既呈现装饰效果又无形中设置了缩缝。如图 9-17（a）所示，采用烧结砖分格拼接，形成整齐排列的大格，格内填充透水混凝土形成的间套分格式透水性铺装。填充的透水混凝土可以采用普通透水混凝土、彩色透水混凝土、露骨料透水混凝土或透水树脂混凝土，并且依环境协调要求来选择骨料颜色。如图 9-17（b）所示的透水混凝土与装饰石材拼接铺设，装饰效果与收缩裂缝兼有，透水混凝土种类的选择同上条。图 9-17（c）是利用铺地瓷砖作为分割材料与透水混凝土拼接，设置了缩缝的同时也提高了地面铺装的景观效果。

2. 结合断面变化灵活设置缩缝

当路面的截面急剧变化时，在"颈部"或小截面处发生应力集中，容易引起开裂，因此对于这些易开裂之处应在设计时就明确缩缝设置要求，以便施工时在准确位置设置缩缝，图 9-18 就是在细截面处设置缩缝的两个实例。

图 9-17 结合装饰材料拼接设置缩缝
(a) 与烧结砖拼接；(b) 与装饰石材拼接；(c) 与彩色地砖拼接兼作标识和缩缝

图 9-18 结合路面的截面变化设置缩缝
(a) 截面的"颈部"；(b) 截面变化处

9.5 其他类型的透水性铺装

除了透水混凝土路面铺装以外，适合于海绵城市工程应用场景的还有石材面层透水性铺装、混凝土砌块面层透水性铺装、砾（碎）石面层透水性铺装和植生混凝土地坪等。

9.5.1 石材面层透水性铺装

将小型块状石材铺设于面层，为了让表面的水渗到基层，石材之间留下空隙，且空隙之间填充细石透水混凝土或细石，基层则由抗压强度不低于 10MPa 的大孔混凝土铺设而成，根据路面交通情况和透水要求确定混凝土的强度和铺设厚度，降水通过基层渗到地下。石材地面透水性铺装可用于人行道，经过承载设计也可用于轻交通车行道。

这类铺装的优点是表面坚固耐磨，自然质感强，透水迅速，石块尺寸越小，铺装起来缝隙越多，透水就越快，石材的长度为 100～150mm，宽度为 80～100mm，厚度为 50～80mm，也可根据工程需要，灵活选择石材尺寸。石材表面可以为劈裂表面，也可以是精装表面，如图 9-19 所示。

图 9-19　石材面层的透水性铺装
(a) 劈裂石材面层的人行道；(b) 精装石材的娱乐广场

这类铺装的透水基层为大孔混凝土，断面结构如图 9-20（a）所示；如有排水或雨水收集的需要，透水基层内可埋设排水多孔管，构造如图 9-20（b）所示。

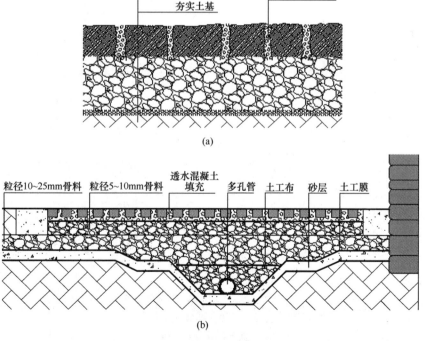

图 9-20　石材面层透水性铺装的断面结构
(a) 自然渗透型；(b) 增强排水型

9.5.2 混凝土砌块铺装与透水基层结合的铺装

1. 混凝土砌块拼接大孔面层与透水基层的结合

(1) 混凝土大孔连锁砌块面层类型

采用混凝土大孔连锁砌块作为面层，大孔内以透水混凝土填充，既能承载又能透气透水，多用于停车场和公园绿地等，由于大孔砌块的承载面积较实心砌块小，可能会使路面荷载集中于砌块实体部分，因此，砌块强度和透水基层的大孔混凝土的强度应满足要求，外观和断面结构如图 9-21 所示（施工方法见第 11 章）。

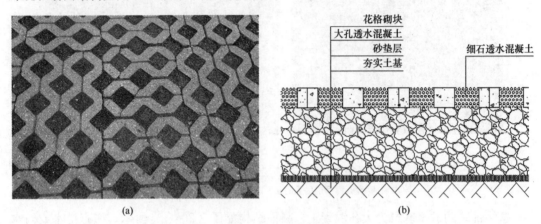

图 9-21 混凝土花格砌块地面透水性铺装
(a) 铺装的外观；(b) 断面图

(2) 混凝土实体砌块拼接大孔面层

采用混凝土实体砌块拼接成大孔面层，大孔内以透水混凝土填充，透水基层由级配砾（碎）石和透水混凝土找平层构成，可用于停车场、人行道等的透水性铺装，其外观和断面结构如图 9-22 所示。还有一些其他形式用于人行道的混凝土砌块透水性铺装，透水基层与上述的相同，面层的装饰风格有所改变，间隙填充细石混凝土，如图 9-23 所示。

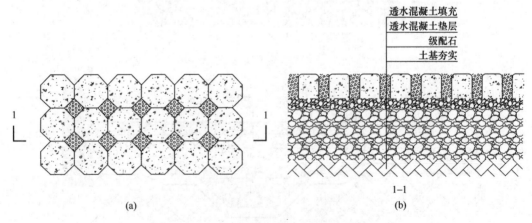

图 9-22 混凝土拼接大孔砌块的透水性铺装
(a) 平面布置图；(b) 断面图

2. 混凝土实体砌块细缝拼接与级配砾（碎）石基层的结合

对于只供行人而无车辆通过的场所，路面承受的荷载相对较小，加上实体砌块的细缝拼接较上述大孔拼接的单块砌块的承载面积为大，基层可以省去大孔混凝土而完全采用级配石透水基层。但基层施工须经压实，面层铺砌的砌块间缝隙不能过大以避免失稳，其构造如图 9-24 所示。

图 9-23 装饰砌块拼接的透水性铺装

图 9-24 细缝拼装砌块与级配砾（碎）石基层构造

3. 土工格栅对土基层刚度的影响

砌块面层透水性铺装一般用于人行道，当也考虑车行时，应对土基层采取增强措施，基本做法是在土基层和级配石透水基层之间铺设土工格栅，土工格栅提高了土基层的刚度，避免路面在车辆荷载作用下发生不均匀沉降。机理如图 9-25 所示。

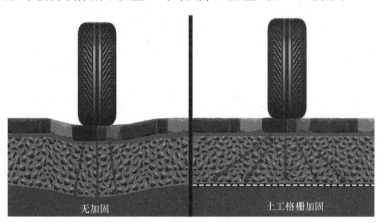

图 9-25 土工格栅对基层刚度的影响

9.6 透水性铺装与海绵城市工程关联的若干节点做法

9.6.1 屋顶与地面雨水的汇集与利用

屋顶和园区内的雨水收集也是径流源头消减和雨水资源化的措施，汇集的雨水通过管、渠导流至雨水模块或下凹式绿地、植草沟和生物滞留池等，遇强降雨水可以通过溢流管排入湿地、河流，甚至市政管道等。进入雨水模块或蓄水池的雨水应对初始时段的雨水进行弃流处理，图 9-26 是一个举例示意图。

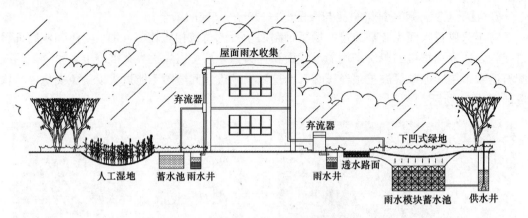

图 9-26　屋面和地面雨水汇集利用系统

也可以通过透水性地面铺装将屋面和园区内降水汇集起来，蓄存于地下容水层，再经过滤储于水罐，经过给水系统送至用户作为生活杂用水，图 9-27 是一实例示意图。

图 9-27　雨水通过地面收集和蓄存系统成为生活杂用水示意图

9.6.2　透水路面与河流、湿地结合

图 9-28 表示与河流、湖泊相邻的透水性铺装通过透水基层将雨水明排到河、湖中，河流、湖泊的坡岸以植生混凝土护坡，同时对流经的雨水通过截留和过滤产生一定的净化作用。图 9-29 是与下沉式绿地相邻的透水性铺装，降水通过级配碎石透水基层暗排到下沉式绿地中。

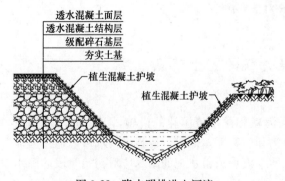

图 9-28　降水明排进入河流

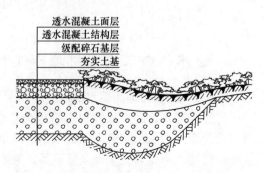

图 9-29　降水暗排到下沉式绿地

9.6.3 透水路面与集水井的节点

（1）基本结构

集水型透水混凝土路面的断面由透水面层、结构层和不透水基层构成，并与集水井通过布置埋设集水管相通，不透水基层要设置一定坡度，有助于降水定向汇入集水井内，收集的降水用于浇灌绿化带或净化后作为生活杂用水，结构如图9-30、图9-31所示。

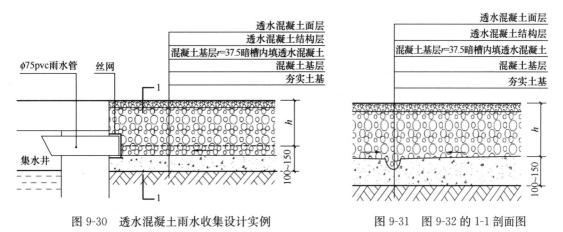

图9-30　透水混凝土雨水收集设计实例　　　　图9-31　图9-32的1-1剖面图

（2）不透水基层的做法

降水收集系统的不透水基层视路面荷载情况，可采用普通混凝土铺设或在夯实土基上铺设防渗土工膜，构造如图9-32、图9-33所示。

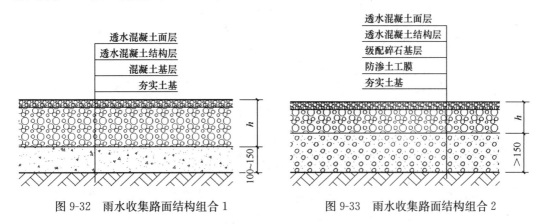

图9-32　雨水收集路面结构组合1　　　　图9-33　雨水收集路面结构组合2

9.6.4 透水路面与渗井及水暗排的设置

在透水路面铺装不便设置外露排水口的情况下，可设置侧沟暗排的方式，如图9-34所示。路面直渗后剩余的水汇集到侧沟，通过多孔管排出汇集到蓄水池、绿地、湿地或河流等。对于土基渗透性及水稳定性良好的区域宜设置渗井，促使水渗回地下以补充地下水资源，并设置与其相接的排水管，以备遇大降雨时起到排水作用，如图9-35所示，在渗井适当的部位设置检查孔。对于不便于明排水的车行及人行道的透水路面，通过埋设的多孔管将车行道和人行道透水路面的降水汇集并暗排到相邻绿地等，如图9-36所示。

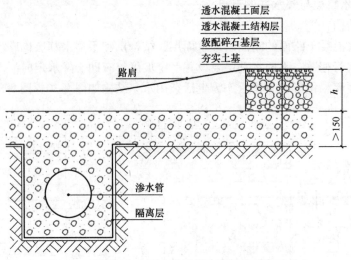

图 9-34 基层透水路面土基外设盲沟的有组织暗排水

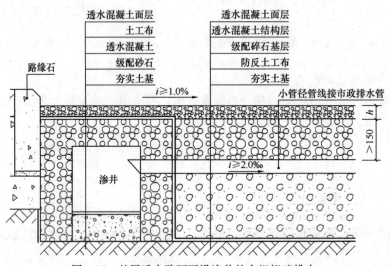

图 9-35 基层透水路面下设渗井的有组织暗排水

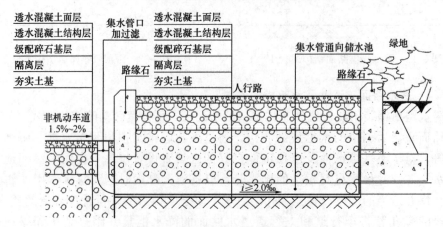

图 9-36 路面内汇集雨水暗排示意图

9.6.5 渗透性小的土基场地排水

对于土基渗透系数小的区域，可采取增加滞水层厚度和盲沟断面的措施强化排水，延时渗透和排放，防止表面径流产生，如图9-37和图9-38所示。

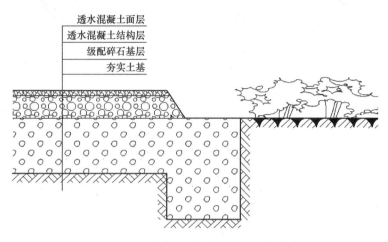

图9-37 透水路面下方设填充砂石的盲沟

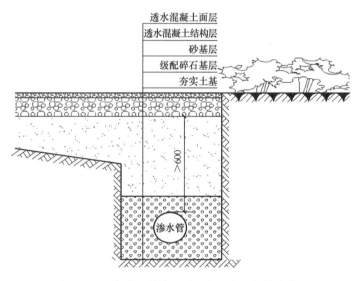

图9-38 透水路面外缘基层设级配碎石的排水盲沟

9.6.6 特殊地形的排水设置

1. 低洼处的透水路面排水

低洼地段的透水路面铺装，容易产生积水和径流，解决的措施是根据当地的降雨强度设置滞水层，并在最底部设置盲沟，较多地吸纳雨水，延时排出，如图9-39所示。

2. 坡面的排水与径流控制

当路面有坡度时，路面厚度和土基的设计必须满足径流量目标要求，同时要考虑坡面带来的其他问题。图9-40所示是在坡度为16%的坡面上铺设透水混凝土路面的一实例，每隔一段距离便横跨坡面挖一道沟槽，槽内用碎石填充，临近边缘处装排水管，把过剩的

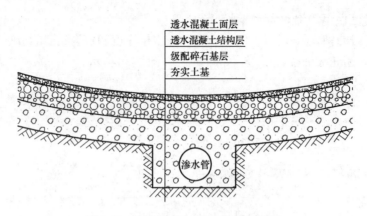

图 9-39 低洼处透水路面下设排水盲沟

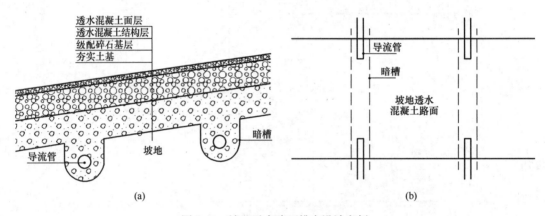

(a)　　　　　　　　　　　　　　　(b)

图 9-40 坡地透水路面排水设计实例
（a）剖面示意图；（b）俯视示意图

水排到附近可以容纳和利用雨水的地方，图 9-41 是有代表性的设计参数。

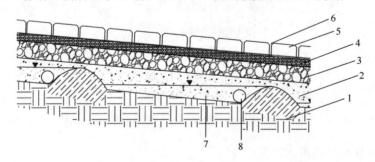

1—夯实土基；2—10～25mm 粒径石子 150mm 厚；3—5～31.5mm 粒径石子 100mm 厚；
4—细石透水混凝土 50mm 厚；5—石材砌块；6—透水间隙以细石填充；7—蓄水层；
8—导流多孔管

图 9-41 代表性透水坡面集水排水设计参数

3. 透水路面与普通路面相接的处理

当坡面上的透水混凝土路面下端与普通透水混凝土路面相邻时，应在相邻部位设置不透水的隔离层隔开基层，以免下渗的水流破坏相邻路基，并且可以在透水路面的透水基层适当的位置设置多孔管加强对下渗水的导流,如图 9-42 所示。

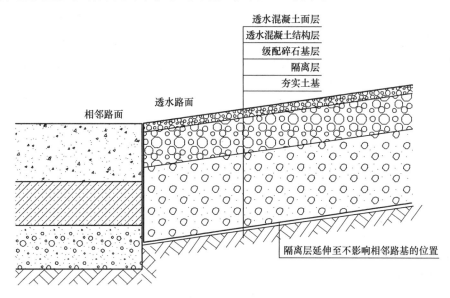

图 9-42　对与透水路面相邻道路的防护

9.6.7　小型透水性铺装综合利用设计实例

建设海绵城市的基本要求是按照水文的自然生态属性,通过对相关技术板块的集成,实现对雨水"渗、滞、蓄、净、用、排"的目标。而海绵城市的技术板块之间有多种连接方式,图 9-43 是一些节点的举例。图 9-43(a)是普通混凝土路面、透水性铺装与雨水花

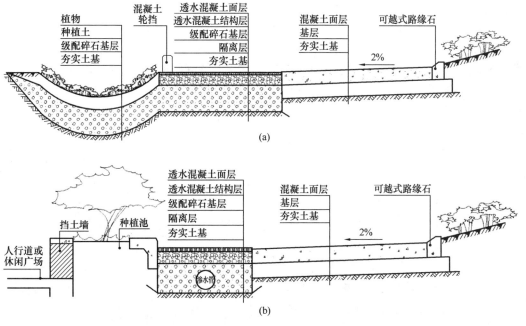

图 9-43　透水性与不透水性铺装、植被隔离带一体化的设计实例(一)
(a)种植区-透水混凝土路面-不透水路面-雨水花园(自右向左);
(b)种植区-不透水混凝土路面-透水路面-植被隔离带(自右向左)

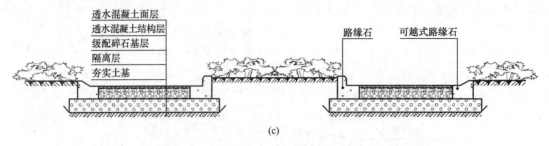

图 9-43 透水性与不透水性铺装、植被隔离带—体化的设计实例（二）
(c) 种植区-透水混凝土路面-植被隔离带-透水混凝土路面-种植区（自右向左）

园连接，进行雨水渗、滞、排和用的节点设计实例。从高坡植被区和普通混凝土路面产生的径流和透水混凝土路面接收到的降水通过透水路面的透水基层下渗到达雨水花园，在雨水花园得到"滞、蓄、净"；图 9-43（b），从高坡植被区和普通混凝土路面产生的径流通过透水混凝土路面下渗到植被隔离带的根部，实现了"渗、滞、用"。图 9-43（c），透水混凝土路面接收到的降水通过透水基层下渗到相邻绿化带，同样实现了"渗、滞、用"。

9.7 透水、容水设计的若干要点

透水性铺装的透水与容水设计宜参照《建筑与小区雨水控制及利用工程技术规范》GB 50400—2016、《室外排水设计标准》GB 50014—2021 以及住房和城乡建设部发布的《海绵城市建设技术指南》进行，本节仅提示相关的几个技术要点。

9.7.1 水平透水路面的滞水容水设计

对于直渗型透水混凝土铺装，宜按 2 年一遇的降水量进行透水和容水设计，可考虑 1~2h 降雨不产生径流来确定透水混凝土孔隙率和厚度，其容水量为透水混凝土面层、透水混凝土结构层和透水基层的容水量之和。当受条件限制，容水量不能满足要求时，可考虑辅助排水，即在底部设置多孔管将水导流至蓄水设施或市政管道。当路基土层渗透系数小，如低于粉质黏土时，不宜铺设直渗型透水路面，常见土壤的渗透系数如表 9-2 所示。

滞水层的厚度计算按下式计算[4]：

$$h_2 v_2 + h_1 v_1 + h_0 v_0 \geqslant (i - 3600q) t/60 \tag{9-1}$$

式中：h_2——透水基层厚度（mm）；

h_1——透水结构层厚度（mm）；

h_0——透水面层厚度（mm）；

v_2——透水基层的平均孔隙率（%）；

v_1——透水结构层的平均孔隙率（%）；

v_0——透水面层的平均孔隙率（%）；

i——地区降雨强度（mm/h）；

q——土基的平均渗透系数（mm/s）；

t——降雨持续的时间（min）。

路基土层的渗透系数[7]　　　　　　　　　表 9-2

地层	地层粒径		渗透系数
	粒径（mm）	所占重量（%）	m/s
黏土			$<5.7\times10^{-8}$
粉质黏土			$5.7\times10^{-8}\sim1.16\times10^{-6}$
粉土			$1.16\times10^{-6}\sim5.79\times10^{-6}$
粉砂	>0.075	>50	$5.79\times10^{-6}\sim1.16\times10^{-5}$
细砂	>0.075	>85	$1.16\times10^{-5}\sim5.79\times10^{-5}$
中砂	>0.25	>50	$5.79\times10^{-5}\sim2.31\times10^{-4}$
均质中砂			$4.05\times10^{-4}\sim5.79\times10^{-4}$
粗砂	>0.5	>50	$2.31\times10^{-4}\sim5.79\times10^{-4}$

9.7.2　路面为坡面的情况

如果路面是坡形的，水流集中于较低的一端，一旦较低一端的路面孔隙被填满水就会流出，一个 100m 长的路面有 1% 的坡度，那么它的容水量只有水平路面的 1/4，如图 9-44 所示。所以，设计时应考虑坡面带来的有效容积的损失，可以调整坡度或通过辅助排水设置来解决径流增加的问题。

图 9-44　坡路的容水量

9.7.3　透水性地面的水力学过程

透水性地面的降水、渗透、径流与排水的水力学过程如图 9-45 所示，降水（包括降雨和融化的雪）首先通过透水性铺装面层渗入透水性基层，再进一步渗入下面的土基层，一部分水通过排水管流出，而溢流标高是由路面铺装时设置的排水能力来决定的，如所设

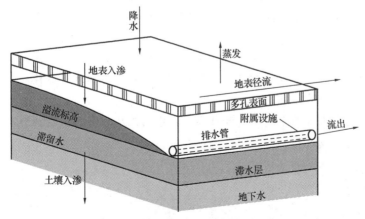

图 9-45　透水性铺装关联的水力学过程

置的排水管的流量等；同时发生的蒸发将一部分水返回大气中。图 9-45 所表示的是不考虑从相邻地表流入水量的水力学过程，实际上，常有从相邻地表径流流入的情况，水力学设计时应考虑到各流量的关联。

图 9-46 是降雨随时间变化的基本规律性，除个别雷阵雨外，一般的降雨都是由小逐渐增大，到达峰值后逐渐减小，一般在 1.5h 到达峰值（如图中所示的均匀降雨）；山地的降雨相对山地之外的区域较急，峰值到达早一些，相对来说雨量更为集中。降雨特性也是透水性铺装设计所考虑的因素之一。

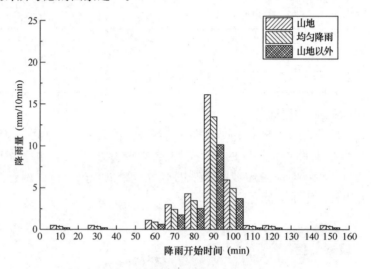

图 9-46　降雨强度随时间的变化

9.7.4　排水设置适应的条件

透水性地面按照不同的地质和工程条件设计排水方式应考虑的因素有[6~10]：

(1) 当重现期雨量高于路面渗透能力时，应设置侧沟或下设多孔管用于导流排水。

(2) 常年地下水位接近或高于路槽底时，应隔断地下水的流入，并通过暗沟将水排出土基以外。

(3) 当土基含水量过高时，可采用盲沟吸收、汇集、拦截流向土基的地下水，并排到土基以外，以保证土基处于干燥状态，具有足够的强度与稳定性。

(4) 适用于透水混凝土路面自然下渗的土壤渗透系数宜大于 1.16×10^{-5} m/s，且渗透面距地下水位大于 1.0m。

(5) 以下地质和环境条件不采用直渗型路面铺装：①易发生陡坡坍塌、滑坡灾害的危险区域；②软土、湿陷性黄土、膨胀土和盐渍土等特殊土的区域；③渗水可能对既有建筑和在施工程造成不利影响的区域。

(6) 集水井与饮水井的距离至少要有 30m，以防饮水井中的水受到透水路面下渗水的污染。

9.8　本章小结

本章介绍了各类型透水性铺装的结构和技术要求以及各板块构成"渗、滞、蓄、净、用、排"生态系统的节点做法,也介绍了透水性铺装容水、排水设计技术要点。

透水混凝土铺装分为直渗型、导流型和保水型等类型的铺装。由于地质和气候条件因素,降水量大于渗透能力的条件下,为了减少径流,应设计相适应的容水层、渗井和排水盲沟等,同时配置多孔管路系统协助导流排水。

透水混凝土铺装只是透水性铺装类型之一,除此外还有混凝土砌块、石材砌块、砾(碎)石作为面层的透水性铺装,各类型的透水性铺装结构只是海绵城市建设的功能板块之一,在实践中应根据工程需要,通过恰当节点与海绵城市建设其他功能板块关联,实现"渗、滞、蓄、净、用、排"的目标。

参考文献

[1] 石云兴,宋中南,蒋立红. 多孔混凝土与透水性铺装[M]. 北京:中国建筑工业出版社,2016.
[2] 北京市地方标准. 多孔混凝土铺装技术规程:DB11/T 775—2021[S]. 北京:中国建筑股份有限公司,2021.
[3] Paul D. Tennis,Michael L. Leming,et al,Pervious Concrete Pavements[R]. Portland Cement Association,2004.
[4] 北京市地方标准. 雨水控制与利用工程设计规范:DB11/685—2013[S]. 北京,2013.
[5] Bruce K. Ferguson. Porous pavement[M]. CRC Press,2005.
[6] 金龙,王志标. 我国城市雨水利用适用技术[J]. 市政技术,2007(1).
[7] 住房和城乡建设部. 室外排水设计规范:GB 50014—2021[S]. 北京:中国计划出版社,2021.
[8] 北京市建筑设计标准化办公室. 北京市小区雨水利用工程设计指南[S]. 北京,2007.
[9] 住房和城乡建设部. 海绵城市建设技术指南-低影响开发雨水系统构建(试行)[R]. 2014.
[10] 住房和城乡建设部. 建筑与小区雨水控制及利用工程技术规范:GB 50400—2016[S]. 北京:中国建筑工业出版社,2017.

第 10 章 海绵城市建设规划设计的基本内容

海绵城市建设是遵循环境的自然属性即低影响开发（Low Impact Development，以下简称 LID）理念，以灰绿结合，绿色方式为主的技术途径，通过"渗、滞、蓄、净、用、排"的过程，实现从源头削减径流、净化水质、雨水资源化利用三大目标，同时有增加地下水资源补给，缓解热岛效应和助力低碳等生态环境效益。

10.1 海绵城市建设体系的各板块功能

海绵城市建设工程体系由多个功能板块构成，以"渗、滞"为主的有透水性路面铺装、植生混凝土、植草沟、下沉式绿地、渗井、渗透塘等；以"滞、蓄"并举的有植被缓冲带、湿塘、雨水花园、湖泊和圩田等；有"蓄、用"功能的有屋顶雨水收集和蓄存设施、地下雨水模块、将雨水接入绿化用水和生活杂用水的各种末端设施等；以"净"功能为主的有弃流、截污与过滤装置、生物滞留池等；以"蓄、净"功能为主的有人工湿地和自然湿地等。各板块的功能相互交集但有主次之分。海绵城市建设要视工程具体情况，将其中部分或全部板块集成，来实现雨水的减少径流、蓄存、净化和资源化利用的目标。

1. 透水性铺装

海绵城市建设采用的透水性铺装主要有透水混凝土铺装、预制块透水性铺设等，前者是指采用透水混凝土拌合物在现场直接摊铺整平而成的透水性路面、地坪等，而后者是指采用透水砖、砌块、石材等作为面层铺设材料，通过自身孔隙或铺设预留间隙作为渗水通道的透水性铺装，图 10-1、图 10-2 是常用透水性铺装的功能示意图（详细构造和做法见

图 10-1 透水混凝土路面示意图

第 10 章
海绵城市建设规划设计的基本内容

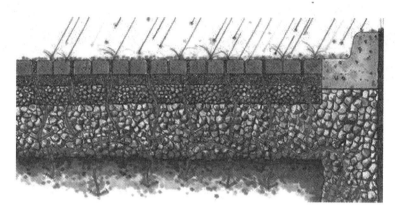

图 10-2 透水砖、砌块面层的透水性铺装示意图

第 9 章和第 11 章）。

透水性铺装集路用和透气、透水、绿化等多功能为一体，增加降水下渗量从而削减径流，补充地下水资源，并有一定水质净化功能，适应于小区道路、停车场、公园道路、景观广场、轻交通的城市道路以及人行道等场所。

2. 渗透塘

渗透塘（也称雨水池塘）是一种用于雨水下渗补充地下水的洼地，具有削减径流、雨洪调蓄和水质净化的功能，并有一定的景观效果。典型的渗透塘构造如图 10-3 所示，主要构成部分有进水、前置塘、主塘、溢流出水和维护通道等，主塘是雨洪调蓄、水体净化和下渗的主体区域，主塘前设置的沉砂池、前置塘为雨水预处理设施，对雨水中的污物起到截留、沉淀的初步净化作用；渗透塘适用于汇水面积较大且具有一定空间条件的区域，对于有降雪的城市，应采取弃流、排盐等措施防止融雪剂侵害植物；渗透塘的驳岸，可采用植生混凝土的护岸、护坡措施，进水口可采用石块堆砌、大孔混凝土摊铺堆砌或消能坎等作为消能和防止通道被水流冲刷侵蚀的措施，进水口处还应设置拦截装置以便截留雨水径流中的生活垃圾等。图 10-4（a）和（b）分别是大型和小型渗透塘实例。

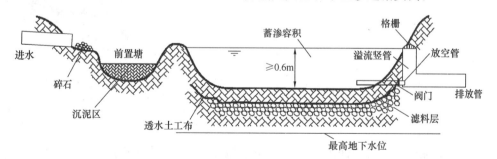

图 10-3 渗透塘典型结构示意图

3. 渗井

渗井是通过井壁和井底进行雨水下渗的设施，在渗井周围设置水平渗排管并在其周边铺设砾石可增大渗透效果。渗井占地面积小，主要适用于建筑与小区内建筑、道路及停车场的周边绿地内，或竖向改造难度大的城市低洼区、排水无出路地区。地下水位过高且径

161

图 10-4 渗透塘实例
(a) 大型；(b) 小型

流污染严重、土壤渗透性差、易坍塌或滑坡等地质条件不良区域不适宜建设渗井。渗井典型结构如图 10-5 所示[1]，视工程具体情况也可以采用预制渗井，图 10-6 是预制渗井的类型之一，其侧壁由普通混凝土与透水混凝土相间构成，水流能够由外侧渗入井内，透水部分的外侧常以土工布包覆再安装就位。

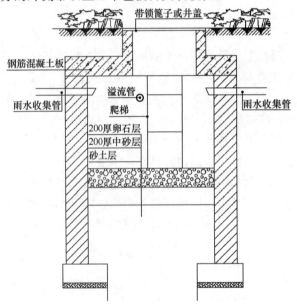

图 10-5 渗井典型结构示意图　　图 10-6 预制渗井的类型之一

4. 下沉式绿地

下沉式绿地指低于周边铺砌或道路一般不超过 200mm 的绿地，用于消纳雨水径流，滞留和蓄存雨水，延缓峰现时间，绿地的植物和土壤对雨水有净化作用，滞留于绿地的雨水对环境温、湿度变化还有缓解作用。下沉式绿地被广泛应用于建筑小区、道路、绿地和广场内。下沉式绿地内设置溢流口，便于降雨超量时的溢流排放，溢流口顶部标高一般高于绿地 50～100mm。典型下沉式绿地的断面结构如图 10-7 所示，图 10-8 所示是一实例的外景。

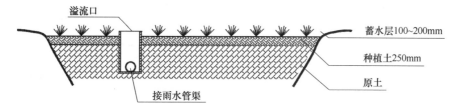

图 10-7　下沉式绿地断面结构示意图

图 10-8　下沉式绿地实例

5. 生物滞留设施

生物滞留设施指在地势较低的区域，通过植物、土壤和微生物系统蓄渗、净化雨水径流的设施，该设施不仅滞蓄雨水，减弱峰值径流，而且能通过植物、土壤和微生物的物理、化学和生物的三重协同作用来去除径流污染物，对氮、磷和油脂有较好的去除效果，对重金属也有明显的固定作用。

生物滞留池经过长期运行后，重金属、油脂等一些污染物会在生物滞留池内积累而使填料达到饱和，去污效果也随之降低。设计时，应考虑使其长期稳定运行以至能使填料自然再生的技术措施。

生物滞留池适用于小区内、建筑与道路及停车场的周边绿地，以及城市道路绿化带等城市绿地内。生物滞留设施分为简易型和复杂型两种（图 10-9、图 10-10），按应用位置不同又称作雨水花园、生物滞留带、高位花坛等。

6. 湿地

湿地是地球上水陆相互作用形成的沼泽类生态系统，分为天然和人工湿地。天然湿地主要有吸纳雨水径流和洪水，补充地下水，改善气候条件，降低污染等功能；人工湿地蓄存雨水，并利用物理、水生植物及微生物等作用净化水质，是一种高效的径流污染控制设施，适用于具有一定空间条件的建筑与小区、城市绿地、滨水带等区域，通常设置在雨水排放系统的末端。

海绵城市建设所涉及的，以人工湿地为多，常采用的人工湿地的断面结构如图 10-11

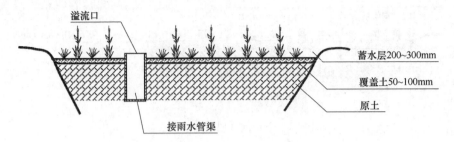

图 10-9　简易型生物滞留设施典型结构示意图

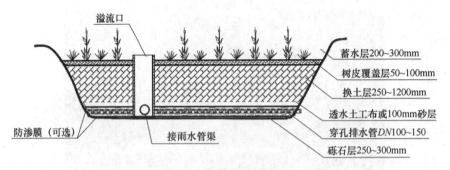

图 10-10　复杂型生物滞留设施典型结构示意图

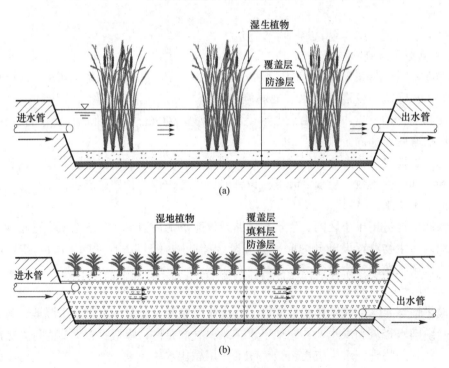

图 10-11　人工湿地的断面结构（一）
（a）表面流型；（b）水平潜流型

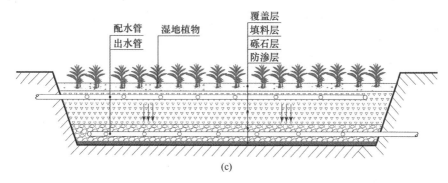

图 10-11 人工湿地的断面结构（二）
(c) 垂直潜流型

所示。从断面结构上可以分为表面流人工湿地和潜流人工湿地，而潜流人工湿地又分为水平潜流型和垂直潜流型。图 10-12 是人工湿地实景之一。

图 10-12 某人工湿地实景

内陆湿地属于绿碳的范畴，滨海湿地属于蓝碳范畴，于更大的范围和更深的层次与海绵城市关联，其碳汇作用的机制详见第 12 章。

7. 植被缓冲带

植被缓冲带为坡度较缓的植被区，植被的拦截作用去除径流中的部分污染物，同时可减缓地表径流流速。植被缓冲带常作为城市水系的滨水绿化带和其他 LID 设施的预处理设施。植被缓冲带坡度一般为 2‰～6‰，宽度不宜小于 2m。有代表性的植被缓冲带构造如图 10-13 所示[2]，其实例如图 10-14 所示。

8. 雨水的收集资源化利用系统

雨水的收集资源化利用系统是将屋顶雨水和透水路面雨水经过弃流、截留、过滤和沉淀等装置加以净化后汇集到雨水模块、蓄水罐等，并且作为生活杂用水、绿地灌溉和道路清洁用水所采用的设施，雨水汇集与综合利用的主要工艺过程如图 10-15 所示。屋顶雨水通过管道，地面雨水通过透水性地面铺装汇集到地下滤池，净化后进入蓄水设施，再通过末端给水系统作为绿化和生活杂用水使用。

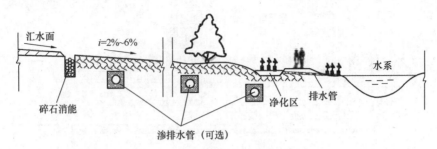

图 10-13　植被缓冲带构造示意图

图 10-14　植被缓冲带实例

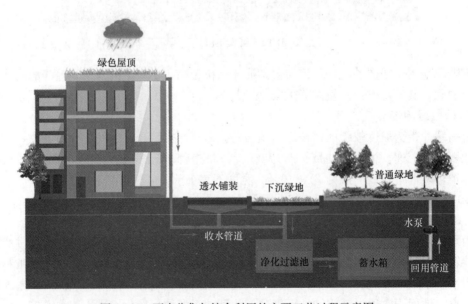

图 10-15　雨水收集与综合利用的主要工艺过程示意图

第 10 章　海绵城市建设规划设计的基本内容

9. 植草沟

植草沟指种有植被的沟渠，可收集、输送和排放径流雨水，并具有一定的雨水净化作用，雨水流经植草沟实例如图 10-16 所示。植草沟可用于衔接和串联其他 LID 板块，适用于建筑与小区、广场、停车场等不透水面的周边，城市道路及城市绿地等区域。植草沟边坡坡度不大于 1:3，纵坡不宜大于 4%，植草沟深度为 100～200mm，水流的最大流速应小于 0.8m/s。

10. 不同技术板块的功能协同

（1）调蓄

海绵城市的"调蓄"是指利用具备相应调蓄体量的人工或天然设施对雨水削减峰值流量和缓解城市排涝压力，并对径流加以集蓄和利

图 10-16　雨水流经植草沟实例

用的综合措施。调蓄设施通常分为人工调蓄设施、半人工调蓄设施和天然调蓄体。人工调蓄设施以蓄水池为主；半人工调蓄设施为人工打造的仿自然调蓄水体，如人工湿地、人工湖泊以及圩田等；城市周围自然形成的河流、湖泊、湿地等天然水体也是调蓄体系的组成部分，但城市降水调蓄一般以人工调蓄设施和半人工调蓄设施为主。此外，城市的公共绿地、没有建筑物占据且植被良好，具备 LID 功能的公共活动场所的城市开放空间也是应对极端降雨时发挥调蓄作用的重要组成部分，如图 10-17 所示。

(a)　　　　　　　　　　　　　　　　(b)

图 10-17　有调蓄功能城市开放空间
(a) 高绿化率开放空间；(b) 多功能开放空间

（2）净化

海绵城市工程对水的"净化"是指主要借助人工修复或自然形成的植被、绿地、湿地等净化设施拦截和净化雨水中携带的悬浮物、营养盐、石油烃等污染物的措施。雨水透过透水混凝土、植生混凝土的过程可使其悬浮物、重金属和有机物的含量明显减少，植被缓冲带对流经水的悬浮物、有机物均具有截留作用，生物滞留池的滤料对流经的雨水有滤掉悬浮物和有机物的功能，其中生长的植物根系对营养盐有吸收作用，对有机物有降解作用；绿色屋顶、下沉式绿地、生物滞留等设施均具有一定的径流净化作用，以上综合作用

可有效减少源头污染。现阶段大体量雨水净化还主要是通过人工湿地进行，降水径流进入湿地之前宜先经过植被缓冲带、植草沟、下沉式绿地以及植生混凝土等环节的截留、过滤和吸收而得以初步净化。

（3）排放

海绵城市建设通过"滞、渗、蓄"的过程改变传统的雨水快排模式，通过透水路面、植草沟、生态沟渠等绿色转输设施分布雨水于自然生态系统延缓了峰现时间，分解了城市雨水管网系统的排水压力，以与雨水管网排水系统接续的方式提高了城市内涝防治能力，海绵城市"排"的过程基本上是整个系统的各板块功能的协同。

10.2 海绵城市建设的基本理念

海绵城市建设改变城市水治理的传统思路，按照"源头减排—过程控制—系统治理"理念，统筹解决城市的内涝、水污染和缺水的三大问题[3]。常规降雨条件下主要依靠绿色途径辅以灰绿结合的方式运维，而在极端降雨条件下，要在充分发挥绿色途径作用的同时运行灰色设施系统作为应对措施，避免极端天气对城市水系统的冲击，保持城市水系统的平稳运维。

10.2.1 源头削减

源头削减是海绵城市建设的核心技术手段，通过在场地开发过程中建设分散式、小尺度的LID设施，最大限度地减少硬化面积，从源头减少地表径流和径流污染的输送。我国在古代就有了丰富的治水智慧，如先秦时期的元阳梯田就是从水源头治理的实践（图10-18），海绵城市的源头消减就是基于我国治水智慧，并吸取低影响开发（LID）和水敏感城市设计（WSUD）等国外雨洪管理理念而形成的符合我国水情的源头治理方式。在实践中，源头减排系统应结合不同区域的水文气象、土壤及土地利用等条件，合理选择单项或组合的低影响开发设施，并对设施进行合理布局和竖向设计，实现雨水渗透、蓄存和调节。

图10-18 元阳梯田

源头减排系统可有效改善城市洪涝和净化水质，相关研究结果显示，当近50%的屋顶采用雨水桶、近50%的路面采用透水铺装时，研究区的径流量、磷排放总量、氮排放总量将减少2%~12%[4]。另外，在节水、截污等方面也产生了明显的经济效益和生态效益，北京市通州区某建筑小区通过增设屋顶绿化、下沉式绿地、雨水调蓄池等雨水渗蓄措施，年单位面积总效益增加量为38566元/($hm^2 \cdot a$)，年单位面积节约中水量为208m^3/($hm^2 \cdot a$)，年单位面积回补地下水增加量为281m^3/($hm^2 \cdot a$)[5]。

10.2.2 过程控制

过程控制体系注重采用灰绿结合方式调控雨水径流，加强排水管网、行泄通道、调蓄池、泵站等灰色基础设施建设，解决设防标准以内的雨水排放问题。同时注重绿色基础设施建设，充分发挥湖泊、坑塘和湿地等绿色设施对雨水的滞蓄作用，减缓雨水共排效应，延缓或降低径流峰值。灰绿设施结合的过程控制系统可有效降低排水系统收排压力，有利于灰色基础设施发挥最大、最优效能。在进行城市排水管网的设计和铺设时，可借助雨水调蓄作用减小管网的直径，进而缩减地下管网建设规模，降低城市基础设施建设成本。

10.2.3 系统治理

水系具有流域性和系统性特点，单一目标和工程措施往往造成水治理系统出现碎片化问题，不能根治城市面临的一系列水问题。海绵城市改变"就水治水"的传统观念，注重全域谋划，系统治理，充分考虑水系的上下游、左右岸、岸上岸下的水治理和维护的联动效应。治理水环境时，建立完整的水污染治理系统，构建从径流源头产生至污染处理达标排放的全过程管控体系，包括雨水径流源头削减、雨污管网改造、污水处理厂提标改造等全过程工程措施。内涝防治时，构建源头减排设施、市政排水管渠和排涝除险系统，并与城市防洪系统做好有机衔接。

10.3 海绵城市规划概述

10.3.1 规划的指导思想

(1) 海绵城市的规划应纳入城市总体规划之中，成为城市规划的重要组成部分，并与城市水系统、绿地、排水防涝、道路交通等相关专项规划在空间布局、竖向设计、规模数量等方面做好协调衔接。

(2) 海绵城市规划的应覆盖整个城市的水土系统甚至关联水体整个流域范围，从当地的气候条件、水文和地质状况，甚至人口状况出发并考虑到今后几十年的发展需求制定规划，与城市的中长期可持续发展相统一和协调。

(3) 总规层面的海绵城市规划主要是在城市用地布局和空间管控、城市生态保护、水资源保护、防灾减灾等相关内容中落实LID理念、策略与目标要求，并将有关要求和内容纳入城市水系、排水防涝等相关专项规划。

(4) 控制性详细规划以总体规划中的海绵城市的指标和要求为指导，协调海绵城市专项规划指标，进一步分解控制指标到地块，明确各地块单位面积控制容积、下沉式绿地率及其下沉深度、透水铺装率、绿色屋顶率等LID主要控制指标，指导下层规划设计或土地出让与开发。

(5) 修建性详细规划基于控制性详细规划的约束条件,落实具体的低影响开发设施的类型、布局、规模、建设时序、资金安排等,确保地块开发落实 LID 控制目标。

10.3.2 海绵城市规划主要内容

1. 规划控制目标

海绵城市规划控制目标一般包括径流总量控制、径流峰值控制、径流污染控制和雨水资源化利用等。各地区结合水环境现状、水文地质条件等特点,合理选择其中一项或多项目标作为规划控制目标。污染径流控制和雨水资源化利用等目标大多通过径流总量控制实现,因此通常选择径流总量控制率作为首要的规划控制目标[4]。

年径流总量控制率是指所控制的降雨径流量与年均降雨总量的比值,反映了降雨经过自然与人工强化设施的渗透、滞蓄、净化等措施控制城市建设下垫面降雨径流程度的指标[5]。基于我国各地区自然资源条件及经济发展状况,《海绵城市建设技术指南》(以下简称《指南》)对我国大陆地区的年径流总量控制率进行了区域划分,并给出各区年径流总量控制的最低值和最高值,其中Ⅰ区 85%~90%、Ⅱ区 80%~85%、Ⅲ区 75%~85%、Ⅳ区 70%~85%、Ⅴ区 60%~85%,各地区参照此限值确定年径流总量控制率。Ⅰ区属于我国年降雨量在 400mm 以下的干旱和十分干旱地区,包括我国西北部的绝大部分区域和东北西部的区域;Ⅴ区属于我国大陆年降雨量最大的十分湿润地区,年降雨量超过 1600mm,甚至达到 3000mm 以上,包括海南和广东、广西的沿海地区;其他各区是介于Ⅰ区、Ⅴ区之间的湿润和半湿润区域,包括我国中、东部的广大区域(详见《指南》我国大陆地区年径流总量控制分区图)。

年径流总量控制率需换算为对应的设计降雨量,作为 LID 设施规模的计算依据。推求方法为:选取至少近 30 年日降雨(不包括降雪)数据,扣除小于等于 2mm 降雨事件的降雨量,将日降雨量由小到大进行排序,统计小于某一降雨量的降雨总量在总降雨量中的比率,此比率对应的降雨量即为设计降雨量[4,6]。以北京市为例,当年径流总量控制率为 80%和 85%时,对应的设计降雨量分别为 27.3mm 和 33.6mm。

2. 规划方案

识别城市内涝积水、水体污染、水生态功能受损等问题,按照源头减排、过程控制、系统治理的原则,制定海绵城市规划方案,提出内涝防治、水环境治理、生态修复和水资源回用等策略。

(1) 水生态保护

在区域层面,分析山、水、林、田、湖等生态本底条件,提出海绵城市的自然生态空间格局并明确保护与修复要求;划定海绵城市建设分区,对水系空间、生态空间和城镇建设空间等提出相应的保护控制及开发原则。在城市层面,选取生态敏感性分析指标,分析海绵城市建设适宜性,构建城市生态安全格局;构建海绵城市源头减排体系,即城市 LID 雨水系统,提出河湖水系生态修复等措施,明确雨水年径流总量控制率目标并分解至地块。

(2) 城市内涝防治

城市内涝成因复杂,解决内涝必须从问题产生的根源着手。海绵城市理念下的排水防涝系统可划分为小、中、大三级(图 10-19),分别对应源头减排系统、排水管渠系统和排涝除险系统[7,8]。统筹规划以上三级系统,协同城市预警预报、应急管理等,综合运用

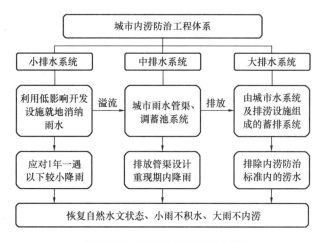

图 10-19 城市水安全系统构建

滞、蓄、排等技术手段，系统推进海绵城市内涝防治体系建设。

源头减排依托 LID 开发系统，利用下沉式绿地、雨水花园等设施的蓄滞作用，就地消纳降雨径流，主要应对 1 年一遇以下重现期的中小降雨事件；排水管渠系统以加强城市排水管网建设为主，通过改造或新建城市雨水管网系统，提高其排水能力，及时排除短时强降雨形成的径流量，主要应对排水管渠设计重现期内的降雨，一般为 2～10 年一遇降雨事件；排涝除险系统由具备排涝功能的城市河流水系及其配套排涝设施构成，通过排涝通道改造、调蓄空间增设、泵站提标改造等措施，提高城市排涝除险能力，确保内涝防治标准内的涝水顺利排放至下游，一般对应 10～30 年一遇重现期的强降雨。内涝防治体系的三级系统相互影响、相互衔接，超出小排水系统的雨水通过溢流口等设施排入城市雨水管渠系统，城市管渠系统则将收集的雨水排入排涝除险系统。对于超过设计重现期的暴雨必须辅以非工程措施综合施策，包括预警预报和抢险救灾等。

(3) 水环境治理

城市水环境治理是系统工程，治理措施包括"控源截污、内源治理、活水补源、生态修复、长制久清"的工程和非工程措施等。

控源截污一般包括径流污染控制和污水收集处理，其中径流污染以降雨初期产生的浓度最大，可通过 LID 系统控制，利用下沉式绿地、生物滞留设施等去除污染物，LID 系统的年 SS 总量去除率一般可达到 40%～60%；污水收集处理的工程措施主要包括雨污水管网改造、合流制溢流控制、污水厂和泵站建设等。

内源治理指清除水体底部的腐殖质底泥，杜绝底泥中的磷、氨氮等大量释放对水体造成污染，治理措施包括岸线整治、河道清淤等。

活水补源措施包括水源补给、增氧爆气、利用循环泵站提升水动力等，以增加水体流动性，提高水体自净能力。生态修复措施包括河湖滨岸带生态治理、河漫滩地貌单元恢复、生物多样性恢复等，以建立健康稳定的水生态系统。长制久清一般指政策上的管控措施，包括蓝线划定、河长制、污染监测等。

(4) 水资源利用

我国是一个水资源紧缺国家海绵城市建设更加注重借助自然的力量提升城市水资源的

管理效率，将雨水径流予以蓄滞净化和回收利用。其涵盖的水资源利用的目标是加强雨水、再生水等非常规水资源的利用，缓解常规水资源总量不足的问题，提高本地水资源开发利用水平，增强水资源供给安全保障度。

10.4 海绵城市工程设计

海绵城市工程设计以年径流总量控制率及对应的设计降雨量为设计目标，通过场地微地形控制、LID设施系统及排水系统等设计，综合发挥绿色雨水设施和管网等不同设施耦合功能，达到场地径流控制量的设计要求。《指南》将城市海绵系统划分为建筑与小区、城市道路、城市绿地与广场以及城市水系多个子系统，并详细明确了各子系统设计和建设要求、技术选择准则以及设施规模计算等。海绵城市工程设计程序流程见图10-20。

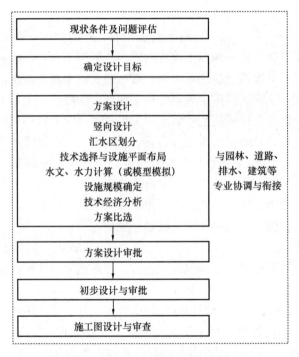

图10-20　LID雨水系统设计流程

10.4.1　技术选择

在海绵城市工程设计中，根据上位规划和相关规定明确的主要控制目标，结合当地气候与水文地质特征、场地条件等，以及设施的主要功能、适用性、景观效果和经济性等因素灵活选用LID设施。

单项LID设施往往具有多个功能，如下沉式绿地的功能除滞留雨水外，还可渗透补充地下水、净化雨水等。为实现各单项海绵设施功能互补与叠加、经济高效及景观效果等综合目标，可进行设施优选、系统组合和优化。研究表明，有输水功能的LID措施（如植草沟、渗渠）搭配渗蓄功能的LID措施（如生物滞留设施、雨水花园）的组合具有显著的协同增效现象，不仅提高了削峰减洪的效率，在降雨特征变化时也具有更强的稳定性[4,6]。

10.4.2 设施规模计算

《指南》介绍了 LID 设施规模计算方法，主要包括容积法、流量法和水量平衡法，以及按照渗透、储存、调节、转输与截污净化为主要功能的设施计算方法。LID 设施以径流总量和径流污染为控制目标进行设计时，设施具有的调蓄容积一般满足"单位面积控制容积"的指标要求，设计调蓄容积一般采用容积法进行计算。植草沟等转输设施的设计目标通常为排除一定设计重现期下的雨水流量，一般通过推理公式法来计算雨水流量。水量平衡法主要用于湿塘、雨水湿地等设施储存容积的计算。

10.4.3 LID 系统设计

海绵城市 LID 系统设计内容包括确定设施整体布局、设施形式、设施的地形和地质适用性、设施径流水质要求及预处理措施等，以及 LID 排水系统竖向设计和流向组织等内容。

以建筑与小区为例。建筑屋面和小区路面为主要产流区域，结合小区绿地、道路和景观水体优先设计生物滞留设施、渗井、湿塘和雨水湿地、透水路面等，通过单体设施串联和微地形控制，将建筑屋面和小区路面产流有组织地引入 LID 设施中进行消纳。通常建筑雨水经雨落管断接、道路雨水通过路缘石豁口等形式引入 LID 设施进行控制。

LID 设施通过溢流口与雨水管网衔接（图 10-21），当降雨超过设施径流控制体积的设计要求时允许溢流外排至市政排水管网，既可以实现源头径流减排的作用，同时保证了设计场地的安全，避免内涝。

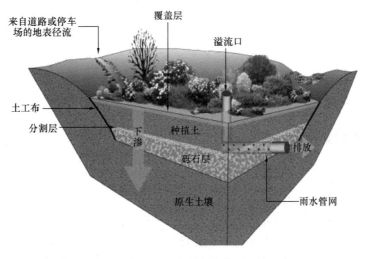

图 10-21 LID 设施溢流与雨水管网衔接示意图

图 10-22 举例说明了迁安市君和广场小区海绵设施平面布局及与管网衔接关系[9]。小区屋顶、硬化地面等下垫面径流通过周边透水铺装、雨水花园、植草沟等设施进行源头削减，溢流雨水通过小区管网进入市政管网。

透水性铺装与海绵城市建设实用技术

图 10-22　君和广场小区海绵设施布局及与管网衔接关系示意图

10.5　水文地质与气候条件对海绵城市建设的影响

10.5.1　海绵城市建设与水文地质条件的关系

水文地质包括自然地理条件（如地形地貌）、土壤以及地下水等。地形地貌是城市生态环境的有机组成部分，与城市生态敏感性、地表径流、水流速度等有着密切联系，在一定程度上影响城市的用地功能和开放空间的位置。

地形因子包括坡度、坡向和高程等。坡度大小影响地表径流量和水流流速，是制约排水设施布局的重要因子；坡向决定局部地面接收太阳辐射量的大小，直接影响局部地区气候特征（如日照、温度）的差异，影响水体蒸发、植物生长适宜性等；高程则影响地表径流汇流方向，反映区域山水格局等地形水系特征，是开展水文分析及生态敏感性分析的重要依据。因此，在海绵城市规划设计中，坡度、坡向及高程分析是不可或缺的重要环节。按照城市所处的地形分类，我国位于山前洪积、冲积扇平原的城市数量较多，其次为低山丘陵河谷地区的城市，高原山间盆地或谷底的城市，而位于中山、高山地区数量的城市极少；除了大平原中腹和三角洲平原外，城市选择两种地形过渡或交接的部位形成发展也非常普遍[11,12]。

下渗是指雨水降落在土壤表面，进入土壤孔隙，进而被土壤吸收的自然过程，是降水、地表水和地下水之间转化以及径流形成的重要环节，是关联土壤、地下水和海绵城市的纽带[10,11]。当降雨强度小于土壤下渗率时，雨水将全部被土壤吸收，不会产生地表径流，被土壤吸收的水分将会补充地下水，提高地下水水位并增加地下水径流量等；当降雨强度大于土壤下渗率时，地表将形成径流。在平原、河网三角洲等地下水位较高的地区，当降雨使地下水水位升高至接近地表时，土壤既无空间接受降雨，又不能以地下水径流的形式将降雨排走，降雨将直接转化成地表径流。由此可见，土壤渗透性能及地下水位与海绵城市 LID 建设有直接的关联。

10.5.2 海绵城市建设与气候条件的关系

气候的两个基本要素是气温和降水，直接影响海绵城市建设的目标、措施、运行维护方法与效果。适应当地气候特征，因地制宜选择相应措施及雨水管理策略是保障系统高效、安全运行的前提。

我国幅员辽阔，有温带、亚热带、热带和高原气候区，温带又包含寒温带、中温带和暖温带气候区。各区气温变化幅度大，寒温带位于大兴安岭北部地区，日平均气温≥10℃的天数小于 100d，生长季仅有 3 个月左右，年平均温度为-3℃；中温带从东北向西伸展至新疆西部，日平均气温≥10℃的天数为 100~170d，生长季为 3.5~5.5 个月，年平均气温为-4~9℃；暖温带位于淮河（北）—秦岭—青藏高原北缘一线以北，日平均气温≥10℃的天数多为 170~220d，年平均气温为 8~14℃；亚热带位于淮河（北）—秦岭以南、青藏高原以东，日平均气温≥10℃的天数多在 220d 以上，年平均气温多在 16~25℃；我国热带地区包括云南南部、广东南部、海南和台湾南部等地，全年日平均气温均≥10℃，年平均温度在 24℃以上；高原气候区海拔多在 3000m 以上，气温日变化大，气温远比同纬度平原地区低，为全国低温中心之一[12]。气温的地域差异直接影响植物种植、生物活性等，对海绵城市设施的选择有着极大的影响。

降雨量及径流分析是海绵城市设计的关键一环。我国年降水量地域分布特点如下：东南沿海地区为 1500~2000mm；长江中下游地区为 1000~1600mm；淮河、秦岭一带和辽东半岛为 800~1000mm；黄河下游、渭河、海河流域以及东北大兴安岭以东大部分地区为 500~750mm；黄河上、中游及东北大兴安岭以西地区为 200~400mm；西北内陆地区年降水量为 100~200mm。我国海绵城市建设评价标准的年径流总量控制率分区也是基于上述地域分布的降水总量来确定[10]。

10.6 不同地域海绵城市建设的施策分析

按照我国海绵城市建设的规划，在政府主管部门安排和推动下，各级地方政府的大力配合推进实施，海绵城市建设试点的实施工作获得了快速的进展。迄今，我国已建设完成了 30 个海绵城市试点，这些试点覆盖了我国 7 个气候区，颇具代表性（表 10-1），而且新的海绵城市建设试点还在进一步实施当中。本节结合相关资料和国内外最新研究成果，对不同地域的海绵城市建设的技术途径做分析讨论。

30个海绵城市建设试点的区域分布　　　　　表 10-1

所处区域	城市	数量
华北地区	北京、天津、迁安	3
东北地区	白城、大连	2
西北地区	固原、庆阳、西宁、西咸新区	4
华东地区	上海、青岛、济南、厦门、宁波、福州、镇江、嘉兴、池州、萍乡	10
西南地区	重庆、遂宁、玉溪、贵安新区	4
华中地区	常德、武汉、鹤壁	3
华南地区	珠海、三亚、深圳、南宁	4

10.6.1　华北平原地区

1. 地域特征

华北平原地区属暖温带季风气候，四季分明，降雨不均，夏涝春旱，年降水量为340～910mm，年平均降雨量为560mm；夏季6～8月降水量达380mm，占全年总量的67.8%；地下水补给少，水位埋深大，是重度"资源型"缺水区域，需要超采地下水以满足社会经济发展的需要；地层土壤渗透性较好。区域范围主要包括京、津、冀、鲁、豫、皖、苏等平原地区。

2. 海绵城市建设的策略

华北平原地区与海绵城市建设工程密切关联的地域性特点有以下方面：

(1) 水资源短缺，地下水超采严重和形成多个地下水漏斗；

(2) 降雨年内分布不均，夏季降雨集中，且地势低洼平坦，易造成排水不畅，城市内涝多发；

(3) 河流径流不足，水流缓慢，水体自净能力差，水污染严重；

(4) 城市开发强度高，水生态环境破坏严重；

(5) 地下水位高或排水不畅的地区盐渍化作用强烈，植物生长严重受限。

针对华北平原的地域性特点，总结北京、天津、迁安等国家海绵试点城市的建设经验，在海绵城市建设工程设计中，对以下方面应着重考虑：

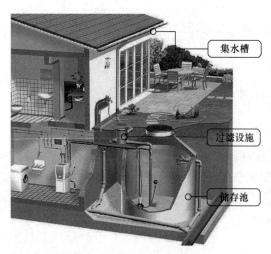

图 10-23　屋顶集雨系统

(1) 强化雨水资源化利用。采用"渗、蓄、净"海绵设施，结合净化措施，促进自然下渗、回补地下水，提高雨水资源化利用率，缓解水资源短缺现状；加强尾水深度处理，将再生水回用或补给径流量少的河道。如天津生态城综合利用屋顶集雨系统（图 10-23）、低势绿地、透水性铺装、雨水花园等技术措施收集、渗透和存储雨水，用于回补地下水或作为景观用水和市政杂用水，其中景观补水约占生态总用水量的20%，年均近$550 \times 10^4 m^3$，可节约费用约 4000 万元，取得了良好的经济效益[13,14]。

(2) 增加"蓄、滞"空间以及健全雨水管渠逐级调蓄与排放雨水，缓解城市内涝。平原区地势平缓，地表径流和河道汇流速度缓慢，涝水在地表和河道内的滞蓄作用较显著，一定量的蓄涝容积可减少排水管渠及泵站建设规模。平原区应综合使用渗、滞、蓄、净、用和排等各种生态技术，扩大海绵设施面积，提高城市应对洪涝的"弹性"。如北京亦庄开发区南部产业新区海绵系统以绿地和水系为主体，规划三级生态雨洪管理系统，实现城市防涝、水源涵养和水景营造的多重效益。

(3) 加强城市水体的保护和修复。水体对城市的生态环境、景观和市民生活品质等方面有着极其重要的影响。天津生态城通过规划保留地表河流，在河道两岸划定红线，保护生态绿地，构建以地表水体和生态绿地为核心占总规划面积近 1/4 的完整区域湿地生态系统，成为保护生态环境、调节区域气候，蓄积自然降水的"城市之肾"。

(4) 降低入河污染物，提高水体自净能力。天津生态城通过在所有入河湖排水口前建设雨水湿地，沿河建设生态驳岸等措施对入河污染物进一步净化，并对区域内污水处理厂进行提标升级改造，使出水水质达到天津市《城镇污水处理厂污染物排放标准》的 A 级标准；采用河道泵站、闸涵等设施控制试点区水体水位，实现内部水系有序循环，提高水体自净能力[13,14]。

(5) 盐碱化地区借助排盐系统，满足雨水排放和土壤排盐需求。在盐碱化地区的绿地种植土以下埋设排盐管道，下渗雨水通过排盐盲管外排进入区域河道、景观水体和市政雨水管道中，可有效促进土壤水分和盐分的排出。盐碱化地区宜采用原状土栽植模式，选择乡土盐生植物和抗盐植物为主，引入部分外来品种，增加区域生态系统的稳定性。

10.6.2 东北寒冷地区

1. 地域特征

东北地区自南向北跨中温带与寒温带，属温带季风气候。四季分明，夏季温热，冬季严寒，降水不均，春季干旱，年均降水量为 200~800mm；地层多为砂、砂砾石，透水性较好，地下水位埋深较浅。该区域范围包括黑、吉、辽和内蒙古东北部，城市多位于平原，局部位于丘陵区。

2. 海绵城市建设策略

东北寒冷地区的地域性条件对海绵城市建设的影响主要有以下方面：冬季冰雪较多，融雪剂的使用对道路桥梁、植被水体等均会产生不利影响；冬季低温寒冷，生物活性低，生态功能降低，污水处理及水体自净效率低；降雨不均，城市内河地表补给集中于雨季，旱季补给不足造成内河生态脆弱和水景功能降低；河流受雨雪水径流、废水排放使水质污染严重，河流整体水生态系统受损。

针对东北寒冷地区城市建设存在的问题，总结白城、大连等国家海绵城市试点建设的经验，对相关地域的海绵城市建设应重点考虑以下方面：

(1) 基于降雨不均，水质级别偏低的地域特征，应选择径流峰值控制和径流污染控制为主要目的低影响开发措施；加强污染物截留和净化处理，进行排水分流改造；提高污水处理率，加强雨水和融雪水的净化。

(2) 应重视针对冬季低温工况、雪荷载以及融雪剂径流污染应对的技术措施，如寒地城市不适宜设置绿色屋顶；设置透水铺装时需考虑铺装材料在冬季时的透水性、抗冻性等因素。白城市生态新区的横五路海绵型道路（图 10-24）[15]利用抗冻融透水人行道和融雪剂自动渗滤弃流技术，解决融雪剂和冻融技术难题；透水铺装采用"面层透水砖、石材/缝隙透水＋变形缝、基层导流排水"做法，解决高纬度、高寒地区透水铺装冻胀破损问题。不透水道路设置弃流装置和雨水储水池等结构（图 10-25）[16]，夏季可通过弃流装备弃流初期雨水，冬季可弃流融雪剂的雪水，解决了海绵型道路融雪剂对道路绿化植物造成的侵害以及雨水蓄积利用的问题。

图 10-24　融雪剂弃流和抗冻融透水铺装典型做法

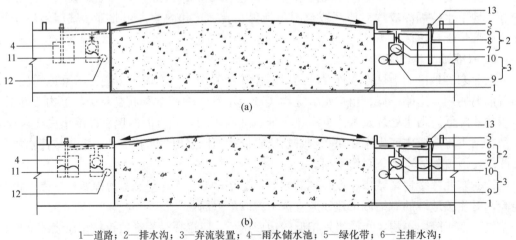

1—道路；2—排水沟；3—弃流装置；4—雨水储水池；5—绿化带；6—主排水沟；
7—第一排水沟；8—第二排水沟；9—弃流水池；10—浮球；11—污水管道；
12—渗流孔；13—水泵

图 10-25　密实路面的融雪剂自动渗滤弃流和雨水收集系统示意图
(a) 冬季工作图；(b) 夏季工作图

(3) 注重提高生态设施在低温环境下的运行效率,如人工湿地选择表面有填料覆盖的潜流湿地系统,形成空气隔绝层,提高湿地温度;采用种植耐寒且去除氮磷效率高的植物,建设微生物系统、人工曝气等水净化设施。

(4) 地下水埋深较浅的地区应避免选择以直接回灌地下为主要功能机制的通常措施,如渗井、渗渠等。区域存在径流污染、设施底部距离季节性最高地下水位或岩石层小于1.0m时,应采取预净化、防渗等措施防止地下水受污染及次生灾害。

10.6.3 西北干旱地区

1. 地域特征

西北干旱地区地处亚欧大陆内部,夏热冬冷、气候干旱,降水稀少,年降水量小于400mm。统计显示,1960年以来西北全区年降水量平均值仅为276.1mm,极端干旱发生频率的平均值为3.8月/年。西北地区土壤以黄土为主,具有分布范围广、厚度大、工程性质特殊等特点。该区域范围主要包括陕、甘、宁、青、新,城市主要分布在第2阶梯高原或地势较为低平的地区。

2. 海绵城市建设策略

西北干旱地区的地域性条件对海绵城市建设的影响主要有以下方面:降雨稀少,水资源严重匮乏;生态环境脆弱、水土流失问题较突出;海绵城市建设需考虑湿陷性黄土的不利影响;土壤保水能力较差,植被配置要求高。

针对西北干旱地区普遍存在的问题,总结西咸新区、固原、西宁、庆阳等国家海绵试点城市的建设经验,在西北干旱地区的海绵城市建设应重点考虑以下方面:

(1) 海绵城市建设遵循"蓄用为主、渗滞相辅、净化提质"的指导思想,加强雨水集蓄利用和再生水回用,缓解水资源短缺问题,蓄存回用时需注重水质控制。西咸新区作为西北地区的典型城市,具有降雨量较少、水资源短缺、砂质土层较多、土壤渗透系数较大等水文特征,在海绵城市建设中,着重发展"渗、滞、蓄、净、用、排"中"蓄"和"用"的设施,提高雨水资源利用率,缓解水资源紧缺的现状。

(2) 加强边坡防护及本地化绿化种植,避免径流及入渗造成的冲刷,保持水土并结合黄土的特殊土壤条件因地制宜建设海绵城市。西咸新区在海绵城市规划中提出了分区建设的思路(图10-26)[17],即将土壤渗透条件相对较好、具有一定挖方深度的区域划定为海绵城市宜建区;将存在地基沉降风险的填方区设为海绵城市限建区,技术措施以小规模、分散式调蓄、回用设施为主,建设渗透设施时采取防渗措施;将基础不均匀沉降风险较大的填挖交界带列为海绵城市禁建区,雨水控制以转输配合末端控制为主。

(3) 湿陷性黄土区域慎重采用以"渗"为主的设施,避免采用深层、直接大量入渗的设施,减少对地质构造承载力造成不良影响。西咸新区探索出"浅层、集中入渗"的技术模式,通过导流设施将不透水面产生的雨水径流传输至集中下渗区域,集中下渗设施底部设置蓄水砾石层,经集水盲管与雨水管线衔接,底部进行防渗处理,避免雨水直接下渗导致土层下陷和不均匀沉降[17]。

(4) 选择适宜本地气候特征的植物进行配置。各类雨水生物滞留设施可进行本土化改造,如在种植土中配置适量的改良剂,提高土壤湿度和保水性,满足植物生长需求。

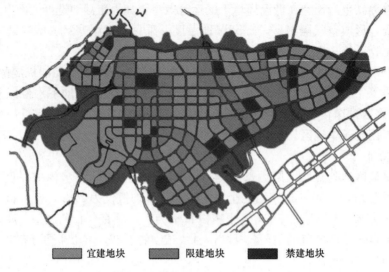

■ 宜建地块　　■ 限建地块　　■ 禁建地块

图 10-26　西咸新区海绵城市建设管控场地

10.6.4　华东沿海地区

1. 地域特征

华东地区大多地处我国东南沿海，属于亚热带湿润性季风气候，并具有海洋性气候特点。雨热同期特征明显，年降水量达到 1000mm 左右，其中三分之二集中在夏季；冬季北部常有大雪，通常集中在江苏省和安徽省的中北部地区及山东省境内。该区域范围主要包括沪、苏、浙、皖、闽、赣、鲁、台，主要城市沿海岸线分布。

2. 海绵城市建设策略

华东沿海地区的地域特点对海绵城市建设的影响主要体现在以下方面：

（1）沿海地区普遍海拔较低，且常受台风天气影响，短历时降雨强度大，排水易受海水顶托和风暴潮的影响，防洪排涝压力大；沿海地区往往处于流域下游，上游汇水面积大，当上游洪水与本地暴雨洪水叠加时，将加剧灾害影响；

（2）部分地区污水收集系统不健全，导致河道水质较差，甚至出现黑臭现象；

（3）沿海地区地下水埋深较浅，受降雨和海水入侵影响，土壤常年保持湿润且盐渍化问题突出，土壤渗透能力有限。

针对华东沿海地区的地域特点，总结上海、青岛、厦门、宁波等国家海绵试点城市的建设经验，华东沿海地区的海绵城市建设应重点考虑以下方面：

（1）注重分析潮汐顶托下的城市暴雨径流过程和淹没过程等，识别对城市水文过程具有关键意义的水生态安全格局，作为建立水生态基础设施的依据。

（2）系统推进洪涝治理。沿海城市易遭受海潮顶托而发生内涝，因此应统筹构建由 LID 系统、雨水管渠系统、排涝系统和防洪系统共同组成的城市洪涝灾害防治体系，并确保各级系统在竖向和设施布局上的有效衔接。建立防洪系统时，应加强圩区内和入海处挡潮闸和排涝泵站的建设和改造，在城市遭遇强降雨和潮位顶托时，综合发挥闸泵的挡潮和排水的调度功能，保证城市能及时排涝。

（3）发挥沿江沿海优势，合理利用水资源。浦东新区采取"控源截污、内源治理、生态补水"的系统方案开展河道环境治理，其中生态补水即在长江高潮位时，部分启用内河上的引排节制闸，引长江水对河道水系进行局部冲淤调水，引水一般在4～10月，长江不易发生海水倒灌时进行[18]。

（4）沿海地区地下水埋深浅，土壤渗透率低，海绵城市建设宜采用"蓄、用、排"的组合技术，以解决连续强降雨天气的排水问题。选用渗透设施时，应进行相关技术改良。

（5）系统推进水环境治理。宁波慈城新区构建生物滞留带、生态河道、人工湿地等生态排水系统，有效减少城市面源污染，结合污水处理设施及管网建设，水体水质基本达到地表水Ⅳ类，局部水体达到地表水Ⅲ类；上海市采用"外源减排、内源控制、水质净化、补水活水、生态修复"的技术路线，结合截污工程、清淤工程、生态修复工程和水质净化等工程措施，实现了全市中小河道黑臭基本清除[19]。

10.6.5 西南山地地区

1. 地域特征

西南地区地处巴蜀盆地、云贵高原以及青藏高原南部，包括亚热带季风气候、高原山地气候，年降水量空间分布不均，局地差异大，在600～2300mm之间。山地城市夏半年（4～9月）空气暖湿，降水较多，降雨量约占全年总降雨量的75%；冬半年（10月～次年3月），干燥少雨，降雨量约占全年的25%。该区域范围包括云、贵、川、渝、藏。

2. 海绵城市建设策略

西南地区地形地貌和水文环境较复杂，城市建设受到地形、河流、山体的限制，表现为多种复杂状态和特征，使得城市水文环境比较脆弱，对海绵城市建设的影响主要体现在以下方面：

（1）资源优势和挑战并存。一方面，山地城市地形地貌独特，具有丰富的山、水、林、田等自然资源，为海绵城市建设提供了充足的空间；另一方面，山地城市地势起伏较大，城市建设区内可利用土地少，建筑物建造密集，山体挖填方的限制进一步压缩了海绵设施用地空间，增加了海绵体系构建的难度；

（2）地表径流的空间特殊性。在产流阶段，雨水落到坡面后在重力作用下向低处流动，更易形成径流，地块径流系数也相应增加。在汇流阶段，坡地导致雨水流速加快，汇流时间缩短，洪峰时间提前，更易诱发内涝灾害[20]。山地城市短时间内易形成较大的初期雨水径流，造成较大的面源污染；

（3）山地城市土壤浅薄，地基多为岩石，土地蓄水能力差，大量雨水随地表径流排走，不利于雨水资源再利用。

针对西南山地区域的地域特点，总结重庆、贵安新区等国家海绵试点城市的建设经验，在西南山地地区建设海绵城市时应着重考虑以下方面：

（1）采用LID模式，保护和修复山水资源。对山地城市生态环境、城市景观、生物多样性保护有直接影响的山水资源划定生态保护区，加强浅丘、陡坎等次级山体的串联，保护结构性的山体走廊，疏通次级水系并控制两岸绿地。重庆市将50%以上地区划定为水源涵养重要或较重要区域，加大集水区水源涵养和保护力度[21]。贵安新区马场科技新城识别重要的生态斑块，构建生态廊道，保护山水资源和水源保护区等重要生态敏感区，通过大疏大密空间的有序指引，留足生态空间和水域用地[22]。

（2）强化山体的高差特色，建设具有山地特色的立体海绵城市。重庆市构建由高到低逐级消纳雨水的山地立体海绵城市（图10-27）[23]，利用建筑物的陡坡面、垂直面或悬挑空间形成建筑立体绿化系统；利用山地地形，在高处、坡地和洼地处分别布置山顶坑塘、坡塘湿地和雨水塘，并通过植草沟等串联各类海绵设施，形成"高蓄坡滞低缓排"的山地海绵系统；利用二、三级支流落差，布置景观坝分级调蓄雨水，形成"梯级滞蓄、溪水常流、自然补给"的活水海绵系统。

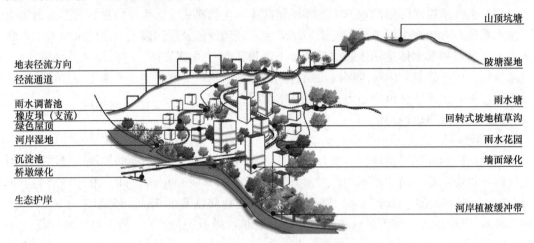

图10-27 立体海绵城市系统示意图

（3）城市地块内打造分散式海绵设施。无大面积连续性的土地用于山地海绵设施的布置时，遵循源头分散控制理念，在地块内分别设置生物滞留带、绿色屋顶、雨水调蓄池等分散式海绵设施，打造多点分布、高低分明的小型生态海绵设施，减少大面积集中绿地的设置。

（4）系统推进水环境治理和雨水资源化利用。贵安新区马场科技新城构建三级海绵体系削减污染物，包括大型的人工湿地一级海绵系统、结合雨水管网末端进行布局的二级海绵系统和低影响开发三级海绵系统[20]。重庆国博中心海绵设施依托地形而建，形成阶梯式雨水循环利用，收集地势高处雨水，经生态处理达标后，回用于地势低区域的道路冲洗、绿地浇洒等，实现雨水"高收低用"[23-24]。

10.6.6 华中平原地区

1. 地域特征

华中地区地处我国黄河中下游和长江中游地区，包括温带季风气候和亚热带季风气候。年降水量空间分布不均匀，由北向南逐渐递增；其中，河南省降水大部在600～1000mm，湖北省降水大部在800～1400mm，湖南省大部可达1200～2000mm。华中区域受季风影响，形成了冬冷夏热、冬干夏湿、雨热同季和旱涝频繁的气候特点。该区域包括豫、鄂、湘。

2. 海绵城市建设策略

华中平原地区对海绵城市建设的影响主要体现在以下方面：与华北平原地区类似，水资源短缺、地下水超采的问题突出；水资源时空分布不均，夏季降雨集中，城市排水系统不完善，极易引发城市内涝，如郑州、武汉、常德；城市开发强度高，硬化面积大，加之河流、湖泊水系的回填，调蓄能力弱；排污和污水治理能力偏弱，水体达标率低，水环境破坏严重。

针对华中平原地区的地域特点，总结武汉、郑州、鹤壁以及常德等国家海绵试点城市的建设经验，在华中平原地区建设海绵城市时应着重考虑以下方面：

(1) 注重雨水资源化利用。采用"蓄、渗、净、用"等技术措施，综合利用雨水资源，如将管网汇聚收集后的雨水直接作为低标准水源使用（如用于冲厕、景观用水等）；将处理后的雨水，通过设施渗入或回灌至地下，补充地下水资源；或将雨水集蓄、渗透结合起来建立生态化的雨水利用系统。郑州市开展多项雨水收集利用项目，如下沉式绿地、绿色屋顶等，经工程化收集与处理后达到相应水质标准的回用雨水年利用量约500万 m^3。

(2) 加强雨水滞蓄体系建设。保护和修复江河、湖塘、林田等大型蓄水海绵体，提升生态设施蓄水能力，如武汉市中心城区将45个湖泊纳入城市防洪排涝体系，调蓄总面积近 $210km^2$；以建筑与小区、公园绿地、城市道路等为载体，实施下沉式绿地、透水铺装等LID措施，对雨水进行源头收集和储存。

(3) 完善城市排水基础设施建设。在排水薄弱和积水多发区域，增加滞蓄空间，加强排水基础设施建设，提高城市内涝灾害防治能力。如武汉市中心城区规划布局35座出江泵站，总抽排规模提升至 $2258m^3/s$。此外，加强雨污分流工程改造，完善污水收集和处理系统。

10.6.7 华南多雨地区

1. 地域特征

华南地区位于我国最南部，地处热带季风区，季风变率大，降水时空分布不均，高温多雨，年均降雨量大于1000mm，居全国之首，年均雨天数为114~187d；统计显示，华南地区自1961—2008年近48年来降雨量均值达到1400mm。土壤质地黏重，渗透性较差；地下水水位高，埋深浅。该区域包括粤、桂、琼、港、澳地区。

2. 海绵城市建设策略

华南多雨地区对海绵城市建设的影响主要体现在以下方面：

(1) 华南沿海地区降雨集中、雨量大，形成的地表径流峰值高，极易发生洪涝灾害；

(2) 自然资源丰富，城市原有水系发达，但未受到充分保护，水系连通性差，如人工填岛（横琴岛）、内河河岸被硬化、城市蓝线管理制度不全等；

(3) 人口密度大，排污量大，城市水环境恶化趋势明显。

针对华南多雨地区的地域特点，总结珠海、三亚、深圳以及南宁等国家海绵试点城市的建设经验，在华南多雨地区海绵城市建设工程中应着重考虑以下方面：

(1) 重点提高城市防洪排涝能力。加强防洪堤、排水管渠、泵站等灰色基础设施建设，优先利用和恢复本地天然湿地、森林等大海绵体的生态滞蓄作用，在城市人口集中区增设具有滞蓄功能的海绵设施，充分发挥绿色设施的海绵化作用。完善城市应急排水功能，建立针对强降雨灾害的雨水疏导机制。横琴新区建设近40km防洪潮海堤，对原有河流、水库、森林、湿地等生态资源进行保护，综合推进海绵城市与防洪排涝基础设施建设。

(2) 保护原有水体生态，恢复受损生态。海口市通过人大立法，实施《关于加强东寨港红树林湿地保护管理的决定》，为红树林湿地及湿地公园划定生态保护红线。珠海市海绵试点区中的排水河道结合景观和生态建设增加了水质生态净化设施，不仅可行洪蓄滞，还可有效降低管网沉积物带来的入河污染负荷，提高河湖生态净化功能的作用。

(3) 加强水系连通和水环境综合治理。三亚市针对水系连通不畅的现状，开展水系连通工程；从源头、中途、末端全流程进行系统整治，采取生态措施和工程措施相结合的方式，源头布局LID设施，中途完善管网系统进行截污，末端规划湿地或污水处理设施，对雨水进行蓄滞和净化[25]。南宁市围绕那考河黑臭水体消除河水环境质量提升目标，从上游污染控制、外源污染控制、内源污染控制和河道生态修复四个方面系统实施水环境治理，具体包括划定流域内为禁养区、消除污水直排口、雨水径流污染控制、河底以下1.5m范围内淤泥清除等措施[9,25]。

10.7 本章小结

本章阐述了LID的理念与我国海绵城市建设的指导思想，表述了海绵城市规划设计的流程与主要内容，介绍了海绵城市建设的主要技术板块，特别是分析了与海绵城市建设密切关联的我国各气候区的气候与水文地质特点，在总结海绵城市建设经验的基础上，总结归纳了我国不同气候区进行海绵城市建设所遵循的原则。

海绵城市建设的总目标是解决城市内涝、水体污染和城市缺水等方面的问题，解决的途径主要是通过LID途径，辅以灰色设施和技术，通过源头消减径流、过程控制和综合治理来实现上述目标。我国多地的气候、水文、地形地貌等自然条件差异大，所面临的城市水问题的主要矛盾不同，海绵城市建设必须密切结合当地本底条件和治理目标来实施，以期达到良好的效果。

参考文献

[1] 石云兴，宋中南，蒋立红. 多孔混凝土与透水性铺装[M]. 北京：中国建筑工业出版社，2016.

[2] 曾工. 海绵城市有哪些LID措施—水工网[EB/OL]. (2016-12-15)[2022-12-28].

[3] 王浩. 海绵城市建设系统模式和关键技术，给水排水[OL].(根据王浩院士的会议报告整理)，2017

[4] 向晨瑶. 海绵城市水文响应机理与模拟[D]. 北京：中国水利水电科学研究院，2018.

[5] 李晨，王桂锋，张传杰，等. 北方城市海绵社区生态效益分析[J]. 水土保持通报，2017，37(3)：119-124.

[6] 北京建筑大学. 海绵城市建设技术指南：低影响开发雨水系统构建：试行[M]. 北京：中国建筑工业出版社，2015.

[7] 卫超，赵杨. 海绵城市：从理论到实践[M]. 南京：江苏凤凰科学技术出版社，2018.

[8] 赵丰昌，章林伟，高伟. 海绵城市理念下城市内涝防治体系构建的探讨[J]. 给水排水，2021，47(8)：37-44.

[9] 章林伟. 海绵城市建设典型案例[M]. 北京：中国建筑工业出版社，2017.

[10] 任南琪，黄鸿，王秋茹. 海绵城市的地区分类建设范式[J]. 环境工程，2020，38(4)：4.

[11] 冯帆，马阳，马悦. 地下水位和土壤类型对海绵城市建设的影响[J]. 净水技术，2021，40(11)：97-101.

[12] 丁一汇. 中国气候[M]. 北京：科学出版社，2013.

[13] 徐志强，秦忠强，苏晓，等. 天津生态城雨水综合利用现状与建议[J]. 中国给水排水，2016，32

(12)：6.

[14] 熊林，李晓丽，唐宇．中新天津生态城海绵城市规划建设实践与思考[J]．中国给水排水，2018，34(12)：4.

[15] 白城市住建局．道路—抗冻融透水铺装与融雪剂自动渗滤弃流技术解决北方难题[EB/OL]．(2018-12-06)[2022-12-28]．

[16] 张延年，杨哲，吴献．具有融雪剂自动渗滤弃流和雨水收集的海绵型道路：CN108532408A[P]．2018.

[17] 赵梦圆，王建龙，苏选军，等．西北干旱地区海绵城市建设途径探讨[J]．环境工程，2019，37(7)：7.

[18] 施萍，郭羽，刘龙．上海浦东新区海绵城市建设规划探索与实践[J]．中国给水排水，2020，36(10)：6.

[19] 张辰，吕永鹏，邓婧，等．上海市系统化全域推进海绵城市建设体系与技术研究[J]．环境工程，2020，38(4)：5-9，107.

[20] 李子慕．中国西南山地城市海绵城市建设与未来发展[J]．城市地理，2017(9X)：1.

[21] 段秀举．基于生态理念的山地城市水资源规划研究——以重庆市水资源规划为例[D]．重庆大学，2015.

[22] 黄丽娇，王川涛．山地高度水敏感地区海绵城市系统规划方法探索[J]．水利规划与设计，2021(6)：4-8，112.

[23] 吴君炜，熊科，罗翔．重庆海绵城市系统构建策略[J]．规划师，2019，35(12)：7.

[24] 靳俊伟，程巍，彭颖，等．重庆国博中心海绵城市改造案例分析[J]．中国给水排水，2016，32(24)：5.

[25] 张车琼．转变发展方式 助力"城市双修"——三亚市海绵城市规划探索与实践[J]．城市规划，2016(A02)：55-58，90.

第11章 透水混凝土铺装及相关板块的施工技术

透水混凝土路面按其断面结构分为直渗型、导流型和加铺透水层等类型；按其面层来分，有普通透水面层、彩色透水面层、露骨料透水面层、仿石材纹理透水面层和预制透水砖路面等，不同类型的路面有相应的施工工艺。车行路面的断面结构自下而上为路基、基层、结构层和面层，对于直渗型路面，路基以上的各层均为透水层；而对于导流型路面，基层和结构层实际上合并成了一个不透水结构层。

透水混凝土路面是透水性铺装的主要板块，但并不是全部，除此之外，常用的还有混凝土砌块（石材砌块）面层、透水砖面层、碎（砾）石面层透水性铺装以及植生混凝土等。

11.1 透水基层的施工

11.1.1 对路基的要求

直渗型路面的透水基层下面为路基，路基的渗透性影响到整个路面透水性能，而路基的透水性主要取决于土的类别，其透水性一般参照 ASTM D3385（用双环渗透仪现场测定土壤渗透率的试验方法）规定的方法测试。

对直渗型透水路面路基的渗透性有一定的技术指标要求，美国透水路面使用经验表明，路基的透水系数量级不低于 10^{-4}cm/s 时，滞留在基层内的水能在72h内完全入渗，而且透水性道路的稳定性良好；英国有资料表明，路基的透水系数大于 0.5in/h（即 $3.5×10^{-4}$ cm/s）时，基层内的水能在72h内渗完。测试方法依据 ASTM D3385（用双环渗透仪现场测定土壤渗透率的试验方法）。

常见的路基土质有砂、粉土和黏土以及它们的混合物，其中渗透性最好的是砂，但在实际工程中纯砂层不多见，而常见的是砂土、粉土或黏土质路基。由于砂土由一定数量的粗、细颗粒构成，能达到适宜的级配，当压实系数为 90%～95% 时，其渗透性满足上述要求，而且也能达到路基的稳定性要求，适宜作为直渗型透水路面的路基[1]。

路基的上面是透水基层，适合于透水混凝土路面的基层有低胶材大孔混凝土基层、级配碎石基层和水泥稳定石基层。粉性土、黏土和重黏土由于其渗透系数低，不适合作直渗性路面的路基，如此土质条件若不能回避，可进行开挖替换或者增加其上面的透水基层的厚度。

11.1.2 透水基层的施工方法

1. 级配碎（砾）石透水基层的施工

级配碎（砾）石透水基层的施工应符合《公路路面基层施工技术细则》JTG/T F20—2015 的有关规定，施工前应对路基按有关规定进行检查与验收，涉及的主要项目有：路基及其相关工程的位置、标高、断面尺寸、压实度或填筑质量、相关的原始记录及其他相关资料；除此外，还应进行渗透性检测，确认各项指标符合要求后方可进行透水基层的铺设施工。

透水级配碎（砾）石透水基层的铺设主要有以下工艺过程[2,3]：

(1) 级配碎（砾）石基层的施工一般采用厂拌法进行，即在拌制厂内将不同粒径的碎（砾）石按预定的比例投料，拌制成级配碎（砾）石料。

(2) 根据各段面层、路基的宽度和厚度及预定的堆积密度，按计算出的各段所需要的骨料数量，并依此备好级配碎（砾）石料。

(3) 将运输现场并投放到位的级配碎（砾）石料进行摊铺，人工摊铺时，其松铺系数约为 1.4～1.5；平地机摊铺时，其松铺系数约为 1.25～1.35。松铺系数值可通过试验确定。摊铺料应力求表面平整，有规定的路拱度（有排水要求时），应检验松铺层厚度是否达到预定要求。摊铺机兼有布料、铲平和碾压作用，平铲摊铺机作业如图 11-1 所示。

图 11-1　平铲摊铺机作业

(4) 摊铺后即用 12t 以上三轮压路机或轮胎压路机进行碾压。直线段由两侧路肩开始向路中心碾压。碾压时，后轮应重叠 1/2 轮宽，后轮必须超过两段的接缝处，后轮压实路面全宽时，即为一遍。一直碾压到要求的密实度为止，碾压遍数根据设计要求确定。压路机的碾压速度，第一、二遍以 1.5～1.7km/h 为宜，之后可采用 2.0～2.5km/h，如图 11-2 所示。

图 11-2　压路机碾压级配石基层作业

对于小区内的人行道透水路面的级配石基层，不必使用压路机压实，一般只需用平板振动器在整个面积上振动行走2、3遍，达到设计压实度即可，如图11-3所示。

图11-3 平板振动器对级配石基层压实作业

(5)摊铺碾压后的透水基层要进行压实度测试，一般采用固体体积率表征。透水混凝土铺装目前尚未应用于重交通路面，只用于中等交通以下等级的道路，级配碎（砾）石透水基层压实后的固体体积率达到85%即可，如果是更轻等级的交通路面，根据道路交通荷载的实际情况，固体体积率可以在80%～85%之间确定。

2. 大孔混凝土基层施工

即便是低胶结材用量的大孔混凝土，其承载能力和稳定性也要高于级配碎（砾）石层。可以用于承载要求高的透水路面的透水基层，其施工主要包括以下内容：

1）大孔混凝土制备

用于透水基层的大孔混凝土的骨料一般采用粒径为20～40mm的碎石，水泥用量一般在90～150kg/m³范围，混凝土孔隙率不小于25%，其强度等级在10～15MPa之间即可。混凝土可以利用预拌混凝土或现场搅拌，可优先选择再生混凝土骨料和再生砖瓦骨料。如采用预拌大孔混凝土，需要考虑搅拌站的生产能力和运输距离；现场搅拌要根据实际情况配置足够台次的搅拌机，以保证连续作业。作为透水基层，混凝土强度满足要求即可，不必采用过高强度的配合比，否则，胶结材用量大使透水基层的孔隙率降低也增加了成本，根据实际条件可用粉煤灰取代部分水泥。大孔混凝土的内部性状如图11-4所示[1]。

图11-4 取芯显现的大孔混凝土内部性状

2) 混凝土运输

如采用预拌大孔混凝土，运输途中要对混凝土加以覆盖，防止水分蒸发。遇运输距离过长或交通拥堵的情况，则应在混凝土制备中加入缓凝型外加剂调节凝结时间。

3) 摊铺施工

在施工之前，要先清理路基，使基层宽度、表面平整度和压实度等符合相关要求，浇筑前路基需润湿。混凝土拌合物运到现场后，应及时摊铺，摊铺过程应根据松铺高度系数加以控制，一般为 1.1~1.2。一次摊铺厚度不超过 20cm，如设计厚度超过 20cm，则分层摊铺，而且每层沿斜面分层摊铺，路缘石置于基层之上，基层宽度宜比路缘石外边缘宽出至少 30cm[2,3,5]。

4) 碾压

在摊铺刮平完成后，利用平板振动器或带振动的辊子从表面进行碾压整平，至表面平整，达到预定的标高为止，必要时可取芯检验厚度以及内部孔隙状况。

5) 养护

透水基层施工完之后，应立即进行透水结构层的施工，如果间隔时间较长，应采取覆盖方式为基层保湿，以保证混凝土强度增长，也有利于两层之间的粘结。

3. 水泥稳定石基层施工

水泥稳定石基层施工与通常道路的水稳层施工类似，参照《公路路面基层施工技术细则》JTG/T F20—2015 的有关规定进行[4]。但为保证其良好的透水性，应除去原材料石渣里掺杂的细颗粒和粉料等，而且水泥用量较少，一般为骨料的 5% 左右，可辅以粉煤灰等掺合料；因拌合料比较干涩松散，摊铺施工时可采用压路机碾压，如图 11-5 所示。

(a)

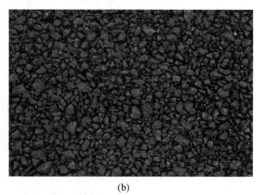
(b)

图 11-5　水泥稳定石基层施工
(a) 压实作业；(b) 压实后的效果

11.2　不透水基层的施工

如遇湿陷性黄土、膨胀土或盐渍土的路基，或需要进行雨水收集以及地下构筑物有防水要求时，铺设不透水的普通混凝土结构层来汇集雨水和导向流动，结构层的厚度需根据设计要求确定。这时的基层不再要求透水，而应参照《城镇道路设计规范》CJJ 169 和《城镇道路工程施工与质量验收规范》CJJ 1 的相关要求进行施工，但铺装时需要在结构层的表面留有一定的坡度便于汇水，在侧面也可设置排水槽。

11.3 透水混凝土的生产和运输

11.3.1 原材料

1. 水泥

透水混凝土多选用P·O42.5级及以上的普通硅酸盐水泥，必要时辅以矿物掺合料，与水和外加剂拌合成基材浆体（也可采用有砂的配比），基材浆体的量以完全包裹粗骨料，形成平均厚度为2mm的均匀的浆体膜层为度，过少的浆体影响颗粒间的胶结强度，过多则会降低透水性又增加成本。一般情况下，透水混凝土的单方水泥用量视所用的部位不同而不同，用于结构层的在250~320kg/m³，用于面层的在330~400kg/m³。

2. 粗骨料

粗骨料是透水混凝土很重要的组分材料，它们构成透水混凝土的结构骨架，粗骨料在很大程度上决定着混凝土的强度，其中对混凝土影响最大的指标是其压碎指标和级配。粗骨料可以采用普通骨料（砂、碎石）和再生骨料，骨料应符合《普通混凝土用砂、石质量及检验方法标准》JGJ 52—2006规定。粗骨料通常采用粒径较小的单一粒径，使用的粗骨料的粒径范围为5~20mm，表11-1是几个国家推荐采用的骨料级配。粗骨料含泥量小于0.5%，泥块含量小于0.5%，针片状颗粒小于10%。碎石压碎指标小于15%，卵石小于14%。进场骨料应提供检验报告、出厂合格证等资料，并且经取样复验合格后才能使用。

几个国家推荐采用的透水混凝土路面的骨料级配　　　　表11-1

国家							
英国	筛孔（mm）		14	10	6.3	3.3	0.075
	通过率（%）		100	90~100	95~45	10~20	2~5
法国	筛孔（mm）	25	19	12.5	6.3	3	0.075
	通过率（%）	100	90	40	25	20	4
南非	筛孔（mm）		13	10	6.73	3.36	0.074
	通过率（%）		100	90~100	40~45	22~28	3~5
日本	筛孔（mm）		13	5	2.5	1.25	
	通过率（%）		100	50~100	8~25	0~6	

骨料的粒径要根据混凝土应用的路面的部位来选择，用于结构层的粗骨料一般选用粒径为10~20mm的，用于面层的最大粒径不宜大于10mm，颗粒大小应均匀。仿石材纹理彩色透水混凝土采用的粗骨料与以上要求不同，主要为石英砂，其颗粒粒径单一，粒径范围为1~3mm。

3. 细骨料

为了减少透水混凝土的收缩或降低成本，有时也掺用细骨料即有砂透水混凝土，细骨料应符合《普通混凝土用砂、石质量及检验方法标准》JGJ 52—2006的相关规定，天然砂或机制砂均可，但应洁净。应选择级配良好的中砂，其含泥量应不大于1.5%，泥块含量不大于1%。细骨料用量在10%左右（以砂率计）为宜。

4. 矿物掺合料

矿物掺合料可选用硅粉、磨细矿渣粉和粉煤灰等。所用的矿物外加剂应符合《高强高性能混凝土用矿物外加剂》GB/T 18736—2017中规定的质量要求。选用矿物掺合料时，替代水泥量应符合下列要求：硅粉≤8%，矿渣粉≤40%，粉煤灰≤30%。硅粉能增强浆体的黏聚性，也能够提高混凝土强度，矿渣粉和粉煤灰改善拌合物的工作性。

5. 外加剂

透水混凝土选用的化学外加剂有减水剂、早强剂、缓凝剂、聚合物增稠剂等，选择的各产品必须符合《混凝土外加剂》GB/T 8076—2008和《混凝土外加剂应用技术规范》GB 50119—2013的有关规定。

为了改善浆体的黏聚性以便于包覆骨料，常使用胶粉等聚合物外加剂，但应适量，使用量较大时可能会对混凝土强度产生负面影响。

季节性施工使用的早强剂、抗冻剂以及缓凝剂等可参照普通混凝土的常规方法使用。

6. 拌合用水

透水混凝土所用的拌合水与普通混凝土的要求无异，应符合《混凝土用水标准》JGJ 63—2006的有关规定。

11.3.2 混凝土生产

1. 混凝土配合比

透水混凝土配合比设计在第3章已有系统的表述，基准配合比可在实验室完成，生产配合比应在基准配合比的基础上，结合实际生产的原材料情况对基准配合比进行确认和调整。首先应检验混凝土拌合物是否满足工作性要求，当浆体过稀或过干时，可调整外加剂掺量。以初选胶结材用量为基准，保持水胶比不变，选定胶结材分别增减5%的配比各一组（相当于增、减胶结材浆体体积），检验混凝土7d和28d的抗压强度、抗弯强度和透水性等，从中选取合适的配合比。

2. 混凝土搅拌工艺与质量控制

我国行业主管部门要求原则上透水混凝土生产也要采用预拌方式，特殊条件下经批准，亦可以采用现场搅拌的方式。

1）计量与投料

各种原材料的计量应准确，对于透水结构层混凝土，允许的偏差范围是：水泥、矿物掺合料±2%，粗、细骨料±3%，水、外加剂±2%。对于透水面层混凝土：水泥、矿物掺合料±1%，粗、细骨料±2%，水、外加剂±1%。胶粉等聚合物粉剂添加剂，由于其掺量很小，如遇设备不便自动投料的情况，可人工投放，或者稀释成液体后由设备自动投料。

2）搅拌

透水混凝土拌合物宜优先选用预拌混凝土，通常的搅拌工艺是放入水泥、掺合料、粗骨料，再加入一半的用水量，搅拌30s，然后加入添加剂（外加剂、颜料等），搅拌60s，最后加入剩余水量，搅拌90s出料。在搅拌站生产条件允许时，可采用先投放骨料并以一部分拌合水与骨料搅拌30s进行预湿，再投放其他材料搅拌的方法，即骨料裹浆的工艺。

在制备彩色透水混凝土的过程中应避免不同颜色混凝土之间的沾染。

3）拌合物的性能

透水混凝土拌合物性能应具有可塑性、黏聚性，浆体包覆骨料成团，颗粒间有一定黏聚力，浆体与骨料不发生离析，整体呈多孔堆积状态，坍落度50mm左右为宜，外观多呈金属光泽，性状如图11-6所示。可依据第8章介绍的有关试验方法进行测试。

4）运输

由于透水混凝土属于干硬性混凝土，坍落度损失快，应根据施工进度、运量、运距及路况，合理选配运力，确保混凝土拌合物在规定时间内运到摊铺现场。拌合物在运输过程中应覆盖，低温天气要有保温措施。预拌透水混凝土拌合物的运输应采用专用罐车运输，如果运输途中历时较长，可能出现拌合物出罐困难的情况。当无专用罐车时，可采用自卸货车运输。

出现终凝的拌合物不得用于路面摊铺。根据混凝土的特性和初凝时间，拌

图11-6 透水混凝土拌合物的性状

合物从出料到运输并铺筑完毕所允许的最长时间应符合表11-2的规定[1,5,6]，超过规定时间导致混凝土拌合物工作性不良时，不得随意添加水量，可以通过增加缓凝剂和减水剂用量来改善拌合物的工作性。

混凝土拌合物出料到铺筑完毕允许最长时间　　　　表11-2

施工气温（℃）	到铺筑完毕允许最长时间（h）	
	底层	面层
5～9	2.5	2
10～19	2	1.5
20～29	1	1
30～35	0.75	0.75

11.4 模板支设方法与应用实例

11.4.1 基本要求与若干节点做法

在完成基层施工后，即可进行模板支设，透水混凝土路面的模板可分为两类：一类是用于路面边缘的侧模，可采用胶合板、钢模板或两者结合；另外一类是用于图案或颜色分隔的分隔条兼用模板，可采用铜条、玻璃条、不锈钢条和石材等材料。

透水混凝土路面的侧模支设与普通混凝土路面要求基本相同，可以选用钢制或木制模板。边缘顺直的可以采用槽钢作为侧模，这种模板周转次数多，可承受较大的施工荷载，适合大规模工程采用，而且做出的路面边缘直顺、整齐。对于边缘异形较多的情况，可以采用木模板或钢木结合的模板。

钢筋支护间距和嵌入基层的深度需要根据基层种类和施工机械而定，对于基层压实度较低或采用振动碾压辊整平的情况，宜通过减小支护间距、增加嵌入深度来保证模板的稳固。

在木胶板背后加背楞是为增加模板刚度，使其能够承受施工机械的冲击而不发生位移。

常用的几种支护方法有：

1. 槽钢支设直路模板的方法

外侧钢筋不应高出槽钢的上表面，以便振动辊于其上面滚动行进；内侧钢筋则要高出槽钢的上表面，以便施工时边布料摊铺边将其拔除；钢筋采用等距分布，间距依布料和整平时的侧压力而定，一般 1m 左右，支护的细节如图 11-7 所示。

2. 木胶板支设直路模板的方法

木胶板背后应加背楞，内侧钢筋高出模板上表面，外侧钢筋不得高于模板上表面，钢筋宜等距分布，如图 11-8 所示。

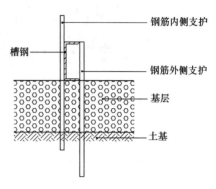

图 11-7 槽钢支设直路模板图

3. 木胶板支设弯路模板的方法

木胶板背后加背楞，在木胶板和背楞之间用木楔进行填充加固，木楔的间距和背楞的长度根据曲率的大小而定，如图 11-9 和图 11-10 所示。

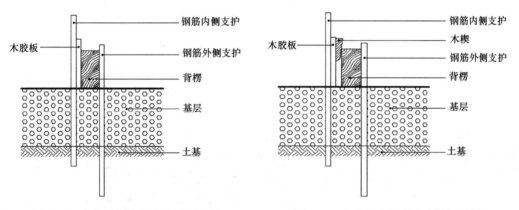

图 11-8 木胶板支设直路模板侧视图　　图 11-9 木胶板支设弯路模板侧视图

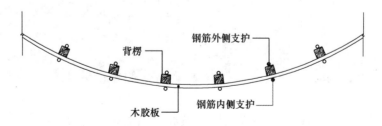

图 11-10 木胶板支设弯路模板俯视图

11.4.2 个性化模板的若干应用实例

1. 木模板应用于弧形侧模的实例

图 11-11 为一广场透水混凝土弧形步道的施工场景，采用木模板做成弧形外侧模板，并用钢筋棒嵌入基层固定的方法，作业快捷，边缘过渡圆滑。

图 11-11 弧形木模板支设实例

2. 金属分隔条兼用模板和装饰的举例

装饰性分隔模板条可采用预先支设和后镶嵌的方法。预先支设时，模板利用砂浆进行稳固，或是焊接成整体可自行稳固，随后摊铺面层透水混凝土。图 11-12（a）是位于北京大兴的某露彩色骨料透水混凝土景观广场的铜条分割支设场景，铜条用来分隔不同颜色的扇形透水混凝土铺装，起到模板、分隔缝和装饰的三重作用。支设时，先在尖端焊接固定再沿长度方向用砂浆从两侧固定，然后分格摊铺彩色透水混凝土，为避免不同颜色干扰，同一颜色的条块同一批摊铺整平。实践证明，该工艺措施效果良好，图 11-12（b）是竣工后的实景。

(a) (b)

图 11-12 装饰铜条兼模板透水混凝土铺装（实例 1）
(a) 模板的支设；(b) 竣工后的效果

图 11-13（a）是不锈钢条分隔彩色透水的彩色透水路面铺装，先将不锈钢条图案调整好之后焊接成整体进行稳固。之后摊铺透水混凝土拌合物进行整平作业，图 11-13（b）是竣工后的实景。图 11-14 是不锈钢条不规则分隔彩色露骨料透水混凝土的实例，分割条起到设置缩缝和装饰的作用。

图 11-13　金属装饰条兼模板透水混凝土铺装（实例 2）
(a) 模板的支设；(b) 竣工后的效果

图 11-14　金属镶条兼分隔模板的透水性铺装（实例 3）

11.5　结构层与面层摊铺作业技术要点

11.5.1　结构层与面层布料摊铺

基层分为透水基层和不透水基层，其上为透水结构层和面层，在结构层布料之前，要先确认基层宽度、表面平整度和压实度等符合设计要求，且表面干净、无杂物，才可进行结构层透水混凝土的摊铺作业，否则要先进行修整和清理。

摊铺之前必须对基层进行喷水润湿，因为透水混凝土属于干硬性混凝土，如拌合物的部分水分被干燥路基快速吸走，不利于整平作业和随后的凝结硬化。喷洒不宜用自来水管的水流直接冲击基层，而是采用喷头以雾状喷洒的方式湿润基层（图 11-15）。

喷洒水之后应尽快卸料布料，最好是预拌混凝土罐车直接就地卸料，避免用小车二次倒运，如

图 11-15　喷水湿润基层

图 11-16 所示。长距离的可以加溜槽等以助拌合物直接到位，如图 11-17 所示。同时，应安排好摊铺、整平、压实和接缝等工序的衔接，尽量缩短拌合物放置时间，以减少水分的散失和工作性的降低。

图 11-16 预拌料罐车直接就位卸料布料

图 11-17 预拌料罐车长距离就位卸料布料

结构层和面层布料宜紧密衔接进行，即在结构层布料整平后紧接着进行面层布料和整平作业，以保证两层固结为一体。

摊铺过程中应根据松铺高度系数控制布料厚度，松铺高度系数可通过先期试验确定，选用与实际施工相同的原材料进行搅拌摊铺。摊铺长度为一个伸缩缝间距的长度（不小于6m），宽度与设计宽度相同。对于松铺高度，可利用相同的施工机具进行碾压施工，通过取样测试碾压后的孔隙率及强度，确定最后的松铺高度。

人工摊铺时，不应抛洒，以避免表面松散或出现坑洼现象，也为了减少拌合物水分散失，根据需要选择用刮杠和耙子刮平，如图 11-18 所示。

完成结构层摊铺整平后时，如不能立即摊铺面层时，要对刚摊铺完成的结构层进行覆盖保湿养护。

如果在结构层上有运料小车碾压的部分，应用铁锹将其铲除，填补新料进行摊铺。

图 11-18 刮平作业

对于彩色混凝土的摊铺,一是要保证施工工具的清洁;二是摊铺时颜色由深及浅进行摊铺,并对分隔条进行覆盖保护,避免颜色污染。当摊铺的混凝土有露骨料要求时,要根据冲洗时间实施分段摊铺。

摊铺仿石材纹理彩色透水混凝土时,要有良好的连续性,刮平后需进行路面的修整补料,并及时覆盖,按照事先编好的顺序放置压印模板。

11.5.2 面层的振动整平

结构层的振动整平与面层类似,但面层的要求更高,本节以讨论面层的情况为主。通常采用的整平方式有低频振动碾压辊、抹光机、平板振动器、小型行走式碾压滚等方式,以使用前两者为多;除此外,还有适用于规模化施工的大型机械设备等,各整平方式的适应性随后讨论。

面层整平的主要工序为:

(1) 布料摊铺刮平之后,即开始振动整平作业,如遇摊铺后拌合物表面被风干,会影响颗粒的固结,应采用喷雾器喷水雾湿润表面物料,然后进行碾压或振动整平作业,如图 11-19 所示。

图 11-19 喷水雾湿润作业

(2) 采用低频振动辊整平的施工作业如图 11-20（a）所示，该振动辊是靠自身转动和两侧人力拉动行进，以均匀速度行进可使表面平整。滚筒表面易粘颗粒，影响整平效果，应及时清理。

(3) 振动整平辊的整平之后，如有一些小瑕疵，应进行人工修整，包括填补小坑，抹平压实和收光等，作业场景如图 11-20（b）所示。

图 11-20 低频振动辊整平与人工修整场景
(a) 整平作业；(b) 人工修整

(4) 采用抹光机整平的作业场景如图 11-21（a）所示，仍有可能存在一些表面瑕疵，也要进行人工修整，如图 11-21（b）所示。操作人员进入路面时，应穿减压鞋，以免破坏已整平的面层。

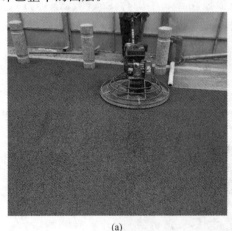 

图 11-21 抹光机整平与人工修整
(a) 抹光机整平；(b) 人工修整

(5) 面层整平要达到大面平整，孔隙均匀，颗粒牢固；外形尺寸和厚度尺寸、路面混凝土强度和透水性满足设计要求。

11.5.3 养护

由于透水混凝土有大量连通孔隙而容易失水，因此养护，尤其是早期养护显得非常重要。随着整平完成紧接着用塑料薄膜覆盖表面,但要避免覆盖时直接踩踏路面,而应借助辊压工具展铺(图11-22)。为了保持路面内部的湿度,至少每天洒水养护1次,洒水后及时覆盖,至少洒水养护7d。

图 11-22 随着整平及时覆盖保湿

11.6 各整平方法的特点与适用场景

11.6.1 大型机械摊铺法

在欧美和日本等多采用预拌透水混凝土,用罐车将混凝土拌合物从搅拌站运至施工现场,并用大型摊铺机摊铺施工,实现了布料、整平一体化,施工效率高,工程质量更有保证,如图11-23所示。

图 11-23 透水混凝土承载路面大型摊铺机施工

11.6.2 辊压整平法

低频振动辊法主要是在透水混凝土布料刮平后,利用低频振动辊压机进行振动整平作业,同时产生一定的碾压作用。低频振动辊压机由辊筒、液压动力机和液压油管组成,辊筒长度可调节。施工时由液压动力机通过液压油泵驱动轴承,带动辊筒旋转,两侧由人力通过拉杆控制行进速度和方向。

1. 该方法的特点

（1）采用该方法整平效率高，大面平整度较好，但是容易出现局部缺少颗粒等小瑕疵，且表面光泽度不够好，辊筒容易粘颗粒；整平时应辅以人工补料及找平修整。

（2）由于振动辊在行进过程中产生一定的振动力，必须有一定承载力的侧模，以钢侧模为宜；施工时应随时检查侧模板，如有下沉、变形或松动，及时纠正。

（3）该方法适合稍干硬的拌合物。

2. 应用场景

使用这种设备的整平方式适用于大面积、规则路面的透水混凝土铺装（如轻交通路面、休闲广场、停车位，小区道路等），可配合预拌混凝土运输车现场直接布料，施工速度快，效率高，而在异形面积的小范围施工则不够灵活。

11.6.3 抹光机整平法

抹光机整平法是利用普通混凝土路面施工所用的抹光机对摊铺的透水混凝土面层进行整平的施工方法，利用抹光机底盘的振动和旋转，使透水混凝土表面平整、耐磨、色泽均匀。该法在我国已普遍采用，抹光机有座驾式和手扶式（图11-24）。

1. 该方法的特点

（1）运行操作比较灵活，能适应异形表面和窄小场地作业；当操作抹光机整平靠近路缘石、栏杆和道路的标志性设置时，应放慢转盘速度以免伤及这些设施。

（2）适合塑性比较好的拌合物，抹出的表面光泽度较好，对干硬性的拌合物不易压实；抹光整平作业应紧随拌合物摊铺刮平工序，以避免已摊铺的拌合物面层变得干硬；如发现干硬，应及时喷水雾。

（3）抹光机抹平的表面光泽度好，如遇较为干硬的拌合物不易压实整平时，用抹光机先整平四周边缘，再运行设备分别从纵横方向进行整平，同时利用靠尺检查平整度并及时修整；对于抹光机难于触及的边角、坑洼缺陷处需手工配合进行补料和压实。

2. 应用场景

该整平方法适合于与路缘石同标高的路面、摊铺面积较大的景观广场、停车场等透水混凝土路面的整平施工，手扶式更适合窄小场地和异形路面整平的灵活作业，如图11-24所示。

图11-24 座驾式和手扶式抹光机作业

11.6.4 小型平板振动器的整平方法

对于异形面积和面积形状多变的透水混凝土地面铺装，可采用小型平板振动器振动整平的施工方法。小型平板振动器按其振动能的大小，分为多个类型。如图11-25所示是推压式平板振动器整平作业；图11-26是用手拉式平板振动器对停车场透水混凝土进行整平作业的场景，一般主要用于结构层。平板振动器的优点是操作便捷，场地适应性广，特别适合小空间和异形场地的铺装施工，且振动频率可选择，施工中能对路面摊铺不满意的部位及时补正。

图11-25 推压式平板振动器整平作业

图11-26 手拉式平板振动器进行结构层整平作业

11.6.5 小型行走式碾压滚整平方法

小型行走式碾压滚是可以依靠自身动力滚动行走，用小型碾压滚进行整平的设备。特点是行动灵活，容易到达边角处，适合路缘石高于路面标高以及小空间的透水混凝土铺装施工，如图11-27所示。该方法整平出来的透水路面平整度和光泽度好，适合较为干硬的拌合物，如钢渣透水混凝土等，而不适合于塑性较大的拌合物整平施工。

11.6.6 木板加振的整平方法

对于小面积场地，且对平整度要求较高的透水性铺装，适合采用木板加振的整平方

图 11-27 小型行走式碾压滚整平作业

法，具体做法是将拌合物摊铺刮平后，铺上木板，手推平板振动器在其上面行走施加振动，如图 11-28 所示。

图 11-28 木板加振整平作业

该工法适合基材浆体较饱满，可塑性好，孔隙率不超过 15% 的拌合物，而不适合较干硬的拌合物施工，否则影响颗粒的粘结牢固程度；单块木板的面积不能太大，长度宜为 1.5~2.0m、宽宜为 0.8~1.0m，否则会因施加的压强低而影响整平效果，平板振动器可视现场情况在木板上反复行走加振。

11.7 特殊施工工艺

11.7.1 表面纹理压印法

仿石材纹理彩色透水混凝土为表面正打纹理的透水混凝土，为了保证纹理的清晰与美观，制作出具有装饰性效果的石材等各种纹理，采用软质压印模板，模板采用硅橡胶制作,可以根据现场情况设计不同的纹理,图 11-29 和图 11-30 为施工中常采用的两种压印模板。

图 11-29　仿石材纹理压印模板Ⅰ

图 11-30　仿石材纹理压印模板Ⅱ

仿石材纹理透水混凝土的起模方式有两种,一是借助脱模剂,二是在混凝土表面覆盖薄膜。采用第一种方法后,模板与混凝土间无粘结,但脱模剂对路面产生了颜色污染,施工后路面颜色不均,并且脱模剂的厚度不易控制;第二种方法则很好地解决了颜色污染和脱模问题。模板的压印,采用了滚压和夯实两种方法,滚压施工速度较快,但由于模板是小块拼接而成,加振动会使模板错动,稍有不慎会影响纹理的连续性,而且混凝土的密实度不能保证。夯实虽然施工速度较慢,但施工后效果好,大面积施工时可采用多班组同时施工。起模时应平起平放,避免模板起动时对混凝土边角的磕碰。图 11-31 为混凝土布料后的刮平作业,图 11-32 为仿石材纹理夯实作业。图 11-33 为仿石材纹理路面投入使用后的实景。

图 11-31　仿石材纹理透水混凝土刮平作业

图 11-32　仿石材纹理夯实作业

11.7.2　透水砖的现场直接成型工艺

透水混凝土拌合物可以利用模具在现场直接制作透水砖,作业步骤为:做好透水基层、置模、拌合物填料、压实、起模,如图 11-34 所示。采用该种作业方法的拌合物应可塑性好,易于手工修整,骨料粒径宜为 8mm 以下。该铺装适合庭院、公园广场等场景的

图 11-33 脱膜后投入使用的仿石材纹理路面

图 11-34 现场直接成型透水砖
(a) 填料压实；(b) 起模、置模

透水性铺装。

11.7.3 露骨料透水混凝土施工

露骨料透水混凝土是经对面层混凝土施以表面缓凝和冲洗的工艺过程，使面层露出石子本色，不仅有透水混凝土的功能，还能以其自然、质朴的外观提升景观效果。

1. 工艺流程

露骨料透水混凝土路面的施工工艺流程如图 11-35 所示，相比普通透水混凝土路面铺

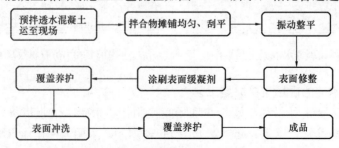

图 11-35 露骨料透水混凝土路面施工工艺

装工艺只是增加了涂刷表面缓凝剂和冲洗的工艺步骤。用于面层的拌合物应使用缓凝剂控制好凝结时间，工艺过程中最应关注的是尽量缩短从出料到涂刷（或喷涂）表面缓凝剂之间的时间间隔。如果冲洗时间掌握得不准确，容易发生冲洗得不够干净，或冲洗影响到面层颗粒粘结的牢固性，甚至出现颗粒脱落等问题[1,6,7-9]。

2. 工艺节点的技术要求

（1）骨料的要求

面层粗骨料宜选择粒形接近圆形或方形颗粒所占比例较大，针片状骨料较少的骨料，除非设计要求，尽量选择颜色一致，粒径一般在8~10mm之间的单粒级石子，小粒径的石子容易被冲洗掉。

（2）表面缓凝剂

表面缓凝剂为黏稠状液体，喷涂在整平好的透水混凝土表面，可使表面的浆体缓凝6~20h（缓凝时间长短与环境气温密切相关），便于后面工序冲洗[1,5-9]。

（3）表面整平与修整

露骨料透水混凝土的表面整平与修整要严于普通透水混凝土路面，整平过程中对表面一些麻坑或松动部位应及时进行补料修整，因为一些未充分压实的颗粒在高压水冲洗时更容易发生脱落而产生表面瑕疵。

（4）表面缓凝剂的喷涂或涂刷

随着整平工序的完成，应及时喷涂或涂刷缓凝剂，缓凝剂厚度不超过2mm，喷涂或涂刷要均匀，不应有遗漏部位。用于涂刷的缓凝剂要有一定的稠度，防止其过稀而局部涂刷过多流入混凝土孔隙率内部，可能会影响到颗粒的粘结（图11-36、图11-37）。喷涂后及时用塑料薄膜覆盖并压紧，在覆盖养护期间应及时检查，如发现有路面裸露情况应及时覆盖，以防止路面失水干燥而导致难以冲洗干净。

图11-36 表面缓凝剂的喷涂

图11-37 表面缓凝剂的涂刷

（5）表面冲洗

一般在喷涂或涂刷缓凝剂10多个小时之后进行冲洗，具体冲洗时间要依现场环境气温而定，夏季气温达30℃以上时，6h左右就可以冲洗，气温较低的季节可以到20h左右。确定冲洗时间的简单方法为，在现场制作多组试块（至少6组），并喷涂缓凝剂同条件覆盖养护，于不同时段试验性冲洗，达到最佳效果时即开始路面的正式冲洗。常用的冲洗工具是水压和流量可调的高压水枪，可以枪喷头与地面的距离大小来控制水流强度和覆盖面积(图11-38),冲洗完成后立即将路面覆盖继续养护至龄期。

图11-38 表面冲洗作业

3. 养护

透水混凝土路面铺装的养护前面已有述及,但露骨料透水混凝土的养护尤为重要,冲洗之前如有裸露、风吹等致使铺装表面过早干燥,表面缓凝剂未充分反应,将会出现表面浆体难以冲掉的情况,所以必须充分保湿覆盖,冲洗后也要继续养护到龄期。

11.8 缩、胀缝和施工缝的设置方法

11.8.1 缩缝的施工方法

缩缝分为塑切缝、预留缝和后切缝(具体要求见第9章),是为防止路面因收缩发生开裂,依工程的具体情况在铺装的不同时段设置。

1. 塑切缝

塑切缝是路面透水混凝土在塑性阶段的切缝,分为辊压缝和压条手工切缝,是在面层摊铺整平后混凝土尚未失去塑性时及时用切压辊压切或是用切压条手工切压而成,前者适合于大面积路面铺装,后者适合于不规则的小面积路面铺装,具体做法如图11-39、图11-40所示。塑切缝的优点是便捷、无噪声、无扬尘,但深度受到一定限制。

图11-39 规则路面的辊压缝

图 11-40 不规则路面手工塑压缝作业

2. 后切缝

后切缝是在硬化后用行走式切割机切割而成,切缝时间一般在混凝土养护 2d 后,在混凝土强度达到 8～12MPa 时进行切缝,如图 11-41 所示。切割后应及时冲洗切缝,以免造成对路面的污染,填缝所选用的材料应与混凝土接缝槽壁粘结力强,回弹性好,能适应混凝土的收缩,且不溶于水,耐老化,环境气温高时不流淌,低温时不脆裂,符合现行行业标准《公路水泥混凝土路面施工技术细则》JTG/T F30 的规定,宜选用常温下施工的聚氨酯类和硅酮类填缝胶,图 11-42 为打胶作业实景。

图 11-41 后切缝的施工作业

图 11-42 缩缝打胶作业

11.8.2 胀缝和施工缝的施工方法

1. 胀缝

胀缝的设置条件和构造详见第 9 章,胀缝的缝隙宽度宜为 18～21mm,并应贯通透水面层和透水结构层,由于胀缝的缝隙较宽宜通过预留设置。

胀缝的缝隙内以填缝胶填充,灌缝前应确认缝壁及内部清洁、干燥;胶厚度宜为 30～50mm;填缝胶应为能适应混凝土面层膨胀和收缩、弹性复原率高,耐久性好的接缝材料,胀缝板和填缝料的性能指标应符合现行行业标准《公路水泥混凝土路面施工技术细则》JTG/T F30 的规定,宜选用常温下施工的聚氨酯类和硅酮类填缝胶。填缝胶养护期满前不应开放交通。

2. 施工缝

每日施工结束或临时中断施工时，应设置施工缝，便于继续施工时接槎，其位置宜结合缩缝或胀缝。施工缝的设置尽量保证在缩缝或胀缝处。

设在缩缝处的施工缝，宜采用平缝形式，缝宽宜为3~8mm，缝深宜为透水混凝土路面厚度的0.2~0.5倍，设在胀缝处的施工缝，构造宜与胀缝相同。

11.9 季节性特殊天气的铺装施工

11.9.1 夏季热天施工

透水混凝土属于干硬性混凝土，高温天气水分蒸发较快，不利于施工。在环境气温超过25℃时，对于运输和放置阶段的拌合物应有防护措施，避免其温度超过30℃，否则会因拌合物中的水分蒸发过快和水化作用致使拌合物颗粒粘结松散，不利于整平施工，并导致路面强度下降。夏季施工，通常需要在混凝土制备、运输、摊铺成型等工序采取特殊措施。拌合物制备前，应避免阳光直晒骨料，搅拌时可采用冰水作为拌合用水等措施以降低混凝土拌合物温度；拌合物在运输中要加以覆盖，避免阳光照射；施工尽量避开高温时段，并提高作业效率缩短施工时间；搭设临时性的遮光挡风设施，以降低混凝土表面的风速减少水分蒸发；整平完成的路面应立即洒水并覆盖养护。

11.9.2 雨天施工

透水混凝土铺装工程原则上都应采用预拌透水混凝土拌合物。对于某些不具备相关条件的工程，可采用现场搅拌的方式，这时现场的搅拌站、水泥存放处、石料堆场以及仓库应做好防雨淋、防积水的措施。雨天施工时，应在新铺路面上准备足够的防雨棚、帆布和塑料布。

施工时突遇阵雨时，应立即停止铺筑路面，并用防雨棚、帆布和塑料布覆盖尚未硬化的路面。雨后恢复施工，如有积水应先将其排除再进行摊铺施工，发现有被雨冲刷损坏严重的部位应铲除重铺。

11.9.3 冬期施工

1. 冬期施工的准备工作

（1）施工场地的准备工作

排除路基积水，对施工现场进行必要的修整，对已经上冻的路基进行开挖并装车运走，用不含冻块的砂石回填，消除现场施工用水造成的场地结冰现象。

（2）搅拌站保温

用彩条布对搅拌站非出入口两侧进行全封闭遮挡，搅拌机棚前后台的出入口做半封闭遮挡、棚内通暖。混凝土拌合水采用电热管加热，液体外加剂存储容器加保温层防护。及时排除搅拌机清洗时的污水，防止冻结，定期清理，保持排水管道的畅通。

（3）机具保温

发电机、小型翻斗车更换防冻机油，每天施工结束后排除翻斗车水箱内的积水，防止冰冻。每次施工结束后，除对振动辊进行常规保养外，还需由专人清除辊子上的水迹，并在每次施工前进行检查，保证施工顺利进行。

2. 冬期施工主要方法及工艺要点

(1) 路基处理

冬期施工需要刨出冻土，再拍松冻土。路基用不含冻块的砂石进行回填，未上冻路基用塑料布进行覆盖，防止上冻。

(2) 混凝土搅拌

混凝土冬期施工应选用强度等级不低于42.5级的普通硅酸盐水泥，骨料应清洁，不得含有冻块及其他易冻裂物质，并采用早强型外加剂。混凝土搅拌时间比常温搅拌时间长，一般为4～5min。

(3) 混凝土运输

如有条件应采用预拌透水混凝土，运输中应采取保温措施；结构层摊铺完至面层混凝土运到前要及时覆盖；面层混凝土拌合物出料后，应及时运到浇筑地点；在运输过程中，要注意防止混凝土热量散失、表层冻结等现象。

(4) 混凝土摊铺整平

混凝土浇筑前应清除侧模上的冰雪和污块。对已完工的混凝土覆盖塑料薄膜，并加盖保温层。在保证质量的前提下，摊铺整平时间应尽可能缩短，减少混凝土暴露于空气中的时间。

(5) 养护

混凝土养护选用蓄热法，即一层塑料薄膜和二层草袋保温，防止水泥初期水化热散失，如图11-43所示。洒水养护在每日气温最高的时段进行，采用分段养护，即养护一段覆盖一段。如遇大风或气温低于0℃时，不可进行洒水养护。

图11-43 透水路面蓄热养护实景

(6) 模板拆除

混凝土模板拆除时间应根据透水混凝土的结构特点、自然气温和混凝土所达到的强度来确定，一般以缓拆为宜。拆除模板时，混凝土强度必须满足要求。冬期拆除模板时，混凝土表面温度和环境温度之差不应超过20℃。在拆除模板过程中，如发现混凝土有冻害现象，应暂停拆解，经处理后方可继续拆解。对已拆除模板的混凝土，要用保温材料予以保护。施工中不得超载使用，严禁在路面堆放过量的建筑材料或机具。

11.10 其他类型的透水性铺装施工

11.10.1 停车场混凝土砌块植生铺装施工

1. 普通混凝土大孔砌块植生铺装

采用混凝土花格砌块作为面层，大孔内以透水混凝土填充，其孔隙供植物生长，多用于停车场和公园绿地等，既能承载又能透气透水，并且能改善环境。施工过程如图 11-44 所示。首先细石或粗砂垫铺透水基层，对承载力要求高的停车场可以采用细石透水混凝土

(a)

(b)

(c)

图 11-44 普通混凝土大孔砌块植生铺装
(a) 机械手铺装施工；(b) 营养土、种子混合料填充；(c) 生长出植物的实景

作为基层;由于连锁砌块较重,宜采用机械手进行铺装施工,如图 11-44(a)所示;砌块铺装完毕后,将种子和营养土的混合物充填入大空隙中,如图 11-44(b)所示;视天气情况适当洒水促使植物发芽生长,如图 11-44(c)所示是两个多月后植物长出的情况。

2. 多孔混凝土大孔砌块植生停车场铺装

用多孔混凝土制作成花格铺地砖,地砖的结构性大孔用于生长植物,混凝土中孔隙增加通透性,用于停车场或公园绿地等娱乐场所的地面绿色铺装,施工时基层应将土基夯实,铺设约 10~30mm 的细石透水混凝土,既增加整体承载力,又透气透水,细石透水混凝土摊铺层上面铺设植生混凝土砌块,在砌块大孔内填充植物生长基料和种子,完成铺装后视天气情况保持洒水养护直至植物长出,铺设施工完成和投入使用后的场景如图 11-45 所示。

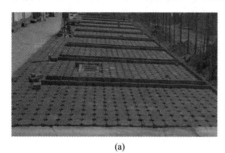 

(a) (b)

图 11-45 植生混凝土砌块停车场铺装
(a) 铺装施工中;(b) 投入使用后

11.10.2 砾(碎)石土工格栅停车场铺装施工

这种透水性铺装的面层是以砾(碎)石铺设于土工格栅所限制的网格内,土工格栅一般为塑料材质(多采用再生塑料),路面结构由土基层、砂垫层、格栅和砾(碎)石构成,自下而上的施工工序为:

(1) 基层的土层以振动器压实;
(2) 上面摊铺约 50mm 的河砂作为找平层;
(3) 铺设土工格栅,并将格栅层用行走式平板振动器压实;
(4) 格栅网格内充填粒径为 10~20mm 的砾(碎)石,厚度为 80~100mm。

这种铺装的特点是自然朴实,透气透水性强,脚感舒适,缓解"热岛效应"的效果显著,适合停车场、公园和自然休闲场所的透水性铺装,施工过程和竣工后的外观分别如图 11-46 所示。

(a) (b)

图 11-46 砾(碎)石透水性铺装施工(一)
(a) 基层平整与格栅就位;(b) 格栅层压实

(c)   (d)

图 11-46 砾（碎）石透水性铺装施工（二）
（c）砾石充填；（d）铺装完成后的实景

11.11 透水混凝土铺装质量检测的主要内容

透水混凝土路面质量检测的主要项目有：路基、透水混凝土抗压强度、抗折强度、抗冻融、抗磨性等；路面尺寸、平整性、透水性和颜色等。

（1）路基的质量应符合现行行业标准《公路工程质量检验评定标准 第一册 土建工程》JTG F80/1 的规定；

（2）路面外观尺寸符合设计要求，中心部位与边缘部位的厚度一致；颗粒粘结牢固，路面颜色一致。

（3）透水混凝土抗压强度和抗折强度的检验批数量参照相关标准执行，如对其所提供的数据存疑，可采用现场取芯的方法复验。

（4）透水系数应满足设计要求，混凝土透水系数作为混凝土开盘依据，路面的透水性以现场变水头法实测为准，依据相关标准确定检验批数量，一般以 500m^2 为一个检验批，不足 500m^2 视为一个检验批。

11.12 本章小结

本章表述了各种常用透水性铺装施工方法，其中主要是多孔混凝土铺装的施工方法，主要有大型机械方法、低频振动辊方法、抹光机方法、推压平板振动器方法和小型碾压滚整平方法等，在工程实践中应根据工程具体需求和环境条件选取适宜的方法。

透水基层是降水通过的路径，是路面铺装质量的基础，若施工质量不到位，容易引起整个路面不均匀沉降等质量问题；而对于透水结构层和面层必须做好原材料选择、拌合物的制备、铺装施工质量控制的每一个环节，才能铺装出高质量的路面。透水混凝土配合比设计的目标孔隙率不等于路面的最终孔隙率，因为施加的振动能大小对混凝土内部结构状态有直接的影响。

常用的其他类型的透水性铺装还有砌块（石材）面层透水性铺装、砾（碎）石面层透水性铺装等，所有这些铺装，重视每一施工细节特别是透水基层的施工质量才能达到应有的效果。

参考文献

[1] 石云兴，宋中南，蒋立红. 多孔混凝土与透水性铺装[M]. 北京：中国建筑工业出版社，2016.
[2] 交通部. 公路路面基层施工技术规范：JTJ 034—2000[S]. 北京：人民交通出版社，2000.
[3] 交通运输部. 公路路基施工技术规范：JTG/T 3610—2019[S]. 北京：人民交通出版社，2019.
[4] 交通运输部. 公路水泥混凝土路面施工技术细则：JTG/T F30—2014[S]. 北京：人民交通出版社，2014.
[5] 北京市地方标准. 多孔混凝土铺装技术规程：DB11/T 775—2021[S]. 北京：中国建筑股份有限公司，2021.
[6] Yunxing Shi, Pengcheng Sun, Jingbin Shi, et al., Properties of pervious concrete and its paving construction[C]. The 6th International Conference of Asian Concrete Federation, Seoul, 2014.
[7] 石云兴，霍亮，戢文占，等. 奥运公园露骨料透水路面的混凝土施工技术[J]. 混凝土，2008(7).
[8] 宋中南，石云兴，吴月华，等. 露骨料透水路面在奥运工程中的应用[J]. 施工技术，2008(8).
[9] 张燕刚，石云兴，等，露骨料透水混凝土施工技术[J]. 施工技术，2011.
[10] National concrete pavement technology center, Mix design development for pervious concrete in cold weather climates Final Report[R]. February, 2006, U.S.A.

第 12 章 绿碳、蓝碳的机制及其维护

12.1 绿碳与蓝碳的基本内涵

碳在自然界分别以元素碳、碳盐、有机碳和二氧化碳气体的形式存在于地球的岩石圈与地球深部、水圈、陆地生物圈和大气圈，而且几种形态不断地循环着，只是各环节跨越的周期不同。

作为碳存在形式之一的 CO_2 在大气圈、生物圈和地球的圈层间不断地进行着被吸收、释放和储存的过程，植物通过光合作用和呼吸作用将 CO_2 吸收、转化、储存和循环的过程称为"绿碳"，光合作用使 CO_2 被转化为有机碳储存于植物体内（包括根系）和土壤中，植物的地下部分较地上部分的储碳能力更强，由图 12-1 的数据可以看出，在地下距地表 1m 的范围内，湿地、北方针叶林和温带草原的根系固碳能力尤为显著，大大超过沙漠、热带雨林、温带森林和自然耕地等。

海洋与滨海生态系统对碳转化、固定、储存和循环的机制被称为"蓝碳"，其碳汇功能远远超过"绿碳"，地球上超过一半的碳是储存在广袤蔚蓝的海洋中，海洋通过水气交

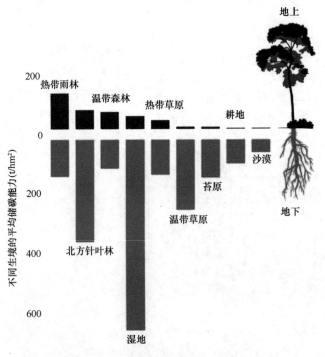

图 12-1 绿碳的范畴及其储碳能力（距地面 1m 的地方）

换、光合作用捕获、食物网传递、降解埋藏等进行碳循环过程，沉淀积存于海底的碳有可能历经千年甚至更久的年代才可能有机会返回到大气中，所以海洋是地球上最强大的碳库。

红树林、盐沼和海草床是三种主要的滨海生态系统，而且具有持续保持垂直方向上的储碳功能，以红树林的储碳能力最强，如图 12-2 所示。这三类生态系统覆盖面积不到海床的 1/200，植物量只占到陆地植物量的 1/2000，但碳储量却可能高达海洋碳储量的一半以上，居于超级碳库的级别。

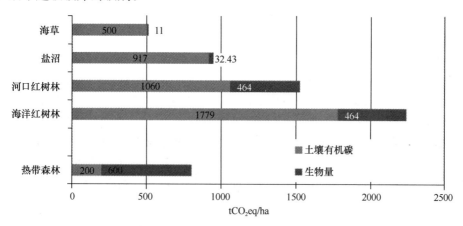

图 12-2　蓝碳的范畴及其储碳能力

CO_2 在大气中含有量的升高是形成温室效应的主要原因之一，而正是温室效应导致了暴雨等极端天气的频发。可见，绿碳、蓝碳系统与海绵城市建设存在深度的内在关联。

12.2　湿地系统的绿碳与蓝碳过程

12.2.1　湿地的分类

按国际《湿地公约》的定义，湿地系指天然或人工、长久或暂时性的沼泽地、泥炭地或水域地带，带有静止或流动的淡水、半咸水及咸水体，包括低潮时水深不超过 6m 的海域。可见湿地是地球上水陆相互作用形成的独特生态系统，是介于陆生生态系统和水生生态系统之间的过渡地带。

1. 国际上的分类方法

按照国际《湿地公约》（Ramsar Convention）的分类系统，湿地可被分为三大类：
(1) 海洋（滨海）湿地，如海草层、滩涂、珊瑚礁、红树林沼泽和盐沼等；
(2) 内陆湿地，如湖泊、河流、泥炭地、灌丛沼泽等；
(3) 人工湿地，如水库、水稻田、盐田以及废水处理场地。

2. 我国的湿地分类以及湿地特点

按照我国湿地分类的国家标准，湿地划分为天然湿地和人工湿地，而天然湿地又划分为近海与海岸湿地、河流湿地、湖泊湿地和沼泽湿地四类。近海与海岸湿地属于蓝碳的范畴，河流湿地、湖泊湿地和沼泽湿地属于绿碳的范畴，它们分别在蓝碳和绿碳系统发挥着重要的碳汇功能。

据有关部门2014年公布的数据，我国的湿地总面积5360.26万hm^2，占国土面积的5.58%，占世界湿地面积的4%，位居亚洲第一，世界第四位，仅次于加拿大、俄罗斯和美国，虽然我国湿地的总量较大，但人均湿地面积仅为世界人均水平的1/5。

此外，我国的湿地还有以下特点：自然湿地占湿地总量的87%以上，而且其中以沼泽湿地为主；从寒温带到热带、高原山区到平原、内陆到沿海均有分布，分布广且区域差异明显。

12.2.2 绿碳范畴的湿地

作为绿碳系统主要的构成部分是河流湿地、湖泊湿地和沼泽湿地，也统称为内陆湿地。前两者是河水、湖水与陆地之间的过渡区，往往生长着森林、灌丛、草本等水生和湿生植物；后者是由低洼地长期积水，生长了丰富的湿生、水生或盐生植物以及苔藓并经多年沉积而形成。除了植物，内陆湿地还繁育着大量鱼类、鸟类、两栖类等水生动物。

1. 内陆湿地的构成

各类内陆湿地的构成也不尽相同，有代表性的河口湿地、湖泊湿地的断面结构如图12-3所示，水与陆地之间的植被由河岸向水的方向依次为灌木-草本植物、湿生灌木-植物、挺水草本植物、浮叶植物和沉水植物。如前所述，对CO_2的吸收和固定功能不仅在灌木和草本植物的茎叶部，其根系和所根植的水下土壤固碳量更大。

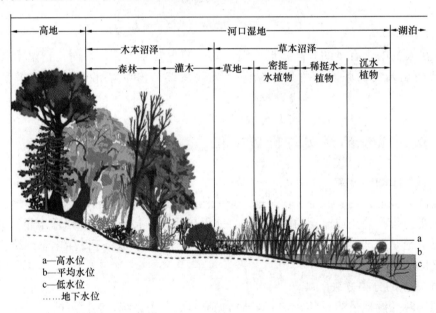

图12-3 河口/湖泊湿地的断面示意图

2. 内陆湿地的固碳机制

内陆湿地的固碳机制主要有以下几个方面：

（1）水下的土壤环境：湿地土壤是其固碳的重要组成部分，其中的碳大部分以有机碳的形式存在，有机碳来自大量植物残体和一些水生动物残体，而长期淹水状态使有机质分解缓慢，大量的有机碳被长期固定于其中。

(2) 植物：通过光合作用 CO_2 进入植物体以纤维素、木质素等有机碳的形式得以固定，根茎比高或地下部分碳分配较高的植物，对碳的固定量更多，固定的时间也更长。速生植物通过产生大量的植物残体而将丰富的碳滞留于水下土壤中；慢生植物虽然输入土壤中的植物残体少，但碳含量更高，分解速率比速生植物慢[1,6]。

(3) 泥炭：沼泽湿地下面往往埋藏着巨量的泥炭，一般泥炭形成的历史都有百年以上，有的甚至经历了几个世纪。泥炭是由沼泽植物的残体，在多水的嫌气条件下，不能完全分解堆积而成，大量的有机碳就被固定于其中，起着非常重要的碳库作用。

在地球上的 50%～70% 的湿地蕴藏着泥炭，泥炭地里的土壤碳占据地球土壤有机碳的 1/3，泥炭地里的淡水占全球陆地淡水的 1/10。

储存在泥炭中的碳总量为 120～260Pg（C），占地球陆地碳总储量 15%，是名副其实的碳汇。我国泥炭地面积 10440.68km^2，其中泥炭沼泽面积占 70.72%，为 7383.65km^2；储存着 15.03 亿 t 有机碳。有资料指出，全球沼泽湿地以每年 1mm 堆积速率计算，一年中将有 3.7 亿 t 碳在沼泽地中积累。

以我国泥炭沼泽湿地中泥炭的积累速率为 0.32mm/年计，一年中可为我国堆积约 58.47 万 t 泥炭，折合 20 万 t 有机碳的储量。由此可见，泥炭沼泽湿地是陆地生态系统中碳积累速率最快的生态系统之一，其吸收碳的能力要远远超过森林。

12.2.3　海滨湿地与蓝碳系统

蓝碳系统包括红树林、海草床和盐沼这三类滨海生态系统和海洋，前三者一般统称为滨海湿地，属于水、土、气、地貌和生物地球化学过程相互频繁作用的区域，作为蓝碳重要的组成部分与海绵城市建设的关联度更高。此外，海洋里的生物和浮游微生物也有固碳的功能，海水通过物理泵作用具有强大的碳汇功能。有代表性的滨海湿地的固碳构成如图 12-4 所示，概括起来有如下特点。

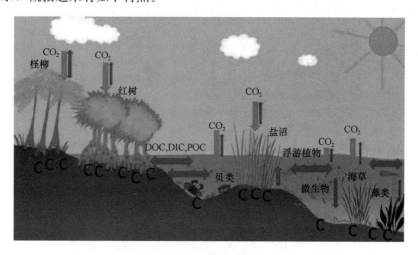

图 12-4　滨海湿地的断面示意图

1. 碳汇能力强大

红树林、海草床和盐沼这三类生态系统的覆盖面积不到海床的 0.5%，植物生物量也只占陆地植物生物量的 0.05%，但其碳储量却高达海洋碳储量的 50% 以上，甚至可能高达 71%。海洋储存了地球上约 93% 的 CO_2，据估算约为 40 万亿 t，是地球上最大的碳库；海洋每年可清除30%以上排放到大气中的CO_2，按全球平均值估算，以CO_2计，我国三大滨海蓝碳生态系统的年碳汇量约为126.88~307.74万t，其中，红树林每年碳汇量约27.16万t，海草床每年碳汇量3.2~5.7万t，滨海盐沼每年碳汇量96.52~274.88万t，对缓解全球气候变暖发挥着重要的作用[10,11]。

2. 垂直储碳且可长期固定

滨海生态系统与陆地生态系统的碳汇机制有显著差异，陆地土壤富含氧气，能够使好氧微生物将土壤中的碳氧化并返还大气中；而蓝碳生态系统饱和的土壤水环境使土壤保持厌氧状态，进而持续保持着垂直方向上的储碳。例如，西班牙利加特港海湾的大洋波喜荡海草床和巴西境内有6000年历史的、十几米厚的红树林沉积物，都是巨大的沉积物碳库；新英格兰北部的潮汐盐沼的历史长达三四千年，其厚度可达3~5m，有机碳含量超过40%。与陆地生态系统存在碳饱和现象不同的是，滨海生态系统土壤中固定的碳可大范围且长期埋藏。

除了强大的碳汇能力外，滨海蓝碳生态系统对人类福祉和全球生物多样性也有十分重要的意义。红树林、海草床和盐沼等滨海蓝碳生态系统通过减缓海岸侵蚀来保护海岸带；滨海蓝碳生态系统不仅能调节水质，为鱼类、贝类和许多濒危和珍稀物种提供重要栖息地，还是相邻生态系统的养分来源，对维持和促进生物多样性有重要的意义。

3. 蓝碳固碳的机制与过程

(1) 海岸蓝碳系统

海岸蓝碳系统的碳汇机制如图12-5所示，图中表示了盐沼、红树林、海草床和大体量藻类对CO_2吸收固定以及溶解有机碳（DOC）、溶解无机碳（DIC）、颗粒碳（POC）的转换过程，向下、向上的箭头方向分别表示对CO_2的吸收固定和向大气中释放。

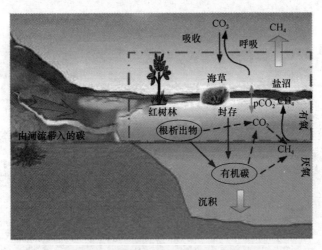

图12-5 海岸蓝碳系统的碳转化过程

盐沼、红树林和海草床等具有强大的光合作用能力，因此具备很高的单位面积固碳能力，是海岸带蓝碳的主要贡献者。特别是红树林是位于热带亚热带地区的滨海木本植物群落，其碳汇功能居海岸带蓝碳系统几种碳汇路径之首（参见图12-2），也是海岸带生物多样性的重要载体之一，于水中的躯干和根系的碳汇量大于水上的枝叶部分，红树的形貌如

图 12-6 所示。此外，浮游植物和藻类都具备通过光合作用吸收 CO_2 的功能，但这些通过生物碳泵固定的碳（以颗粒碳 POC 为主）大部分被微生物分解，小部分 POC 沉降至海底形成碳汇。同时，在微生物作用下，一部分海岸带高等植物、近海浮游植物与藻类转化和释放的有机碳可以进一步被转化为不可利用的惰性溶解有机碳（Recalcitrant DOC，RDOC）而被长期封存于海洋中，即通过微型生物碳泵机制进行储碳（Microbial Carbon Pump，MCP）。

图 12-6　红树林的形貌

（2）海水蓝碳系统

除了海岸蓝碳系统，浩瀚的海水就是一个巨大的碳汇库，当大气中的 CO_2 分压升高时，它就会自动溶入海水中直至达到平衡，进入海水中的 CO_2，一些与海水中的离子形成不溶性无机盐等物质，下沉至海洋深处而被固定；同时海洋生物也不断对 CO_2 进行吸收、转化和固定，前者称为物理泵，后者称为生物泵，其过程如图 12-7 所示。固定在海底的

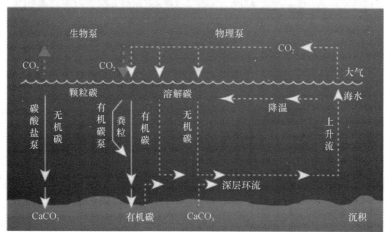

图 12-7　海洋的生物泵和物理泵工作机制

碳物质，虽历经百年、千年甚至更长的时间也不一定能返回到大气中，也不会释放另一种温室气体 CH_4，所以蓝碳是非常稳定的碳汇方式。

12.3 绿碳和蓝碳生态系统面临的挑战

12.3.1 湿地绿碳系统面临的危机

近几十年来，作为绿碳系统重要载体的内陆湿地不断受到"蚕食"，国际《湿地公约》管理组织在2021年12月的报告中指出，1970年以来全球湿地面积减少了35%，消失速度是森林消失速度的3倍，超过四分之一的湿地物种遭遇灭绝的风险；湿地面积萎缩致使其生态调蓄功能大为减弱。而几十年来处于高速发展中的我国所面临的情况并不例外。

从世界各地的情况来看，导致湿地萎缩或消失的原因主要有：

（1）人类活动尤其是农业开发造成湿地退化，快速的城市化进程造成了城市周边湿地萎缩或消失，迄今，已有超过半数的国际重要湿地遭到农业用地破坏，这些都是人类片面追求眼前经济利益的后果。

（2）污染物、垃圾等的排入破坏了湿地生态环境，湿地在很多地方成为工业污水、生活污水等废水的承泄区，湖泊湿地普遍有严重氮、磷富营养化情况。

（3）干旱、水土流失等导致湿地失去涵养而发生萎缩或干涸，部分甚至全部丧失湿地功能，图12-8所示是中东一个世界闻名内陆湿地干涸退化的实景（伊拉克）。

图 12-8 一内陆湿地的干涸

（4）湿地被疏干排水和泥炭挖掘，如湿地的水被疏干将会使地温升高，降雨减少会导致湿地土壤水分减少，由嫌气环境变成好气环境，土壤中微生物活力增强，加速了泥炭或草根层的分解，增加了 CO_2 的净释放量。若泥炭地排干为草地，热带、温带和寒温带的年碳排放速率分别达 $9.6tC/hm^2$、$5.3 \sim 6.1tC/hm^2$ 和 $5.7tC/hm^2$；热带泥炭地转化为水田和旱地，年碳排放速率分别达 $9.4tC/hm^2$ 和 $14tC/hm^2$，在温带和寒温带为 $7.9tC/hm^2$（IPCC，2013）。

也有科学家做过计算，如果将全球沼泽湿地的水全部排干，碳的排放量相当于目前森林砍伐和矿物燃料燃烧排放总量的35%~50%。这意味着温室气体将比目前增加40%左右，将大大加剧全球气候变暖的速度。

更为严重的情况是，若湿地的泥炭被开采并作为燃料燃烧，将把泥炭中积累的大量的碳迅速地氧化，使几千或上万年来由大气中CO_2形成的有机碳重新以CO_2形式返回到大气中，这时泥炭沼泽湿地就变成了碳"源"，其过程如图12-9所示。

图 12-9 泥炭被挖掘和燃烧释放温室气体示意图

内陆湿地会有一些CH_4的释放，全球天然湿地每年释放的CH_4约为10亿~20亿t，占全球CH_4总释放量的22%。但如果水被排干，环境温度升高，就会大大加剧湿地的CH_4释放，可见，人为干扰或其他原因导致生态条件恶化不仅极大地影响天然固碳功能，而且还引发另一种温室气体CH_4的大量释放（参见图12-9）。

12.3.2 蓝碳生态系统面临的危机

滨海蓝碳生态系统面临的危机来自人类活动、气候条件变化以及海洋自身条件改变等因素的影响。

1. 人类生产活动对滨海生态系统的影响

滨海蓝碳生态系统拥有多种生态功能，在碳汇功能方面潜力巨大，但是由于人为因素的影响，特别是近几十年来以经济为目的的开发，蓝碳系统以每年34万~98万hm^2的速度遭受破坏，例如，伴随着填海造田、填海地产开发等人类经济活动，滨海湿地植物被清除，湿地被排干或清淤，排干的潮汐盐沼变为农业用地，海草床被清淤等。据粗略估计，全球67%的红树林、35%的滨海盐沼和29%的海草床已被破坏。湿地被排干或清淤，使底层沉积物被暴露在大气或水体中，储存在其中的碳和大气中的氧气结合形成二氧化碳和其他温室气体，释放到大气和海洋中。

沿海围塘养殖的扩张被认为是红树林面积减少的主要原因之一，在20世纪后期消失的红树林中约29%是由围塘养殖造成的，通过围垦中高潮间带的红树林大规模建设养殖塘，使这些红树林面临被"淹死"的风险，而养殖业的排污也加剧了红树林退化。

除此以外，其他方式对滨海生物资源的过度利用，产生的水体污染等人类活动也是滨海生态系统生物多样性降低和重要的生态系统功能丧失的原因之一，而且这种情况的发生是世界性的，图12-10所示是一个因污染导致几近消失的海滩红树林湿地的实景（非洲）。

图 12-10　因污染而退化的红树林湿地

2. 气候变化和自然灾害的影响

湿地破坏导致 CO_2 排放量增加，而由此引发的极端天气和自然灾害反过来又对湿地生态功能扰乱很大。一方面，全球性气候变暖、气温上升、降水量减少和蒸发量增加等导致滨海湿地水生态失衡和土壤盐碱化加剧；另一方面，由于海平面上升、海岸侵蚀或风暴潮等海洋灾害都可能导致湿地面积受损和植被严重退化[5]。

3. 海洋自身环境的劣化

在一个生态环境良好的海域，生长着丰富的海草、海藻类海底植物和赖此生存繁衍的鱼类和贝类等，此类生态环境是海洋蓝碳的一部分，发挥着碳汇作用，如图 12-11 所示。可是近几十年相当多的海域特别在浅海的岩礁、海底呈现一种荒芜的现象，主要表现为海草、藻类衰退甚至消失以及其他海底植物的贫植生状态，荒芜的海底很像沙漠。由于提供给鱼类栖息和食物的藻类等海底植物消失，除海胆（图 12-12 中带刺的黑色团状物）外，其他鱼类的数量减少甚至消失，因此被称为"海底沙漠化"[2]。

造成浅海海底沙漠化的主要原因同样有地球气候变暖、海洋环境的污染、藻类生长所需营养物质的减少以及人类近海生产活动对海洋生态的干扰等。

图 12-11　生态良好的海底环境

图 12-12 海底沙漠化的环境

岩礁以及海底的沙漠化产生的后果之一是导致整个蓝碳系统的碳汇效果大为减弱。

蓝碳遭受破坏是全球性的，而且呈加速趋势，据统计，20 世纪 70 年代海草面积消失速度低于每年 0.9%，而 2000 年以来的消失速度超过 7%；全球约 25% 的盐沼区域已不复存在，当前的消失速度为每年 1%～2%；自 20 世纪 40 年代以来，全球约 35% 的红树林区域遭受破坏，当前的消失速度为 1%～3%，也远远超过了几十年前。

大面积被严重破坏的滨海生态系统失去了碳汇功能，甚至从碳汇变成碳源，全球的蓝碳环境条件面临着严峻的形势。因此，如果从更大视角来看待海绵城市建设，应该着眼整个生态系统，特别沿海城市，海绵城市建设不仅包括内陆的"渗、滞、蓄、净、用、排"设施的建设，还应包括绿碳系统和滨海蓝碳系统、生物多样性的维护和修复工程。

12.4 绿碳、蓝碳生态系统的修复

12.4.1 天然湿地修复的内涵

在气候变化的影响和人类活动的干预下，湿地面积急剧萎缩功能严重退化，使碳汇功能大为降低。因此进行湿地的修复和功能恢复以保持其生机是环境可持续发展的一项重要任务。天然湿地的修复有水文修复、生境修复、生物修复和水环境修复等方面。而水文修复是整个修复工程的基础，湿地保持其生机的主要机理之一是其水文连通性，它是河流、湖泊、沼泽、水库和灌区等不同类型湿地之间或同一湿地内部在空间结构上的水文连续性和以水为媒介进行物质输运、能量传递、生物迁移的能力。水通过地表径流、地下径流和"蓄积－溢出"等途径与河流、湖泊或其他湿地形成的间歇或持续的水流的移动，带动了物质、能量和生物量的传输和迁移，能够起到削减洪峰、涵养水源、净化水质、调节气候和维护生物多样性的作用，伴随水文的流通和湿地生机的恢复，其绿碳的功能才能呈现出来。

生境修复是对受损的生境进行恢复与重建，核心是解决水环境恢复、土壤环境恢复和植被恢复的问题；生物修复主要是恢复动植物群落，在植被修复的基础上，利用生态系统

的自组织、自修复能力逐步实现微生物和动物的恢复,也可通过人为投放底栖动物和鱼类的方式实现动物多样性的恢复;水环境修复的主要内容是水污染的治理和水质的提升,包括缓冲带截留污物、植物根系的吸收净化和微生物的降解作用等。

不同类型的湿地,其生态恢复的措施亦有所不同。流域和湿地水文生态修复,首先应根据流域和湿地水文退化的程度及原因,采用生态补水技术、水文连通技术和蓄水防渗技术等恢复地下水位和水文周期。

对湿地修复工作起到保障作用的另一个重要的方面是政策性措施,要防止只顾追求眼前经济利益而毁掉湿地进行农业和城市化开发的行为,对已被占用湿地,推进"退耕还湿、还草""退林还湿、还草"等综合治理;对于泥炭湿地,不仅要防止挖掘泥炭这类损害湿地原生态的行为,而且要对退化泥炭湿地进行恢复,如对排干湿地还湿、"退耕还湿"和"退牧还湿"等。

12.4.2 天然湿地生态修复的技术性措施与机理

湿地生态修复的核心技术途径主要有以下四种:(1)恢复(Recovery),主要依靠生态系统本身的自然恢复力使系统得到恢复,需要的时间较长;(2)修复(Restoration),主要以工程手段对原有受到破坏或者发生退化的生态系统进行修复,可以在较短时间完成;(3)替换(Replacement),利用另外一种生态系统来代替已不可恢复的原生态系统,可以在较短时间完成;(4)重建(Reconstruction),选择合适的区域进行生态系统的重建[6,7],需要时间长短视工程具体情况。在工程实践中应根据具体情况选择最适合的方案。

1. 内陆湿地修复的要点

1)水生态修复

水生态修复包括水文修复和水质修复,水文过程是湿地形成的重要驱动机制,湿地水文条件的恢复是湿地修复成功的基础。

(1)水文修复是指通过疏浚河道,修筑引水渠等工程措施改善区域湿地水文水动力条件,加强水文连通并重建湿地生态水平衡。其中一项主要内容是水文连通的修复,主要是通过工程措施修复上下游的纵向水文连通、湿地和河流-湖泊系统之间的侧向水文连通以及地表水和地下水的垂向水文连通,消除湿地水文连通的各个方向的物理阻隔,实现水的多维移动和交换,保证湿地必需水量的供给和生态平衡。

(2)水质修复是指采取各种水体净化措施控制水体富营养化,消除各种污染物,促进水体净化的技术措施,较水文修复的工程措施耗时要长。

2)生物修复技术

生物修复技术是指利用生态系统中的生物(动植物或微生物)降低湿地污染物浓度,并使其逐渐恢复到自然生态水平的过程,主要包括植物修复技术、微生物修复技术和植物微生物联合修复技术。

(1)植物修复技术一种是利用植物自身对污染物的吸收、降解、挥发和富集等作用,修复湿地水生态环境或土壤理化性质,构建湿地植被适宜生境,另一种是基于植物物种选育和移栽技术,通过人工播撒种子或引入其他繁殖体的方式,优化盐地碱蓬、芦苇等植被群落结构。

(2)微生物修复技术是指土壤中土著菌或人工培养菌落,通过微生物的降解作用将土壤中有毒污染物转化为无毒物质的过程。

（3）植物-微生物联合修复技术通过培植大面积植被，并添加各类促进生物降解、植物生长和植被修复的微生物，可最大程度地发挥植物-微生物对受损湿地的联合修复作用。

3）基底修复技术

土壤基底是湿地微生物、浮游动物、鸟类和植被等物种生存繁衍的基础，基底恢复措施主要包括清淤、沉积物（如疏浚物）填充等。由于疏浚物黏土含量较高，含有较丰富的营养成分，可促进湿地植被及其他湿地生物的快速生长，目前有不少修复项目采用填充疏浚物、构筑适当的湿地高程来弥补退化的湿地或重建湿地。对于受外界自然及人为负面扰动较强的湿地，可先采取工程措施来保护和稳固基底，再利用生态学原理促进逐渐恢复。

2. 滨海湿地的修复

滨海湿地的修复有生境修复和生物物种修复，前者包括水文修复、水质修复和基底修复，后者包括植物物种和动物物种修复[4]，但与内陆湿地修复的具体内容有别。

1）水文修复

周期性的潮汐作用将海洋和河流的营养物质不断地输送至滨海湿地、河口湿地，形成了海岸带的盐沼、红树林和海草床等滨海湿地生物链繁衍的基础性条件，良好的水文连通条件可以维持较高的生物多样性。

滨海湿地水文过程修复主要是通过生态补水等技术，近些年，我国利用天然潮沟恢复潮流，结合溢洪道、涵洞、水闸、潮门或自流井等工程结构对潮汐系统进行调节，解决主要河口面临的淡水入流减少和水文情势变异的威胁，对缓解湿地水文情势和生物种群恢复起到了积极作用。

国外有一些因地制宜有效恢复水文生态的实例，如比利时斯海尔德河口通过恢复盐沼湿地潮汐干扰频率，实现潮间带栖息地的生态修复，日本大阪港湿地恢复工程采用引入海水的方式恢复湿地。近年来一些研究工作将水文调控与微地形、微生境构建相结合，从景观尺度上的植被覆盖和鸟类栖息地恢复角度进行协同修复[2,3,9]。

2）水质修复

滨海湿地营养盐过高是水质修复面对的主要症结之一，除了与外海大洋交换外，近海还通过河流、地下水和大气沉降，接纳了邻近陆域所排放的大量农业、畜养和城市所产生的营养物质、微塑料及其他污染物，此外，海上养殖也是造成近海污染的重要方面。适当的盐分会促进盐沼植物生长，但是超过耐受阈值会对盐沼植物生长产生一定的抑制作用，也会导致赤潮、褐潮、绿潮等有害藻华的爆发，还会造成严重的底层缺氧、海洋酸化等生态灾害。因此水质修复必须控制陆源营养盐入海的排放量，并应长期坚持，使其逐年递减最终达标。

滨海湿地水质修复的另一重要途径是植物修复，是以植物忍耐富集或转化无机或有机污染物为基础，利用自然生长的湿地植物或者通过遗传工程培育的湿地植物来清除湿地污染物，达到净化水体的目的。其作用主要集中在清除重金属、有机污染的治理以及富营养化水体的净化上[8]。

植物修复主要通过三种机理去除有机污染物，即植物直接吸收有机污染物；植物释放分泌物和酶刺激根区微生物的活性和生物转化作用；以及植物增强根区的矿化作用。植物直接吸收土壤中的有机污染物，并将有机污染物转化成没有毒性的代谢中间体储存于植物组织中是植物去除土壤内中等亲水性有机污染物的一个重要机制。研究表明，环境中大多数 BTEX 化合物、含氯溶剂和短链的脂肪族化合物可通过这一途径去除[8]。

此外，正处于发展阶段的有植物-微生物联合生物修复，一方面植物在生长发育的过程中，根系分泌的有机物和酶类等为微生物生长提供了基质，使根际的微生物活性增强，加速了污染物的矿化；另一方面，根际环境中微生物作用可促进植物的生长，从而加速对降解产物的吸收。植物-微生物联合生物修复正是利用根际微生物与植物这一共存体系的相互协调作用提高污染土壤的生物修复效率。

3）植物物种和动物物种的修复与恢复

（1）植物物种的修复与恢复

在改善了湿地生境的基础上，一些植被物种会逐渐自然得到恢复，此外还要根据具体情况采取一些加强措施，如植被物种播种、移植和种植等方法来加快恢复，种植柽柳、红树林、碱蓬等。物种的选择应优先考虑本地种，同时需考虑植被的物种多样性。

红树林的修复是滨海湿地植物物种修复中的重要一环，应从湿地的结构和整个生态系统的功能恢复为其创造良好的生长条件着手，通过自然恢复、人工辅助生态修复与生态重建等途径对其进行修复与生态恢复[10,13]。

主要技术措施有：

① "退塘还湿"，消除生境污染。首先要清理目前对红树林生境有很大负面影响的围塘养殖，也防止其他形式的经济开发对红树林湿地的侵占，以及防止其他有污染的水体进入，并清理残余漂浮物，恢复滩涂自然生境。

② 排除人为干扰和侵占。在红树林湿地附近实施的城市化、海洋工程等可能会造成红树林湿地的破碎化，以围填海工程的破坏力最甚，再加上工程建设发生的悬浮泥沙、污水等的负面影响会造成红树林湿地生境的间接丧失，因此开展工程建设必须在不损害生态环境的前提下进行。

③ 宜林宜地树种的选择和引种栽培，提高造林成功率。

多年来，红树林的恢复遇到的困难之一是成活率低，在我国适应不同滨海条件生长的红树林树种有 70 多种，筛选与培育优良的红树植物种质或种苗是提高成活率的基础，必须首先明确红树植物种质资源区域特征，与引种地的温度、盐度、水质、沉积物、潮汐、地形地貌特征等相符，即"宜林宜地"，在此基础上选择适应的红树植物种质进行苗木繁育和引种栽培等后续工序。

根据红树林树种和种植地的区域特征，确定每公顷栽种的株树，而且选择海水退潮后白天干出滩时间较长的月份定植，定植后要做好抚育管理，包括防止人为活动损害，进行病虫害防治等，对缺损的红树幼苗及时进行补植。

④ 解决有害物种的入侵。近些年来对我国滨海湿地带来负面影响最大的外来植物物种就是互花米草，它原产于北美东海岸及墨西哥湾，成年互花米草高约 2m，其根系发达，分布在深 60cm 的滩涂中，最深可达 1m；耐盐耐淹、种群扩散和繁殖力强，能够在大多数植物无法忍受的海水的盐度，以及长时间淹水的缺氧环境生长，而且长得茎杆密集，$1m^2$ 内可生长 200 多株，因此具有很强的消浪、固滩和护堤能力，其形貌如图 12-13 所示。

20 世纪 70 年代末期，我国将互花米草作为保护海滩的植物引进，在之后的 20 多年里，在中国广大的河口与沿海滩涂区域被广泛引种，起初对我国的海岸固滩、护堤发挥了重要作用，但是由于其疯狂生长，迅速蔓延，严重排挤红树林等土著物种的生长（图 12-14），破坏了湿地底栖生物、鱼类和鸟类栖息环境，导致滨海湿地生态系统退化，严重降低了生境质量，有研究表明，互花米草入侵后会导致滨海湿地的储碳能力大幅降低[12]。

图 12-13　互花米草的形貌及其所生长的海滩　　图 12-14　与红树林竞争生长的互花米草

针对这一严峻情况，我国于 2003 年将互花米草列入外来入侵物种名单，开始了防治工作，采用"围、割、淹、晒、种、调"的综合治理方案，清除互花米草。迄今，已取得了明显的成效，原来被互花米草占据的海滩湿地也逐步恢复了红树林等土著物种的生长，湿地生态环境得以逐步恢复。但是互花米草的繁殖力极强，在海滩湿地仍有大面积生长，已获治理的区域也存在反弹的可能性，所以应建立长效防治机制。

（2）动物物种的恢复

对于蓝碳湿地系统的动物物种恢复，其前提条件是海岸湿地系统的生境恢复，随着生境的恢复，赖其生存的鱼类、两栖类、水禽类就会逐渐得以自然恢复。有研究证明，红树林的生态修复既促进了鱼类、甲壳类及多种底栖生物的恢复，又为鹭科鸟类提供食物丰富的觅食地、高潮位的停歇地及繁殖期的营巢地，显著改善了各重要的栖息环境，促进了鹭科鸟类数量的增加[13]。但对于处于濒危的珍稀动物物种，仅靠自然恢复还不够，必须同时采取科学、有效的抢救措施。

12.5　本章小结

本章节讨论了绿碳和蓝碳的碳汇功能和作用机制，探讨了与海绵城市建设的关联，也讨论了作为绿碳、蓝碳载体的内陆湿地和滨海湿地面临退化危机的现状以及生境恢复的基本措施。

绿碳和蓝碳与海绵城市建设有着密切的关联，而内陆湿地、海岸带湿地及其生态系统是绿碳、蓝碳的重要载体，海洋是地球上最大的蓝碳碳库。

多年来，人为活动和气候条件的变化导致内陆湿地和滨海湿地退化、海洋生态环境的恶化，对其治理也绝非毕其功于一役，而必须科学规划、综合治理，并致力于长期的努力方可收到良好的效果。

参考文献

［1］森 一博. 環境保全・浄化のための植物バイオテクノロジー［R］.（総合研究部）創立 90 周年記念特別企画　特集，2012.
［2］磯焼け研究のこれまで、これから［R］. 北水試だより（104），2022.
［3］天羽和夫. 海洋生物対応型エココンクリートの実施例［J］. コンクリート工学，1998，36(3).
［4］刘书锦，曹海，李丹，等. 滨海湿地生态保护及修复研究进展［J］. 海洋开发与管理，2022(7).
［5］张明亮. 滨海盐沼湿地退化机制及生态修复技术研究进展［J］. 大连海洋大学学报，2022.
［6］朱秀迪，成波，李红清，等. 水利工程河湖湿地生态保护修复技术研究进展［J］. 水利水电快报，2022.
［7］陈一宁，陈鹭真，蔡廷禄，等. 滨海湿地生物地貌学进展及在生态修复中的应用展望［J］. 海洋与湖沼，2020.
［8］吉云秀，丁永生，丁德文. 滨海湿地的生物修复［J］. 大连海事大学学报，2005，(31)3.
［9］孙乾照，林海英，张美琦，等. 滨海盐沼湿地生态修复研究进展［J］. 北京师范大学学报（自然科学版），2021.
［10］李娜，陈丕茂，乔培培，等. 滨海红树林湿地海洋生态效应及修复技术研究进展［J］. 广东农业科学，2013(20).
［11］张韫，廖宝文. 我国红树林湿地生态修复技术研究现状分析［J］. 中国林业科学研究院 热带林业研究所，中国科学基金，2022.
［12］Xiao Xu, Shujuan Wei, Hongyang Chen, et al. Effects of Spartina invasion on the soil organic carbon content in salt marsh and mangrove ecosystems in China［J］. Journal of Applied Ecology, 2022.
［13］黄智君，刘劲涛，夏丹霞，等. 滨海湿地红树林生态修复对鹭科鸟类种群动态的影响［J］. 湿地科学与管理，2021.

第 13 章　国内外 LID 的实践与工程实例

低影响开发（Low Impact Development，LID）的含义是保持开发前后的水文特征基本不变，强调在遵循自然属性的前提下实施雨洪管理。而海绵城市建设是我国借鉴 LID 的理念，并结合国情而提出的城市水土环境治理的路径与措施，其技术体系对水环境的干预、修复和治理的成分更多一些，以满足城市可持续发展的需要。

虽然海绵城市最初是基于雨洪管理而提出的，但是从深层次看，其内涵是深植于自然界水、土、气的系统工程，而且我国各地域的气候和水文地质条件有较大差异，海绵城市建设必须统筹考虑当地的水、土、气环境，因地制宜精准施策，并且要着眼长远进行系统治理。

13.1　雨水综合利用的 LID 实例

13.1.1　中新天津生态城

天津生态城位于滨海新区范围内，总面积 31.23km^2，规划居住人口 35 万人，由我国和新加坡合作开发，是世界上第一个国家间合作开发的生态城项目（Sino-Singapore Tianjin Eco-city）。生态城建设中在黑臭水体治理、建立健全保障城市水安全的排水防涝体系、雨水资源的综合利用以及海绵城市设施功能与城市景观结合等方面都取得了显著成绩[1,2]，为中外合作开展生态环境建设树立了示范，2018 年 11 月，生态城被评选为"2018 中国最具幸福感生态城"。

中新生态城的水生态环境建设与综合治理的特点是：

1. 屋面和地面雨水收集利用

屋面雨水以单体建筑为单位，就地收集就地利用，经初期弃流、沉淀、过滤后进入储水罐作为市政杂用水。渗透性路面将雨水渗至地下，补充地下水资源；道路收集雨水通过径流流入两侧的绿化带，由设置在绿地内的雨水口收集后经雨水管道输送至雨水泵站[1,2]。

2. 污染控制与环境修复治理

启用弃流装置将初期雨水（约 12.5mm 的初期降雨）弃流，避免污染物进入蓄存水体和地表水。

及时清除管网管道内的截留污物，避免产生新的污染，因传输雨水的过程中，雨水中的污物就会被截留在管道内，积累到一定程度就会成为流经水的新污染源。

环境修复方面，先后修复性建设了蓟运河故道示范段、慧风溪公园、永定洲公园等人工湿地生态环境大为改观[1,2]。

3. 景观补水

由于天津地区水蒸发量大，下渗量大，降雨量小，景观水需求量大，景观用水费用接近绿化养管费用的 1/2，生态城大规模利用污水处理厂一级 A 出水、雨水、过境水和再生水，作为景观补水，实现水资源循环利用年均近 $550×10^4 m^3$，获得良好技术经济和环境效益[1,2]（第 10 章已有述及）。几年的建设使"生态城"成为真正的生态之城，图 13-1、图 13-2 为城内的部分景观。

图 13-1 生态城内企业园区环境

图 13-2 生态城内的社区环境

13.1.2 重庆悦来新城的海绵城市建设

重庆是我国西南地区最为典型的山地城市，地形高差大，土壤渗透系数小。而且该城市处于亚热带湿润气候区，降水丰沛，多年平均降雨量为 1100mm 左右，而 4~9 月的降雨量可占全年降雨量的 75％左右，这一时期极易形成内涝。

重庆国际博览中心位于两江新区的悦来新城，国博中心工程所处位置的高程为 240~270m，会展公园高程 320~357m，按海绵城市建设的要求，依坡采用阶梯式蓄滞结构的设计示意图如图 13-3 所示[5]。可见，依高差设计成多个阶梯式雨水塘、雨水花园和调蓄池等蓄滞设施，分层分阶梯流动对雨水径流起到蓄滞作用，也有利于水质的净化。雨水按

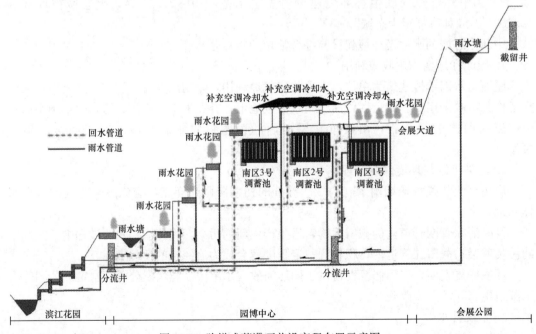

图 13-3 阶梯式蓄滞环节沿高程布置示意图

高程经过会展公园、国博中心的多个蓄滞的台阶进入滨江花园，在滨江花园范围包括了滨江湿地，经过滨江湿地后进入嘉陵江（图 13-4、图 13-5）。流经整个高程的雨水经历了"渗、滞、蓄、净、用、排"的各个环节。通过阶梯式蓄滞结构，悦来会展公园年径流总量控制率接近 85%，年污染物消减率超过 54%，获得良好的生态环境效益[13-14]。

图 13-4　会展公园的雨水花园和阶梯式植被缓冲带（高程段）

图 13-5　滨江湿地和阶梯式雨水花园（低程段）

经济效益方面，通过高收低用系统，每年能提供 12.8 万 m^3 的回用水量，代替 28.5%杂用水，每年可节约水费 51.2 万元。

13.2　活用 LID 理念优化水土环境的实例

13.2.1　新加坡清洁科技园

新加坡的清洁科技园占地 $50hm^2$，始建于 2000 年，由森林、生态栖息地、溪流、雨水花园、沼泽、泥炭地等天然元素构成，园区处处体现出对大自然的敬重。作为园区肺部和心脏的中央核心区-裕廊生态园占地 $5hm^2$，于 2014 年建成投入使用，它由森林之峰、野生走廊、淡水沼泽森林与溪流山谷四大主题区块组成，有效地保留了当地原生森林。其中，淡水沼泽森林能够收集 65%的雨水径流，过滤、净化，用作如厕冲刷、植物灌溉以及室外冲洗之用。有多个沼泽和池塘收集和保存雨水，生态洼地实现了雨水的自然净化作用，图 13-6 是园区实景的一部分。

图 13-6　新加坡清洁科技园

13.2.2　治理水土流失的典型实例

在我国西北部的黄土高原就是"土多而水少"区域，高原黄土是典型的粉砂沉积物，质地疏松且呈多孔隙状，抗冲性很差，而当地绝大部分区域属于干旱和半干旱气候类型，年降雨量一般在400mm以下，且多在夏秋降雨以暴雨的形式出现，加上气候干旱地表植被稀少，每年汛期降雨径流裹挟大量黄土流失。例如，据史料记载，甘肃庆阳的董志塬曾经南北长110km，东西宽50km，号称"天下第一塬"。而到2015年前后，由于多年的水土流失，塬面南北长剩余89km，东西最宽处仅有46km，图13-7处于水土流失中高原局部景观。对于这些地区，海绵城市建设的任务主要是蓄水、滞水以培育植被，在坡面开展植生混凝土铺装等，从而达到固土、固沟、保水和保塬的目的。

近些年来，当地灵活运用海绵城市建设的理念，对降水采取多头并举的滞、蓄和固土

图 13-7　高原水土流失的实例

措施组合拳。主要做法有：

（1）坡改为梯田，源头控制径流，滞蓄水分；

（2）乔灌木结合，强化培育适合当地气候的耐旱耐碱植物；适当种植农作物，总体上实施退耕还林还草工程，涵养植被、滞水固沟和保塬；

（3）适当区域采用植生混凝土护坡、固土和生长植被。一系列措施不仅改善了环境的温、湿度条件，固土保塬也取得了显著的效果，图13-8是坡改梯保水保塬实例。

图 13-8　坡改梯保水保塬实例

一系列海绵城市建设措施的精准实施，使高原土壤侵蚀强度整体上呈现明显下降趋势，黄河潼关站几十年来连续实测数据表明，截至2000年入黄泥沙量由20世纪70年代中期16亿t/a减至平均2亿t/a（图13-9）。

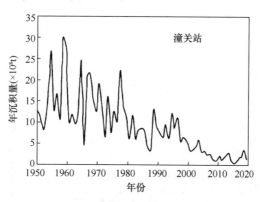

图 13-9　黄河年输沙量

13.2.3　在水多地少的条件下拓展植被的实例

在欧洲以及日本等一些海洋、河流和湖泊的面积大而土地面积小的国家，特别是像荷兰，全境基本上都是平坦而低湿的地形，这些国家秉承尊重自然属性，活用水、土、气一体的理念，大力发展水土兼用的漂浮在水面的植生浮岛（又称漂浮农场），相当于扩展了土地面积，如图13-10所示[6]。浮岛可以根据需要在海上、河流和湖泊的水面固定或是移

图 13-10　植生浮岛的实例之一

动，成为人类生活娱乐的另一场所。

植生浮岛不占用土地却增加了城市的绿化面积，松软的植被表层也能吸收太阳热，降低城市"热岛效应"；浮岛上可生长农作物、草本和木本植物，植物和根系具有绿碳功能；植物上可生长多类昆虫，也成为鸟类的驿站；浮岛的下面成为各类浮游生物聚集和繁殖的场所，也为鱼类提供食物，鱼类的繁殖又为水鸭等水鸟类动物提供了食物，形成了生物链，利于生物多样性的发展，图13-11是其生态效益的示意图。

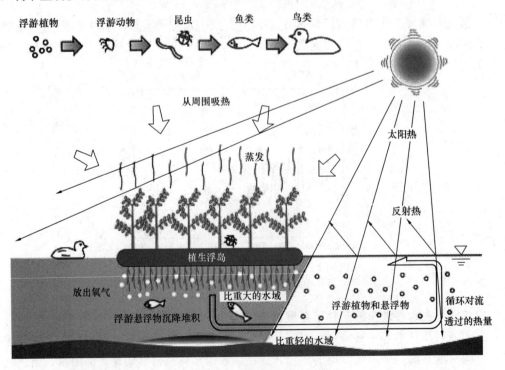

图 13-11　植生浮岛生态效益示意图

13.2.4 利用水源季节性丰富的优势发展圩田

在荷兰利用地形地貌进行水土结合改善生态的另一举措是发展圩田，形成了由圩堤、运河、闸泵设施构成的圩田系统。利用圩田地理形态，预留降水缓冲用地，部分圩田作为滞洪区在洪峰期储存降水，在旱季用于灌溉，圩田的一实例如图13-12所示。我国南方也曾有过圩田的做法，但囿于自然条件似未达到如此的体量和规模。

图 13-12 圩田的滞蓄区

海绵城市是参与大气圈和地球圈层循环的环节之一，不仅与水土密切关联，而且在一定范围直接影响大气环境的温、湿度（后面有进一步的表述），绿碳和蓝碳系统也与温室气体有着密切的关联（详见第12章）。基于LID理念的海绵城市建设应遵循环境的自然属性，因地制宜、顺势而为、精准施策，方能取得好的效果。

13.3 湿地、河流修复与建设的案例

湿地是海绵城市的重要组成部分，内陆湿地和滨海湿地除了滞蓄和净化作用外，还分别是绿碳和蓝碳的载体，受损湿地的恢复和新湿地的培育是海绵城市建设的重要任务之一。

13.3.1 北海滨海国家湿地公园

北海滨海国家湿地公园位于北海市银海区，由鲤鱼地水库及冯家江组成，包含江、渠、塘、湖、海、滩多种生态要素，是我国南部沿海复合湿地生态系统的典型代表。经过数年的修复和建设，于2016年8月由国家主管部门正式授牌为"国家湿地公园"。整个工程建设面积6688亩，其中陆域面积4500余亩，水域面积2100余亩，其中红树林面积230多公顷，是我国南部沿海"库塘—河流—近海"复合湿地生态系统的典型代表。

可是在修复整治前，水环境的问题已十分严重，冯家江的水质长期处于劣五类，属黑臭水体，入海口的滩涂时有绿藻泛滥，导致生物多样性严重下降，红树林面积逐年减少。

项目治理启动以来的数年里，通过水环境治理、生态护岸改造、水产池塘改造、红树林保育和恢复等措施，成功修复红树林370亩，修复滨海植被30亩，人工种植红树林270亩，红树林人工种植保存率从不到20%增加到50%以上，提升了滨海湿地生物多样

性以及复合生态系统的稳定性,重现了水清岸绿、鸥鹭翩翩的生态湿地环境,图13-13是部分实景。

图13-13 治理后恢复的生态环境
(a) 生长繁茂的红树林;(b) 生物多样性的恢复

在湿地公园的道路和广场采用了透水混凝土铺装,整体设计厚度120mm,其中透水面层40mm,透水结构层80mm,设计强度等级C25,颜色分为灰色及橙色(调色),铺装类型包括露骨透水混凝土和彩色混凝土,经数年使用,证明工程质量良好。图13-14是铺装的部分场景(透水材料供应商:南京标美生环境科技有限公司)。

13.3.2 官厅水库水系生态的修复

官厅水库水系是北京的重要水源地,库区主体部分跨越河北省张家口市怀来县和北京市延庆区,主要入库支流有洋河、桑干河和妫水河,水库占地面积280km^2。同时具有调蓄径流,防洪减灾的作用,水库流域有较高的生物多样性保护价值。

20世纪80年代以后,库区面临一些生态方面较为严重的问题,主要有:流域源头北部山区采石造成山体破损和水土流失(图13-15),影响了对水的蓄滞和涵养;周边养殖

图 13-14　园路的透水混凝土铺装

及污水直排污染水体；水库滩区被大量无序开垦为玉米地，化肥农药施用量大，造成严重的面源污染；库区岸带，缓冲带生态系统退化大大削弱了对径流汇集水的涵养和净化。

图 13-15　采石造成的山体和植被破坏的场景

近年来，随着京津冀协同发展和海绵城市建设规划的实施，水系综合治理和生态修复启动了一揽子工程，主要举措有：

（1）上游源头治理，矿山修复，强制关闭一批违规的矿山采石点，对保留的运行矿山按照绿色矿山标准进行生产建设，同时对破坏的矿山进行修复和植被恢复，构建水源涵养功能复合生态系统。

（2）构建 500 多亩湿地水泡面积，发展以水源涵养为主的乔—灌—草—湿复合生态系统，提升水源涵养功能；恢复滩涂湿地，保护生物多样性，选择水流较缓、水位稳定的区域，进行水生植物和湿生植物的成片恢复。

（3）进行河流生境连通性及自然形态恢复，疏通洋河、桑干河和永定河河道，恢复河流顺畅的流通性。

（4）强化环水库区生态缓冲带建设，缓冲带区实施退耕还湿、退鱼还湿等举措，大大减少了农药化肥残留和养鱼污染物的流入，有效净化了入库的地表径流。

几年来，一系列源头控制、综合治理措施的大力实施已取得显著成效，库区河湖水系面源污染大幅减少，生态系统净化能力增强，水库水质得到持续改善，2019年断面达到Ⅲ类水质标准目标要求。水生态和生物多样性得到恢复，库区展现一派生机，图13-16为俯瞰库区部分实景。

图13-16　生态恢复的库区部分实景

13.4　保水性路面铺装实例

通常透水性铺装的连通孔隙可以使大气环境温度、湿度与基层保持着一定的关联度，对环境温度、湿度的变化有一定的缓冲作用。但是若环境在一定时段一直处于较高温度和干燥的条件下，这种缓冲作用不足以平衡大幅度的路面温度上升和环境湿度下降。日本在名古屋昭和区实施了沥青多孔混凝土保水和多孔混凝土砌块保水型人行道铺装示范工程，如图13-17和图13-18所示。多孔混凝土保水型路面构造最上面一层为透水混凝土层，底

图13-17　保水型多孔沥青混凝土面层

图 13-18　保水型多孔砌块面层

层部位设有连接水源的多孔管，可根据环境对湿度的需求，将水分送到透水层，由于其下面为不透水层，大部分水分通过透水面层蒸发进入大气环境中，伴随这一过程，路面温升被抑制，环境湿度得以提升。多孔混凝土砌块保水型铺装的构造与此类似，只不过面层为透水混凝土砌块，起到滞留和蒸发水分的功能；此铺装结构多用于非机动车道。保水蒸发型铺装对降低"热岛效应"效果也非常明显，实测表明，在使环境湿度大为改善的同时，降低路表面温度可达 10℃以上。

13.5　日本烧结黏土瓦再生骨料透水混凝土铺装工程

13.5.1　黏土瓦骨料开发的背景及其基本性能

出于环境和气候的原因，日本民居采用烧结黏土瓦坡形屋顶很普遍，据相关资料数据，现每年由于翻新和拆迁产生的废弃烧结黏土瓦超过 100 万 t，而日本又是一个包括建材在内的资源匮乏的国家，对开发材料的新资源有着迫切的需求。日本的相关企业面向生态环境建设方面的需求，开发了黏土瓦再生资源化技术，把废旧黏土瓦加工成骨料大规模用于生态透水混凝土铺装工程，获得消解废弃物和优化环境的双重效益。再生瓦骨料透水混凝土铺装有透水性、保水性好，对热岛效应的缓解效果显著，路面不反光，行人脚感舒适等优点。

日本的烧结黏土瓦分为有釉和无釉两种，前者内部质地呈土红色，后者通体呈灰黑色，为烧制工艺不同所致。如图 13-19（a）所示是废弃黏土瓦的某堆场一角，如图 13-19（b）所示是黏土瓦加工成骨料的性状。

废弃黏土瓦再生骨料的基本物理性能与瓦的烧结温度和骨料的加工工艺形成的粒型和级配有关，绝大多数情况下骨料物理性能指标在如表 13-1 所示的范围内[7,8]。

图 13-19 废弃黏土瓦及其再生骨料
(a) 废弃黏土瓦堆积状况实例之一；(b) 加工成骨料的情况

废弃瓦再生料的基本性能　　　　　　　表 13-1

粒径 (mm)	表观干密度 (kg/m³)	堆积干密度 (kg/m³)	孔隙率 (%)	吸水率 (%)
3～5	1660～1750	1040～1180	34～39	15～20
5～10	1760～1950	1170～1260	36～43	13～18

13.5.2 烧结黏土瓦骨料透水混凝土的基本性能与铺装施工案例

日本实施的再生瓦骨料透水混凝土铺装设计抗压强度在 13MPa 以上，制备混凝土拌合物，一般采用的骨胶比为 2.9～3.6，水胶比为 0.28～0.35，拌合之前，应将骨料湿润至饱和面干状态再投料搅拌，宜用"净浆裹石法"拌合，即先将水泥、减水剂和拌合水投料，搅拌 1.5～2min，然后投入再生骨料搅拌约 1.5min 出料。拌合物的性状如图 13-20 (a) 所示，湿密度一般在 1650～1950kg/m³ 范围，虽外观看起来比较松散，但内部含有足够的水分，施以适当整平方式可呈现良好的可施工性。再生瓦骨料透水混凝土干密度为 1520～1820kg/m³，抗压强度的范围为 13～18MPa[7,8]。铺装厚度一般为 6～15cm，具体厚度根据工程需求决定，整平方式一般采用抹光机方法，如图 13-20 (b) 所示。经实测，厚度分别为 7cm、10cm，面积为 1m² 的路面铺装可以保持的水量分别达到 13～15L 和

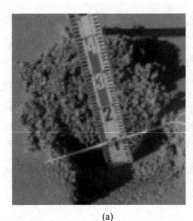

图 13-20 再生瓦骨料透水混凝土拌合物与铺装施工
(a) 拌合物；(b) 铺装施工实例之一

15~18L。

日本在石川县、群马县、岐阜县、静冈县和奈良县等地实施了大批的再生瓦骨料透水混凝土铺装工程，图13-21仅是石川县的铺装工程的一部分实景。图13-22（a）、（b）分别是路面整平后的表面状态和从同条件试样看到的内部多孔结构，证明骨料对基材浆体的吸附性较强，不会发生沉浆现象，利于形成均匀的多孔结构。

图13-21　烧结黏土瓦再生骨料透水混凝土铺装（石川县）

(a)　　　　　　　　　　　　　　(b)

图13-22　烧结黏土瓦再生骨料透水混凝土铺装的表面与内部结构
（a）铺装整平的表面状态；（b）内部多孔结构

13.5.3 烧结瓦再生骨料透水混凝土技术的市场化发展

由于日本的废弃烧结瓦遍布在多地，不便于集中管理和制备，于是发展了透水混凝土制备的移动工厂，可以到铺装施工现场就地生产透水混凝土，与铺装施工无缝衔接，免去了拌合物远途运输和性能下降之虞，移动工厂如图 13-23 所示。黏土砖瓦在东南亚、欧洲和美洲都有大量的废弃物，日本的相关会社已经开始将其技术体系推向海外，并且启动与越南合作，输出移动工厂，实施该项技术和产品的海外推广。

图 13-23　烧结瓦再生骨料透水混凝土移动工厂

13.6　若干透水混凝土铺装实例

约在 20 年前，本书作者团队就率先在我国开展了透水混凝土的试验研究，而且亲历了如北京奥林匹克公园、西安大明宫遗址公园和上海世博会场馆透水混凝土路面铺装等一批标志性工程。自我国 2014 年实施海绵城市建设以来，作为其重要组成板块的透水混凝土铺装技术获得了快速发展，工程体量得到了空前的提升，应用场景更加丰富，作者团队又有幸置身于这一历史进程中。目前，伴随海绵城市建设的进展，本团队实施的规模不等的透水混凝土项目已不胜枚举，本节只代表性列出几项近年的工程项目。

13.6.1　彩色透水混凝土、露骨料透水混凝土铺装项目

1. 南京滨江彩色透水绿道

南京最美滨江绿道的彩色透水混凝土路面是骑行、跑步爱好者的打卡圣地，为广大市民提供了跑步锻炼、露营休憩、观光赏景的休闲场所，路面于 2013 年建设完成，由江苏标美建设工程有限公司铺装施工，南京标美生环境科技有限公司供应材料。

路面全长近 40km，其中透水混凝土铺装面积超过 5.6 万 m^2，透水混凝土的设计强度等级为 C25，透水面层的厚度为 50mm，颜色有红色、蓝色、灰色等，经数年使用表明工程质量良好，图 13-24 为部分实景图。

2. 南京紫金山彩色透水绿道

江南美景四季如画，南京作为六朝古都而闻名于世，其城市绿化历来也是备受称颂。2013 年始建的环紫金山绿道长 30km，是一条仅供游客步行和自行车通行的绿道。这条绿

图 13-24　滨江彩色透水路面部分实景

道蜿蜒穿行于紫金山山间密林，既保护了原有的生态系统和绿化环境，也成为一项集观光旅游健身休闲娱乐于一体的惠民工程。该绿道采用透水混凝土铺装，路面结构由下向上依次为原状土夯实、150mm 厚级配碎石、120mm 厚透水混凝土结构层、30mm 厚红色透水混凝土面层，其中透水结构层设计强度等级为 C20，骨料粒径为 12～15mm，透水面层设计强度等级为 C20，骨料粒径 3～5mm。由江苏标美建设工程有限公司铺装施工，南京标美生态环境科技有限公司提供关键材料，图 13-25 是工程实景。

图 13-25　紫金山透水绿道实景

3. 南宁园博园露骨料透水混凝土铺装工程

第十二届中国（南宁）国际园林博览会于 2018 年 12 月至 2019 年 5 月在南宁市举办。本届园博会以"生态宜居 园林圆梦"为主题，项目设计依据"不推山，不填湖，保留现状植被"的环保理念，项目建设主要通过生态保护、矿坑修复和海绵规划来实现。本项目铺设露骨料透水混凝土路面 3.5 万 m²，设计强度等级为 C25，骨料采用彩色石子，路面结构为 40mm 透水面层＋60mm 透水结构层，于 2018 年竣工（透水关键材料供应：南京标美生态环境科技有限公司）。

路面经数年使用表明路面的质量良好，图 13-26 为工程局部实景。

图13-26 工程实景图

13.6.2 旧城区海绵化改造透水混凝土铺装

西安小寨区域透水混凝土铺装是该城区海绵化改造项目的一部分,是以解决内涝为出发点,以保障区域水安全为主要目标。

透水性铺装的主要工程量完成的时段为2018—2019年,由于是典型的旧城区,工程涉及拆除较多,产生拆除垃圾也相对较多,施工环境复杂等特点。本项目位于西安市中心,现场搅拌产生的扬尘、噪声污染也引发了投诉。另外,透水混凝土拌合料运输经常会遇到交通堵塞等突发情况,且西安夏季温度较高加速了混凝土失水硬化,传统现场搅拌技术加大了路面摊铺的质量风险,所以采用了预拌透水混凝土,铺装面积约20万 m^2,包括彩色透水混凝土路面和透水砖路面两种路面构造(图13-27),完成铺装后的实景如图13-28所示(技术支持与关键材料供应:中国建筑技术中心,山东大元实业有限公司)。

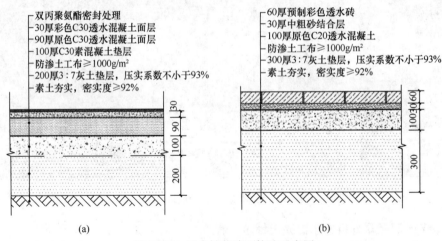

图13-27 透水铺装路面构造示意图
(a)透水混凝土面层;(b)透水砖面层

13.6.3 采用再生骨料透水混凝土的项目

1. 北京昌平贺新公园再生骨料透水混凝土铺装

1)项目概况

北京市昌平区贺新公园于2019年开工建设,公园建成后将与东小口森林公园(一、二、三期)、太平郊野公园、东小口城市休闲公园连接,形成面积达6000亩的大型公园绿地系统,为周边居民提供休闲娱乐、健身游憩空间,弥补回龙观(清河)区域大型公共绿

图 13-28 完成铺装后的部分街道实景
(a) 透水混凝土面层；(b) 透水砖面层

地不足的弱项，缓解天通苑、东小口地区居住人口急剧增长与休闲健身公共空间稀缺的矛盾，进一步完善昌平区"一楔三廊"的生态格局。

贺新公园项目的建设方积极贯彻国家和北京地方政府建筑垃圾资源化利用的指导思想，所用透水混凝土的骨料全部采用再生混凝土骨料。

2）路面结构的基本情况

（1）人行道施工面积约 8000m²，路面结构为 90mm 厚再生骨料透水混凝土结构层＋30mm 厚再生骨料透水混凝土面层，28d 抗压强度≥15MPa，其中结构层骨料粒径为 50～10mm，面层骨料粒径为 3～5mm。

（2）车行道施工面积约 30000m²，路面结构为 250mm，28d 抗压强度≥12MPa，其中骨料粒径为 10～31.5mm。

3）实施过程遇到的问题与对策

本项目车行道和人行道路面结构层全部采用预拌再生骨料透水混凝土，受工期和施工效率限制，人行道面层用再生骨料透水混凝土采用现场搅拌的生产方式，在组织生产和施工过程中，遇到如下难点：

（1）骨料供应问题：受新冠疫情、环保压力加大等多方面影响，再生混凝土骨料货源难以保证；

（2）骨料质量问题：受再生料原材及加工工艺等问题，再生混凝土骨料质量不稳定，粉尘含量较大，对透水混凝土的质量带来很不利的影响；

（3）高温施工：夏季施工环境温度高，最高时达到 35℃，再生骨料吸水率较大，透水混凝土又属于干硬性混凝土，综合因素对拌合物工作性的负面影响增大；

针对上述难点，项目组经过多次研讨和试验，采取了以下应对措施：

（1）扩大货源供货半径，考察和比对多家生产厂家的供货能力和骨料质量，考察核实供货商的环保资质和实际的环保措施，优选骨料货源；

（2）与骨料生产厂家协商，对骨料毛料进行冲洗处理、延长骨料筛分时间，并对出料

后的骨料采取水洗工艺,确保骨料粉尘含量满足质量要求;

(3) 优化配合比并调整混凝土拌合物凝结时间,再生骨料采取预湿处理措施,拌合物运输过程中覆盖保湿。

该项目采用预拌再生骨料透水混凝土铺装施工,解决了因再生骨料的特殊性和环境条件给拌合物的制备、运输和摊铺施工带来的一系列技术问题,最终获得比较满意的效果,也积累了宝贵的经验。图 13-29 是竣工后的实景(关键材料供应与技术支持:南京标美生态环境科技有限公司、中国建筑技术中心)。

图 13-29 竣工后的实景

2. 南京江北大道再生骨料透水混凝土铺装

江北大道位于南京市江北新区,纵跨浦口区、六合区,是南京江北首条城市化的快速通道,也是江北新区"三纵三横"快速路网中的重要"一横",双向十车道,全长 63km,是沟通南京江浦、浦口、大厂、六合等地的重要通道,由北到南贯穿六合、浦口两区。

江北新区江北大道及中心区重点区域环境整治工程的建设方响应国家和南京地区建筑垃圾资源化利用政策号召,透水混凝土非机动车道全部采用建筑废弃混凝土再生颗粒为骨料,铺装面积 4 万 m^2,路面构造分为如下两种:

(1) 非机动车道:宽度 5m,路面结构为 180mm 厚再生骨料透水结构层+60mm 厚透水沥青结构层+40mm 厚彩色透水沥青面层。

(2) 人行道:宽度 2m,路面结构为 50mm 厚再生骨料透水混凝土结构层+50mm 厚透水混凝土面层。

其中,结构层再生骨料粒径为 10~20mm,混凝土强度等级为 C25,面层骨料粒径为 3~5mm,混凝土强度等级满足 C30 要求。经检测,预拌再生骨料透水混凝土路面质量良好,混凝土强度和路面透水系数均达到了设计要求,图 13-30 是工程实景(施工单位:江

图 13-30 工程实景

苏标美建设工程有限公司；关键材料供应：南京标美生态环境科技有限公司）。

13.7 本章小结

本章介绍了国内外活用LID理念进行水土环境治理的若干实践和透水性铺装工程的一些案例。可以看到，虽然LID或海绵城市建设是以雨水的管理为主线，但本质上都离不开水、土、气的关联，应活用LID或海绵城市的理念，根据当地的水文地质、地形地貌和气候条件进行水、土、气的综合治理。

废弃物再生资源化用于透水性铺装，是具有经济和生态环境双重效益的绿色途径，如日本的烧结黏土瓦再生骨料透水混凝土形成技术体系，并发展到海外，是对建筑废弃物的高附加值的精细化开发，对我们有借鉴的意义。

参考文献

[1] 徐志强，秦忠强，苏晓，等．天津生态城雨水综合利用现状与建议[J]．中国给水排水，2016，32(12)：6．

[2] 熊林，李晓丽，唐宇．中新天津生态城海绵城市规划建设实践与思考[J]．中国给水排水，2018，34(12)：4．

[3] 孙莉，谢晓英，周欣萌，等．山地海绵综合体探索——重庆两江新区悦来新城后河环境综合整治工程实践[J]．城乡建设，2018．

[4] 刘亚丽，曹春霞，龚浩．"韧性城市"与"海绵城市"耦合的山地城市防涝规划研究[J]．规划师杂志，2023．

[5] 【案例】重庆市国博中心公建海绵城市改造[OL]．2020，10．

[6] 耿火乐．"海绵城市"鹿特丹是如何规划城市水利建设的[OL]．活水沙龙(online)．

[7] 古田麻奈，石黒覚，山中正善．廃瓦骨材を用いたポーラスコンクリートの透水性および保水性に関する実験的研究[R]．コンクリート工学年次論文集．2016，38(1)．

[8] 坂口稔，上原匠，猪飼元紀．瓦廃材を用いたポーラスコンクリートの基本的物性[J]．Cement Science and Concrete Technology，2011，65．

第 14 章 透水性铺装易出现的质量问题及其运维

海绵城市建设工程的绿色体系主要由蓄滞、渗透、净化和利用等板块组成，由于各板块包含多个环节，纰漏和瑕疵容易发生。保证各环节的完善和各板块之间的有效连通，才能使整个海绵工程良好地运行。透水性铺装系统就包含了原材料质量控制、拌合物制备、摊铺施工和养护过程等各个环节，若某一细节做得不到位都可能影响到整个铺装系统的功能和耐久性。

14.1 透水性铺装的若干常见质量问题

14.1.1 与粗骨料性状相关的路面质量问题

1. 粗骨料中石粉与细颗粒的影响

原材料质量是保证透水混凝土质量的基础性环节，而现在水泥选用的都是定型的品牌产品，一般情况下不确定因素较少，而粗骨料货源变化的可能性较大，容易引起混凝土的质量波动。透水混凝土的点接触结构决定了其对粗骨料的敏感性，粗骨料表面状况和所含杂质情况、压碎指标、颗粒级配和粒型等都对透水混凝土的性能有直接的影响[1,5]。

工程中常有将含石粉和细颗粒较多的原状粗骨料不经处理就直接使用的情况，图14-1（a）是常见的原状粗骨料的外观状况的实例，如直接用来制备透水混凝土拌合物，石粉会导致基材与粗骨料粘结不牢，因而使混凝土工作性差，强度低；细颗粒会明显降低骨料的堆积孔隙率致透水性不良。解决的办法就是将骨料过筛，筛除细颗粒，如果石粉细且附着力强，应该增加水洗工序，处理后的骨料外观应该达到图14-1（b）所示的状况。

图 14-1　粗骨料的质量
（a）原状骨料；（b）处理后的骨料状况

图14-2（a）采用上述原状粗骨料制备拌合物摊铺路面的状况，出现明显的颗粒松动和孔隙堵塞现象；图14-2（b）使用处理过的清洁骨料制备拌合物摊铺路面的情况，可见颗粒粘结牢固保持了孔隙。

(a) (b)

图14-2 粗骨料性状对透水混凝土路面的影响
(a) 使用原状骨料；(b) 使用处理后的骨料

此外，压碎指标对透水混凝土抗压强度有直接的影响，要根据工程对透水混凝土抗压强度的需求，选择合适压碎指标的骨料，由于透水混凝土的强度很大程度上是由骨料决定而不是由基材决定，所以，用低强度的骨料，即使采用高强的基材也难以配制出高强度的透水混凝土[3,4]。

透水混凝土使用部分细骨料，有利于改善工作性，减小收缩和提高耐久性，但是细骨料必须干净，如果含泥量较高，就会产生像粗骨料中石粉类似的负面影响。

2. 粗骨料表面状况的影响

碎石骨料表面粗糙容易挂浆而被基材均匀包覆，可是河卵石或经表面磨光处理的艺术彩石子表面光滑浆体容易流失，不仅使石子裸露而削弱了嵌固效果，还可能因浆体下沉使路面失去透水性。如图14-3所示是表面光滑的彩色石子发生明显的石子裸露，浆体与之分离而致孔隙堵塞的现象。

措施：

（1）制备拌合物时，先用部分拌合水（约总拌合水的30%~50%）与骨料搅拌，将

图14-3 光滑骨料拌合物的铺装情况

其湿润，然后投入胶凝材料和外加剂，边搅拌边加水，有助于基材浆体与骨料均匀包覆，搅拌至拌合物均匀稠度适当，避免一次性投入拌合水过量而导致浆体偏稀；

(2) 采用增黏剂增加基材的黏性，如胶粉和高分子乳液等；

(3) 摊铺整平时，施加的振动要适当，避免过振导致浆体呈流态而下沉。

14.1.2 透水砖铺装的结构问题

透水砖一般用于人行道、娱乐广场、公园步道等铺装，有施工便捷拼接风格多样的特点，但是透水砖铺装施工最常出现两个问题，一是不设置透水基层，将透水砖直接铺在不透水的硬基层上或用普通砂浆做底成了封闭层，降雨时透水砖很快吸饱水分而失去透水性；二是透水砖铺装紧密拼接不留缝隙（图14-4），在热胀或受冻害膨胀时产生的体积膨胀不能被消纳，致使透水砖特别是其边缘部位易发生破坏。正确的铺装方法如图14-5所示，一是采用透水基层，视路面设计荷载情况可选用大孔混凝土或级配石基层，透水砖之间留下约15mm的砖缝（间隙），透水砖铺设完后用粗砂或细石填充缝隙，缝隙作为透水通道又起到容纳砖体膨胀的作用。

图14-4 不留缝隙的铺装

图14-5 正确的铺装方法

14.1.3 不均匀沉降导致的开裂

全透水的多孔混凝土铺装的断面常有降水渗流通过，通过的水流容易带走基层的土质造成空洞化或吸水后达到液限发生流动，特别是沿路缘石的方向土质容易侧向流失降低了基层承载力，导致路面塌陷、开裂，如遇路面荷载频繁的情况，开裂情况更甚，如图14-6所示。

图14-6 基层不均匀沉降导致的开裂

因此，从基层到面层要逐层确认前一工序验收合格后方可进行下一工序的施工，每一层要达到设计的压实度；全透水路面的路缘石要安置在透水基层之上，而且宽度至少超过路缘石外边缘 30mm，如图 14-7 所示避免将路缘石直接置于土基之上；如果路基处于湿陷性黄土区域，则应采用不透水基层和侧沟排水结构（也称半透水结构），如图 14-8 所示。

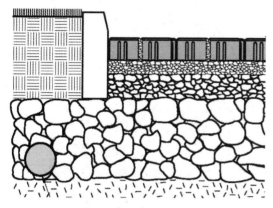

图 14-7 路缘石位置

图 14-8 侧沟排水结构

14.1.4 拌合物性能以及整平方法所致铺装质量问题[6~8]

1. 配合比与拌合物工作性不良所致铺装质量问题

工作性良好的透水混凝土拌合物应该是具有一定黏聚性的基材包覆骨料形成的颗粒堆积状态，通过整平方式达到均匀多孔状态所需的振动能最小。透水混凝土路面应具有整体平整面，颗粒之间既保留了连通孔隙又依靠丰满的基材浆桥将其牢固地嵌固。如下的几种情况将导致铺装质量问题。

（1）拌合物偏干硬，即使施加足够大的振动能，也不能形成充分的浆桥将颗粒充分粘结，如图 14-9（a）所示；拌合物稍显干硬，如施以恰当的振动整平措施仍可以形成较为完善的表面；若整平振动不到位，会导致颗粒不能牢固地粘结，如图 14-9（b）所示。

（2）拌合物基材浆体较稀，拌合物黏聚性不够，基材也不能均匀地包覆骨料形成有一定厚度的包覆层，施加振动时容易形成基材浆体与骨料分离而下沉的现象，将孔隙堵塞使路面失去透水性，如图 14-9（c）所示。

（3）导致连浆的另一原因是基材用量接近或达到了粗骨料孔隙总体积，基本上没有余下透水空间，整平时稍加振动，就会使浆体流动将孔隙堵塞，如图 14-9（d）所示，这种情况与图 14-9（c）情况的区别：一是石子高出基材，另一是石子被基材覆盖。

解决的措施：

（1）严格掌握配合比，准确设定目标孔隙率，精确计量各原材料，特别是拌合水的计量和投放；

（2）使用增稠剂、增黏剂调整拌合物的工作性；

（3）避免拌合物在现场放置较长时间，如遇拌合物较为干硬可边摊铺边喷以水雾加以湿润。

图 14-9 与拌合物和整平方法相关的粘结不牢和连浆问题

(a) 拌合物干硬所致；(b) 拌合物较干硬且整平不到位所致；
(c) 拌合物较稀所致；(d) 基材用量大所致

2. 振动过当导致的不透水

透水混凝土设计孔隙率并不一定与路面的实际孔隙率完全相符，这是整平所施加的振动能不同的缘故。如果整平振动过当，即使是配合比和工作性良好的拌合物也容易发生孔隙堵塞出现不透水的情况，如图 14-10 所示。从图 14-10 (a) 显示的状态看，用该拌合物

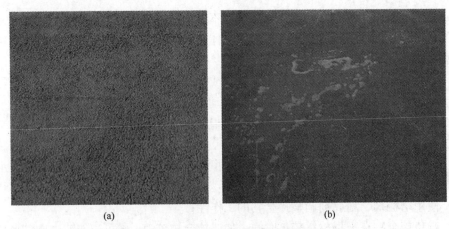

图 14-10 振动过当导致的连浆和不透水情况

(a) 连浆现象；(b) 不透水的状况

是可以铺装出正常透水的路面的,可是由于过振致使局部连浆出现不透水现象,如图 14-10(b)所示。

相关措施:(1)精准测试各材料性能参数,准确计算配合比和目标孔隙率;(2)对于在振动条件下易发生较大流动性的拌合物摊铺施工,尽可能采用抹光机整平而不是采用产生较强竖向振动的方法。

14.1.5 路面的开裂

1. 较大铺装面积未设置缩缝所致开裂[9,10]

透水混凝土的抗拉强度比较低,容易因收缩而发生开裂,广场地坪等因较大的连续面积未设置分隔缝而发生开裂,如图 14-11 所示。开裂的原因是配合比中胶结材用量偏大;路面施工后养护不及时不充分;较大连续面积未设置分割缝等。

图 14-11　面积较大未设缩缝所致开裂

解决措施有:采用恰当的配合比,避免因胶结材用量多所致的开裂,基材使用部分细骨料;对路面进行充分的养护都可以减少收缩;采取设置分隔缝(缩缝、胀缝)或装饰缝的方法消除应力集中。

2. 缩缝设置不合理所致开裂

透水混凝土路面因为所设置的缩缝间隔过大会产生裂缝,如图 14-12 所示。对于不规则较大面积的铺装,在面积改变的部位也会因为分隔缝设置的不合理而发生开裂,如图 14-13所示的两例,由于截面陡然变小,"脖颈"处产生应力集中而导致开裂。

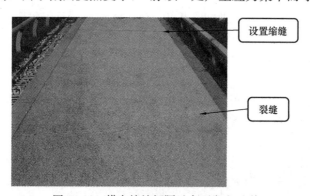

图 14-12　横向缩缝间隔过大而发生开裂

解决措施：合理设置收缩缝，横向缩缝间隔最大不超过 6m，一般为 5m；路面宽度超过 5m 时，应设置纵缝；对于长宽都超过上述尺寸的大面积的连续铺装，应合理设置分隔缝，避免出现断面急剧变化或尖端界面，以免发生局部应力集中而致开裂。

图 14-13 因"颈部"应力集中而发生开裂

3. 路面荷载和基层承载力不够导致的开裂

由于路面混凝土强度不足或因基层的稳定性不够而导致承载力下降，在路面竖向荷载的作用下，路面发生开裂，如图 14-14 所示。

图 14-14 基层不均匀沉降与荷载共同作用导致的开裂

要避免此类情况发生，除了做好路基和保证透水结构层足够的厚度外，应根据工程所处环境的土质情况采取相应的对策，如遇湿陷性黄土、冻胀土等，应采用半透水或侧沟导流型结构等，详见第 9 章的相关内容。

4. 面层颗粒脱落

颗粒脱落是透水混凝土路面比较容易出现的问题之一，由于路面存在施工质量问题，投入使用后，在交通荷载作用下发生颗粒脱落现象，如图 14-15 所示。原因主要有：

（1）基材强度不高；

（2）骨料与基材之间出现微裂纹，多因水胶比偏大所致的干缩较大；

（3）露骨料透水混凝土的表面缓凝剂对面层洗蚀过深；

（4）接近圆形或立方形的骨料与基材粘结较为牢固，针片状的颗粒容易脱落；

图 14-15 施工质量不良所致颗粒脱落

（5）拌合物工作性不良，加上摊铺整平不到位，致使表面颗粒未被压实到与相邻颗粒充分粘结的程度。

另一情况是处于寒冷地区的透水混凝土铺装，在冻融作用下发生表面剥蚀和颗粒脱落，如图 14-16 所示。

避免骨料颗粒脱落的情况发生，需要做好材料和工艺的各相关环节，如配合比、搅拌过程与拌合物的性能保证、摊铺施工和养护的细节，使骨料依靠浆桥得以嵌固牢固。完善的浆桥性状如图 14-17 所示，颗粒之间既保留了连通孔隙又有丰满的浆体将其牢固地胶结，颗粒脱落的现象就不容易发生。

图 14-16 冻融所致颗粒脱落　　　　图 14-17 良好的浆桥性状

处于寒冷地域的透水混凝土铺装，如孔隙内有水分滞留就容易发生冻害。设计施工要事先考虑到抗冻融的技术措施，如混凝土的强度确定，参加合成纤维和引气剂等。在路面投入使用后，应注意维护，定期进行清洗作业，防止孔隙堵塞。

14.1.6 表面"泛白"

施工完成的路面暴露于干燥环境的数日内，表面时有出现"泛白"现象（也常称为"返碱"），如图 14-18 所示。这是水泥以及外加剂中的盐、碱类析出现象，一般没有什么危害，用水一冲即可冲掉，随着龄期增长析出现象会逐渐减少。

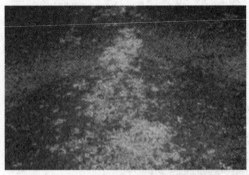

图 14-18　表面"泛白"的实例

图 14-19　"补丁"泛白的实例

克服"泛白"的方法，选择水化过程中产生的碱量较低的水泥，如含适量混合材的水泥、低碱水泥等，或在混凝土制备过程中掺加适宜掺量且较细的矿物掺合料，并且控制外加剂中的盐、碱的含量；路面施工完毕及时用塑料薄膜覆盖，并在养护期间及时洒水养护和覆盖，促使掺合料与碱性成分充分结合，减少游离的碱性成分。充分地保湿养护可避免混凝土孔隙内水分过快地蒸发把碱性成分、盐类等带到表面。

还有一种情况就是对破损的路面局部修补后，修补部分易出现泛白现象，如图 14-19 所示。这可能是因为与原配合比有差异，修补料的配合比中碱性比较大，而旧路面的表面已经中性化使两者形成明显的色差。解决办法就是调查路面的实际配合比，尽可能让修补材料采用原来的配合比和原材料，修补后要洒水覆盖保湿，避免水分的快速蒸发。

14.1.7　层间空鼓

透水混凝土路面在使用后，如面层和结构层之间发生剥离，从路面敲击有空鼓声音，经过一定时间的碾压面层易发生断裂，这主要是由于结构层和面层之间的摊铺时间间隔较长，上下两层未能达到一体化结合；面层厚度不够时也会发生如此情况。

透水结构层和面层之间的摊铺间隔时间应该尽可能缩短，在结构层摊铺完成之后不应超过 2h 摊铺面层，而且间隔时间越短越好，未及时摊铺面层的部分应覆盖，防止水分蒸发，如果间隔时间较长再摊铺发生空鼓的可能性较大。

另外，两层摊铺时间间隔较长的情况，应缩短伸缩缝的间距，因面层受热胀冷缩较为剧烈，和结构层之间会产生剪应力，易导致空鼓发生；面层与结构层的伸缩缝应一致。

在既有的密实路面上面加铺透水面层，面层要有最低厚度要求，应不低于 60mm，以 70～100mm 为宜，施工时首先要将底面面层清理干净，用水冲洗，并先涂刷一层水泥浆之后再进行布料摊铺，以增强界面粘结，伸缩缝的间距也要适当缩短，并与基层的相对应[11]。

除了从表面敲击来鉴别是否空鼓外，还可以采用钻芯取样的方法察看，芯块在空鼓的界面处容易发生断裂，如图 14-20 所示。封接良好的路面从芯柱也可以看到界面紧密结合的状态，如图 14-21 所示（以既有普通混凝土路面加铺透水层的芯样为例）。

图 14-20　断裂的取芯样品　　　　　图 14-21　界面封接良好的取芯样品

14.1.8　因未设置胀缝导致的损坏

为保证透水混凝土路面在温升时能吸收线性膨胀变形，应在沿长度方向每隔不超过 12m 设置一道胀缝，胀缝宽度宜在 18～21mm[1,2]，并且胀缝内防止砂土、垃圾等落入，以耐水、耐老化的弹塑性材料填充。在较低温季节铺装的路面到夏季发生的膨胀更大，胀缝的设置更为重要。图 14-22 所示情况就是在春、秋季铺设的路面由于只设缩缝未设胀

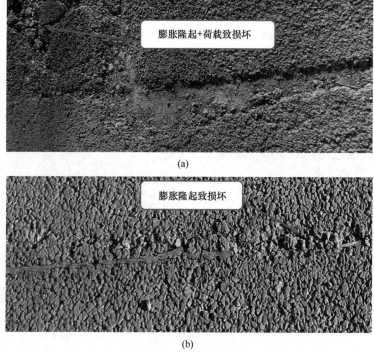

图 14-22　未设置胀缝而导致破坏的路面
（a）破坏实例 1；（b）破坏实例 2

缝，在夏季发生膨胀而导致在缩缝接缝处发生膨胀沿缝隆起，加上路面上的荷载作用使隆起部分受压至破碎。

透水路面与既有结构物接触部位，为避免路面膨胀应力对既有结构物或自身造成破坏，也应设置胀缝，如图 14-23 所示。

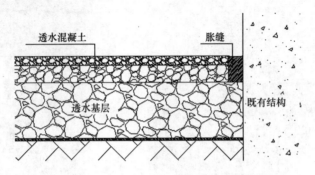

图 14-23 透水路面与既有结构之间的胀缝设置

14.1.9 透水树脂混凝土铺装易发生的质量问题

透水树脂混凝土是指以树脂作为胶结材，将石子骨料（一般为彩色石子）胶结在一起形成的多孔混凝土，色泽亮丽，可采取多种图案，景观效果好，俗称"胶粘石"。适合于广场、人行道和公园园路等场景的铺装，外观如图 14-24 所示。不足之处是易老化变脆，不适合车行路面。目前常用的胶结材是环氧树脂胶、聚氨酯树脂等，多采用双组分，其中主组分为树脂乳液，另一组分为固化剂，在现场制备混合料随拌随铺。

当施工透明"胶粘石"时，因不加填料，树脂乳液较稀与骨料的黏附力小，如用量较大超过附着骨料的膜层厚度时，会发生树脂流淌沉至底部的现象，封闭了孔隙的底部使路面失去透水性，而且从表面不易察觉，如图 14-25 所示的就是路面翻起后看到的底部成膜状态。

图 14-24 "胶粘石"的表面形貌

图 14-25 "胶粘石"底面膜层

"胶粘石"硬化后延性差，容易开裂，且胶结材为有机材料，耐候性不及无机胶结材，图 14-26 是收缩开裂的两实例，其中（a）是垂直长度方向的裂缝，（b）是由于截面宽度变化,在急剧变化处产生应力集中而导致开裂,裂缝轮廓的轨迹呈圆形,基本上都通过截面最小的部位。

图 14-26 "胶粘石"铺装开裂实例
(a) 垂直于长度方向的裂缝;(b) 路面宽度变化引起的开裂

改善的措施有:
(1) 在原材料配合比中加入增韧剂;
(2) 减小缩缝的间距,一般不超过 5m;
(3) 与基层设置的缩缝应上下重合;
(4) 在铺装路面某些部位的截面宽度发生急剧变化时,应以装饰性分割条的形式设置缩缝(详见第 11 章)。

14.2 透水混凝土铺装的运维

14.2.1 透水性铺装的防护

相对于普通混凝土路面,透水混凝土路面在使用过程中更容易发生受损,常出现的情况有超过设计荷载的车辆驶入、面层磨损、遗撒致孔隙堵塞以及遭受冻融而破坏等。图 14-27(a)是重载车驶入,并且挖土中出现遗撒的情况;图 14-27(b)是经常有重载车驶入导致路面发生磨损的情况。

透水混凝土路面在使用过程中,应有经常性、规范性的维护措施,这些措施包括但不仅限于如下几点:

(1) 降雨时实地考察径流状况,对于积水路段,应及时采取导流措施,避免泥沙含量较大的地表水流入透水混凝土路面。
(2) 若降雨量超过透水路面的透水能力,可人工辅助排水。
(3) 透水混凝土路面透水系数下降的路段的冬季积雪应及时清理。
(4) 透水混凝土路面应限制有可能发生粉料遗撒的运输车辆驶入,如出现遗撒,应立即清理。
(5) 透水混凝土路面出现脱粒、开裂等劣化情况后,应及时将破损处切割、清理,并进行铺装修补。

14.2.2 孔隙通透性的恢复

透水混凝土铺装随着使用时间的延长容易发生孔隙堵塞,直接影响到其透气、透水性

 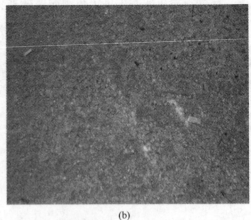

图 14-27　透水混凝土路面受损的一实例
(a) 重载车驶入作业和遗撒；(b) 表面磨损情况

和生态功能，在寒冷地域还会因水分滞留于孔隙内而发生混凝土的冻融破坏。孔隙堵塞的原因主要有：

(1) 随风而来的沙尘，特别在北方春秋季节沙尘较多；
(2) 车辆运输和相邻绿化带施工发生的遗撒；
(3) 表面颗粒脱落产生的细颗粒进入孔隙。在多风沙和泥土以及经常有遗撒的环境，不宜采用透水性铺装。

对于出现了堵塞的路面铺装应采用恰当的方法清理淤堵，以恢复其透水性。常用的方法有：

(1) 负压吸除，利用负压将路面上和孔隙内的沙土、遗撒物等吸入泵车仓，如图 14-28 所示；

图 14-28　负压吸除颗粒物作业

(2) 高压水清洗，负压吸除作业之后采用高压水进行地毯式冲洗，范围覆盖全透水路面的面积，如图 14-29 所示。大多数情况下，经过负压吸除和高压清洗之后路面的透水性恢复至最初透水性的 80% 以上。

在冻融破坏危险的地域建设的透水混凝土铺装工程，除了运维措施，还应采取相关防范措施，从混凝土材料方面的抗冻融措施有使用引气剂和纤维增强材料以及施工中严格把

图 14-29　高压水清洗作业

控各环节，确保路面铺装工程质量。

14.2.3　破损部位的修复

对于透水混凝土路面的破损部位应及时进行修补，破损面积较大（一般超过 $0.5m^2$）时，应将破损范围的面层料全部铲除并清理干净露出结构层，用水将露出的表面冲洗干净，待表面无明水时涂刷一层界面剂之后进行新料摊铺整平。修补材料的配合比应与原路面混凝土的配合比基本一致，拌合物中宜添加适量高分子聚合物类增黏剂，视施工作业情况可选用乳液或粉剂；界面剂一般用水泥浆混合适量上述增黏剂配制。

如破损部位较小，可仅将破损和松动颗粒清除并清洗底面未松动的颗粒，喷涂界面剂要适量，避免过多的界面剂堵塞下层孔隙，然后按上述方法制备修补材料和修补作业。

局部修补有一个容易发生的问题就是色差，因为新旧混凝土颜色本身就不同，加之返碱现象出现，就更加大了色差（14.1.7 节已有述及）。

14.3　本章小结

本章叙述了透水混凝土铺装的常见质量问题及其解决方法、运维要求和措施。透水混凝土路面由于它的多孔结构和颗粒之间点连接的特点，相对于普通混凝土来说是比较脆弱的，而且其质量关联于原材料、拌合物制备和铺装施工的每一环节，必须精心施工才能保证最终的铺装质量。

透水路面在使用期间，很可能会发生一些堵塞、损坏和冻害等，所以在整个使用周期内都要进行维护，如疏导径流，避免泥沙和其他淤塞物流入等。一旦发生了堵塞，要及时吸除和清洗；发生了损坏要及时修补，保证路面的良好状态。

参考文献

［1］　石云兴，宋中南，蒋立红．多孔混凝土与透水性铺装［M］．北京：中国建筑工业出版社，2016.
［2］　北京市地方标准，多孔混凝土铺装技术规程：DB11/T 775—2021［S］．中国建筑股份有限公

司，2021.

[3] 小椋伸司，国枝稔，ほか. ポーラスコンクリートの強度改善然[R]. コンクリート工学年次論文報告集，1997，19(1).

[4] 湯浅幸久，村上和美，ほか. ポーラスコンクリートの製造方法に関する基礎的研究[R]. コンクリート工学年次論文報告集，1999，21(1).

[5] 大谷俊浩，村上聖，ほか. 結合材の分布状態がポーラスコンクリートの強度特性に及ぼす影響[R]. コンクリート工学年次論文集，2001，23.

[6] 笠井芳夫. コンクリート総覧[M]. 技術書院，1998.

[7] National Concrete Pavement Technology Center，Mix design development for pervious concrete in cold weather climates Final Report[R]. U. S. A 2006.

[8] 玉井元治. コンクリートの高性能. 高機能化(透水性コンクリート)[J]. コンクリート工学，32(7)：133-138.

[9] 付培江，石云兴，屈铁军，等，透水混凝土强度若干影响因素及收缩性能的试验研究[J]. 混凝土，2009.

[10] 刘翠萍，石云兴，屈铁军，等，透水混凝土收缩的试验研究[J]. 混凝土，2009.

[11] Bruce K. Ferguson，Porous pavement[M]. CRC Press，2005.

附 录

作者单位

序号	单位	作者
1	中国建筑技术中心	石云兴、张发盛、王庆轩、刘伟、霍亮、李国友、罗兰
2	中国建筑西南设计研究院有限公司	张燕刚、李艳稳
3	北京建工新型建材有限责任公司	倪坤
4	南京标美生态环境科技有限公司	张力
5	山东大元实业股份有限公司	季龙泉
6	北京华亿中企投资有限公司	石乃鑫
7	北京当代科旅规划设计有限责任公司	马姗姗
8	中国中建设计研究院有限公司	油新华、王珂
9	深圳市普泰投资发展有限公司	董洁璇
10	北京地下空间技术有限公司	付佳明、李强、张清林
11	中建科技集团有限公司	李张苗、戤文占
12	中国科学院信息工程研究所	罗叶
13	北京工业大学	赵江山
14	卧牛山建筑节能有限公司	张少彪
15	北京鑫八方科技有限公司	冯建会

回顾与致谢

在透水混凝土成套技术方面，中国建筑集团迄今已有 20 年纵深研究与大规模工程应用的历程。早在 2003 年，本领域的研发及应用在国内尚处于起步阶段，中建集团技术中心试点机构"中建材料工程研究中心"就率先开展了这项技术的系统性研究，内容包括制备技术、细观结构、物理力学性能和耐久性、铺装施工技术、测试与试验方法，以及技术标准和工法编制等。在时任该中心负责人宋中南教授级高级工程师卓有成效的领导和研发团队的奋发努力下取得了诸多创新性技术成果。

经过中建人 20 多年来与时俱进的不懈努力，成果不断深化，先后在国内外大量工程中得到成功应用，有效地促进了中建集团在该领域的技术进步。特别是 2014 年国家发布了"海绵城市"建设规划和相关技术政策，技术成果融入更大的发展空间和更为广泛的应用，为国家绿色环保事业作出了贡献。

在迎接海绵城市建设的市场大潮中，南京标美生态环境科技有限公司、山东大元实业股份有限公司与中建团队一路同行，优势互补，不断取得优异成绩，推出的技术和产品广受赞誉。

在多年研发和工程实施中，一直得到中国建筑集团主管领导、集团科技部领导的支持和指导，为项目顺利实施提供了良好的基础。

追昔抚今，感慨沧海桑田，岁月荏苒，往事并不如烟。作为这段历程的亲历者，在此我代表作者团队，谨向以上各位领导表达敬意和感谢。也向多年来助力本项工作发展的各位专家和同仁朋友表达谢意。

石云兴　谨记
2023 年 6 月于北京